Fiscalidad en la Pyme

ADGN049PO Administración y gestión

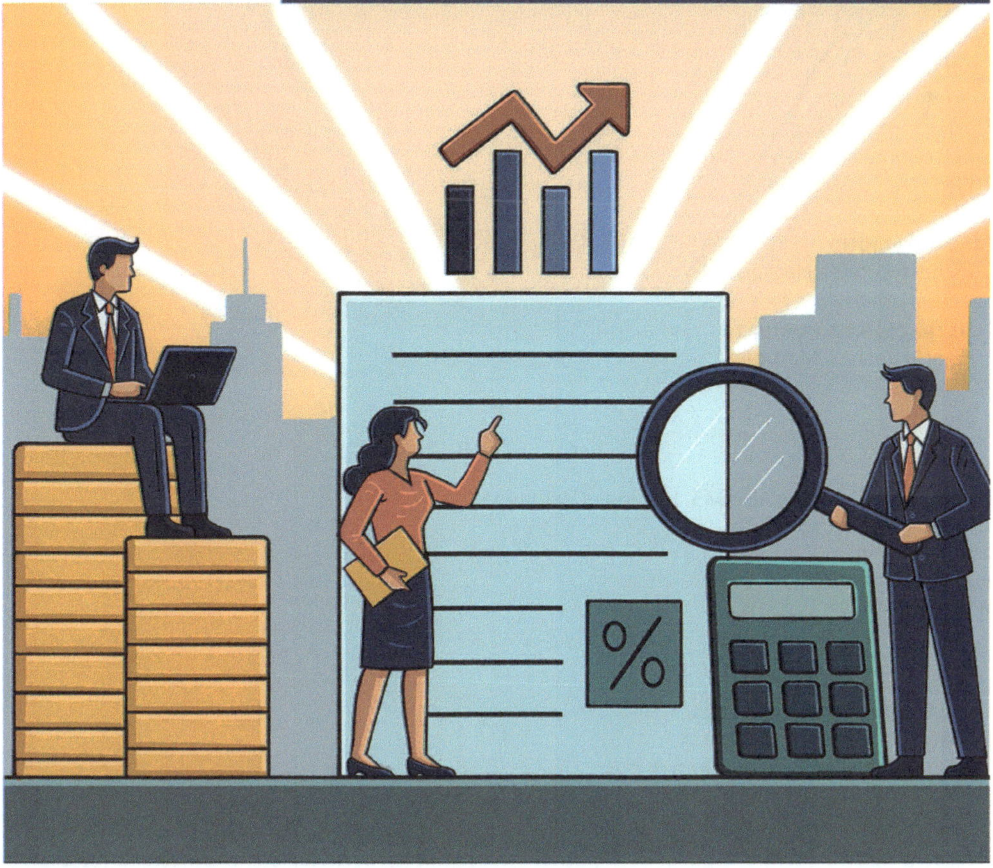

EF/ADGN049PO/SEP/25

Anagrama «LUCHA CONTRA LA PIRATERÍA», propiedad de Unión Internacional de Escritores.

CONSEJO DE REDACCIÓN
Ruth Gómez Talaván
Elena Rubio Gallardo

MAQUETACIÓN
Esther Martínez Hernández

ILUSTRACIÓN DE CUBIERTA
Ignacio Velasco Marugán

© Centro de Estudios ADAMS. Ediciones Valbuena
C/ Narciso Serra, 14
28007 Madrid
adamsediciones@adams.es
www.adams.es

ISBN: 978-84-1077-449-0
Depósito legal: M-12843-2025
Editado en septiembre de 2025
Imprime: Ediciones Valbuena, S.A.
Impreso en España. Printed in Spain

PRESENTACIÓN

Comprometidos por ofrecer una propuesta formativa ajustada a las necesidades de la sociedad y del mercado de trabajo, Ediciones Valbuena presenta este manual para la Especialidad formativa de **Fiscalidad en la PYME**, perteneciente a la Familia profesional de **Administración y Gestión**.

Esta **Especialidad Formativa**, con una duración asociada de 40 horas, se integra en el Catálogo de especialidades con el código ADGN049PO.

En la elaboración de los contenidos hemos pretendido garantizar la **adquisición, mejora y actualización de las competencias profesionales** requeridas en el mercado laboral, así como fomentar el **aprendizaje**.

En nuestra página web **www.adams.es** estarás al día de todo en cuanto a información sobre cursos, productos y servicios se refiere, y además tendrás la opción de dirigirnos cualquier consulta o sugerencia a través de **adams@adams.es**

Esperando haber cumplido el objetivo propuesto, te expresamos nuestros mejores deseos de éxito.

Ediciones Valbuena

Índice

Iconos de Información

Vocabulario

Actividad

Audios

Resumen

Definición

Recuerda

Ejemplo

Nota

Importante

Más información

Marco legal

Lectura recomendada

UNIDAD DIDÁCTICA 1

Introducción a la fiscalidad y al derecho tributario

Contenido & Objetivos

Introducción

1. Conceptos básicos

2. Los tributos: concepto y clases

3. El hecho imponible

4. Devengo

5. Extinción y no sujeción

6. Los obligados tributarios

7. El domicilio fiscal

8. La base imponible

9. La base liquidable

10. Tipo de gravamen

11. Cuota tributaria

12. Pago de las deudas tributarias

13. Legislación básica

Resumen

Los **objetivos** de esta unidad son:

1. Identificar la normativa y principios que regulan las relaciones entre la Administración tributaria y los contribuyentes.

2. Diferenciar las distintas clases de tributos.

3. Distinguir los conceptos tributarios básicos relativos al hecho imponible, devengo, exención, no sujeción, domicilio fiscal, base imponible, base liquidable, tipo de gravamen y cuota tributaria.

4. Conocer los distintos sujetos a quienes la normativa impone el cumplimiento de las obligaciones tributarias.

Introducción

La Ley General Tributaria es el eje central del ordenamiento tributario donde se recogen sus principios esenciales y se regulan las relaciones entre la Hacienda Pública y los contribuyentes.

A lo largo de la presente unidad se analizarán los principios generales y las fuentes del ordenamiento tributario; también se abordarán las clases de obligados tributarios, los sucesores, la responsabilidad tributaria, el domicilio fiscal y los elementos de cuantificación de la obligación tributaria.

1. Conceptos básicos

1.1. El sistema fiscal español

1.1.1. Introducción

El sistema fiscal o tributario puede ser definido como el conjunto de tributos integrados en el ordenamiento jurídico de un determinado ente territorial, inspirados en unos principios comunes y que constituyen un medio idóneo para que los ciudadanos cumplan con su deber de sostener las cargas públicas, al tiempo que se manifiestan como un instrumento apto para satisfacer determinados fines constitucionales.

En este sentido, el Tribunal Constitucional ha señalado que el art. 31 de la Constitución española configura el deber de contribuir al sostenimiento de los gastos públicos según la capacidad económica de cada contribuyente como un mandato constitucional que vincula tanto a los poderes públicos como a los ciudadanos e incide en la naturaleza misma de la relación tributaria. Para los ciudadanos este deber constitucional implica, más allá del genérico sometimiento a la Constitución y al resto del ordenamiento jurídico, una situación de sujeción y de colaboración con la Administración tributaria en orden al sostenimiento de los gastos públicos cuyo indiscutible y esencial interés público justifica la imposición de limitaciones legales al ejercicio de los derechos individuales. Para los poderes públicos este deber constitucional comporta también exigencias y potestades específicas en orden a la efectividad de su cumplimiento por los contribuyentes.

Recordemos que el artículo 31 de la CE establece que:

- Todos contribuirán al sostenimiento de los gastos públicos de acuerdo con su capacidad económica mediante un sistema tributario justo inspirado en los principios de igualdad y progresividad que, en ningún caso, tendrá alcance confiscatorio.

- El gasto público realizará una asignación equitativa de los recursos públicos, y su programación y ejecución responderán a los criterios de eficiencia y economía.

- Solo podrán establecerse prestaciones personales o patrimoniales de carácter público con arreglo a la ley.

Así, como caracteres a destacar del sistema fiscal español, se pueden apuntar:

1. Existencia de principios constitucionales que actúan como elementos rectores de las funciones a desarrollar por los poderes legislativo, ejecutivo y judicial.

2. Coordinación entre los distintos tributos que integran el sistema a fin de que respondan armónicamente a las exigencias constitucionales. Se habrá de evitar la duplicidad de gravámenes sobre un mismo hecho, la existencia de lagunas normativas, la existencia de tributos que carezcan de cobertura legal, etc.

3. Idoneidad para conseguir los objetivos de política tributaria que se hayan encomendado.

4. Debe ser capaz de armonizar las exigencias propias de la política económica con el respeto a los postulados materiales de justicia tributaria.

La Ley General Tributaria (en adelante, LGT) establece los principios y las normas jurídicas generales del sistema tributario español y será de aplicación a todas las Administraciones tributarias en virtud y con el alcance que se deriva del art. 149.1.1.ª, 8.ª, 14.ª y 18.ª de la CE.

Lo establecido en dicha Ley se entiende sin perjuicio de lo dispuesto en las leyes que aprueban el Convenio y el Concierto Económico en vigor, respectivamente, en la Comunidad Foral de Navarra y en los Territorios Históricos del País Vasco.

La LGT señala, asimismo, los principios y las normas jurídicas generales que regulan las actuaciones de la Administración tributaria por aplicación en España de la normativa sobre asistencia mutua entre los Estados miembros de la Unión Europea o en el marco de los convenios para evitar la doble imposición o de otros convenios internacionales. A estos efectos, se entenderá por asistencia mutua el conjunto de acciones de asistencia, colaboración, cooperación y otras de naturaleza análoga que el Estado español preste, reciba o desarrolle con la Unión Europea y otras entidades internacionales o supranacionales, y con otros Estados en virtud de la normativa sobre asistencia mutua entre los Estados miembros de la Unión Europea o en el marco de los convenios para evitar la doble imposición o de otros convenios internacionales.

La asistencia mutua podrá comprender la realización de actuaciones ante obligados tributarios. La asistencia mutua se regula, principalmente, en los arts. 177 bis a quaterdecies de la LGT, arts. 204 a 207 del Real Decreto 1065/2007, de 27 de julio, Reglamento General de las actuaciones y procedimientos de gestión e inspección tributaria y de desarrollo de las normas comunes de los procedimientos de aplicación de los tributos (en adelante, RGAT) y arts. 2, 5.3, 72 bis y 116.4 del Real Decreto 939/2005, de 29 de julio, Reglamento General de Recaudación.

La LGT define en su art. 2 los tributos como ingresos públicos que consisten en prestaciones pecuniarias exigidas por una Administración pública como consecuencia de la realización del supuesto de hecho al que la ley vincula el deber de contribuir, con el fin primordial de obtener los ingresos necesarios para el sostenimiento de los gastos públicos.

Los tributos, además de ser medios para obtener los recursos necesarios para el sostenimiento de los gastos públicos, podrán servir como instrumentos de la política económica general y atender a la realización de los principios y fines contenidos en la Constitución.

1.1.2. Clasificación de los tributos

Los tributos, cualquiera que sea su denominación, se clasifican en tasas, contribuciones especiales e impuestos:

⇨ **Tasas** son los tributos cuyo hecho imponible consiste en la utilización privativa o el aprovechamiento especial del dominio público, la prestación de servicios o la realización de actividades en régimen de derecho público que se refieran, afecten o beneficien de modo particular al obligado tributario, cuando los servicios o actividades no sean de solicitud o recepción voluntaria para los obligados tributarios o no se presten o realicen por el sector privado.

⇨ **Contribuciones especiales** son los tributos cuyo hecho imponible consiste en la obtención por el obligado tributario de un beneficio o de un aumento de valor de sus bienes como consecuencia de la realización de obras públicas o del establecimiento o ampliación de servicios públicos.

⇨ **Impuestos** son los tributos exigidos sin contraprestación cuyo hecho imponible está constituido por negocios, actos o hechos que ponen de manifiesto la capacidad económica del contribuyente.

El artículo 3 de la LGT dispone que la ordenación del sistema tributario se basa en la capacidad económica de las personas obligadas a satisfacer los tributos y en los principios de justicia, generalidad, igualdad, progresividad, equitativa distribución de la carga tributaria y no confiscatoriedad.

Igualmente, establece que la aplicación del sistema tributario se basará en los principios de proporcionalidad, eficacia y limitación de costes indirectos derivados del cumplimiento de obligaciones formales y asegurará el respeto de los derechos y garantías de los obligados tributarios.

De acuerdo con el art. 4 de la LGT la potestad originaria para establecer tributos corresponde exclusivamente al Estado, mediante ley. Las comunidades autónomas y las entidades locales podrán establecer y exigir tributos, de acuerdo con la Constitución y las leyes. Las demás entidades de derecho público podrán exigir tributos cuando una ley así lo determine.

Con arreglo al art. 6 de la LGT el ejercicio de la potestad reglamentaria y los actos de aplicación de los tributos y de imposición de sanciones tienen carácter reglado y son impugnables en vía administrativa y jurisdiccional en los términos establecidos en las leyes.

Los procedimientos de revisión en la LGT se regulan en su Título V "Revisión en vía administrativa" (arts. 213 a 249).

1.1.3. Fuentes del ordenamiento tributario

Respecto a las fuentes del ordenamiento tributario, el artículo 7 de la LGT, preceptúa que los tributos se regirán:

⇨ Por la Constitución.

⇨ Por los tratados o convenios internacionales que contengan cláusulas de naturaleza tributaria y, en particular, por los convenios para evitar la doble imposición, en los términos previstos en el artículo 96 de la CE.

⇨ Por las normas que dicte la Unión Europea y otros organismos internacionales o supranacionales a los que se atribuya el ejercicio de competencias en materia tributaria de conformidad con el artículo 93 de la CE.

⇨ Por esta ley, por las leyes reguladoras de cada tributo y por las demás leyes que contengan disposiciones en materia tributaria.

⇨ Por las disposiciones reglamentarias dictadas en desarrollo de las normas anteriores y, específicamente en el ámbito tributario local, por las correspondientes ordenanzas fiscales.

En el ámbito de competencias del Estado, corresponde al Ministerio competente en materia de Hacienda dictar disposiciones de desarrollo en materia tributaria, que revestirán la forma de orden ministerial, cuando así lo disponga expresamente la ley o reglamento objeto de desarrollo. Dicha orden ministerial podrá desarrollar directamente una norma con rango de ley cuando así lo establezca expresamente la propia ley.

Asimismo, dispone que tendrán carácter supletorio las disposiciones generales del derecho administrativo y los preceptos del Derecho común.

La denominada **reserva de ley** tributaria supone y establece que se regularán en todo caso por ley:

1. La delimitación del hecho imponible, del devengo, de la base imponible y liquidable, la fijación del tipo de gravamen y de los demás elementos directamente determinantes de la cuantía de la deuda tributaria, así como el establecimiento de presunciones que no admitan prueba en contrario. (Hecho imponible "artículo 20 LGT", devengo "artículo 21 LGT", base imponible "artículos 50 a 52 LGT", base liquidable "artículo 54 LGT", tipo de gravamen "artículo 55 LGT").

2. Los supuestos que dan lugar al nacimiento de las obligaciones tributarias de realizar pagos a cuenta y su importe máximo. (Obligados a realizar pagos a cuenta "artículo 23 LGT").

3. La determinación de los obligados tributarios previstos en el apartado 2 del artículo 35 de esta ley LGT y de los responsables. (Obligados tributarios "artículo 35 LGT", responsables "artículos 41 a 43 LGT").

4. El establecimiento, modificación, supresión y prórroga de las exenciones, reducciones, bonificaciones, deducciones y demás beneficios o incentivos fiscales. (Exenciones "artículo 22 LGT").

5. El establecimiento y modificación de los recargos y de la obligación de abonar intereses de demora. (Intereses de demora "artículo 26 LGT", recargo por presentación de autoliquidación fuera de plazo "artículo 27 LGT", recargos del periodo ejecutivo "artículo 28 LGT").

6. El establecimiento y modificación de los plazos de prescripción y caducidad, así como de las causas de interrupción del cómputo de los plazos de prescripción. (Plazos de prescripción "artículo 66 LGT", interrupción del plazo de prescripción "artículo 67 LGT", caducidad "artículo 104.4 y 5 LGT").

7. El establecimiento y modificación de las infracciones y sanciones tributarias. (Título IV de LGT "potestad sancionadora" artículos 178 a 212 de la LGT).

8. La obligación de presentar declaraciones y autoliquidaciones referidas al cumplimiento de la obligación tributaria principal y la de pagos a cuenta.

9. Las consecuencias del incumplimiento de las obligaciones tributarias respecto de la eficacia de los actos o negocios jurídicos.

10. Las obligaciones entre particulares resultantes de los tributos. (artículo 38 de LGT).

11. La condonación de deudas y sanciones tributarias y la concesión de moratorias y quitas. (artículo 75 de LGT).

12. La determinación de los actos susceptibles de reclamación en vía económico-administrativa. (artículo 227 de LGT).

13. Los supuestos en que proceda el establecimiento de las intervenciones tributarias de carácter permanente.

Las leyes y los reglamentos que contengan normas tributarias deberán mencionarlo expresamente en su título y en la rúbrica de los artículos correspondientes. Las leyes y los reglamentos que modifiquen normas tributarias contendrán una relación completa de las normas derogadas y la nueva redacción de las que resulten modificadas.

En el **ámbito de aplicación de las normas tributarias** conviene precisar las siguientes cuestiones:

⇨ **Ámbito temporal de las normas tributarias (artículo 10 LGT)**: las normas tributarias entrarán en vigor a los veinte días naturales de su completa publicación en el boletín oficial que corresponda, si en ellas no se dispone otra cosa, y se aplicarán por plazo indefinido, salvo que se fije un plazo determinado. Salvo que se disponga lo contrario, las normas tributarias no tendrán efecto retroactivo y se aplicarán a los tributos sin periodo impositivo devengados a partir de su entrada en vigor y a los demás tributos cuyo periodo impositivo se inicie desde ese momento. No obstante, las normas que regulen el régimen de infracciones y sanciones tributarias y el de los recargos tendrán efectos retroactivos respecto de los actos que no sean firmes cuando su aplicación resulte más favorable para el interesado.

El IVA es un impuesto sin periodo impositivo, por lo que en el caso de modificación del tipo de gravamen que entre en vigor el 1 de septiembre se aplicará el nuevo tipo a las operaciones "entregas de bienes o prestaciones de servicios" que se devenguen a partir de esa fecha.

El IRPF es un impuesto con periodo impositivo anual, por lo que en el caso de una modificación normativa que entre en vigor el 1 de septiembre del periodo impositivo 200X se aplicará en el periodo impositivo 200X+1, aunque tenemos ejemplos recientes, en los que los efectos tuvieron efectos dentro del año en curso, como sería el cambio del tipo de retención que se produjo a mediados del mes de julio del 2018).

⇨ **Criterios de sujeción a las normas tributarias (artículo 11 LGT)**: los tributos se aplicarán conforme a los criterios de residencia o territorialidad que establezca la ley en cada caso. En su defecto, los tributos de carácter personal se exigirán conforme al criterio de residencia y los demás tributos conforme al criterio de territorialidad que resulte más adecuado a la naturaleza del objeto gravado.

El artículo 12 de la LGT establece que las normas tributarias se interpretarán con arreglo a lo dispuesto en el apartado 1 del artículo 3 del Código Civil. En tanto no se definan por la normativa tributaria, los términos empleados en sus normas se entenderán conforme a su sentido jurídico, técnico o usual, según proceda.

En el ámbito de las competencias del Estado, la facultad de dictar disposiciones interpretativas o aclaratorias de las leyes y demás normas en materia tributaria corresponde al Ministro de Hacienda y a los órganos de la Administración Tributaria del art. 88.5 LGT:

⇨ Las dictadas por el Ministro serán de obligado cumplimiento para todos los órganos de la Administración Tributaria.

⇨ Las dictadas por los órganos de la Administración Tributaria del art. 88.5 LGT tendrán efectos vinculantes para los órganos y entidades de la Administración Tributaria encargados de la aplicación de los tributos.

Estas disposiciones interpretativas o aclaratorias se publicarán en el boletín oficial que corresponda.

Con carácter previo al dictado de estas resoluciones y una vez elaborado su texto, cuando la naturaleza de las mismas lo aconseje, podrán ser sometidas a información pública. Según el art. 88.5 LGT, la competencia para contestar las consultas tributarias corresponderá a los órganos de la Administración tributaria que tengan atribuida la iniciativa para la elaboración de disposiciones en el orden tributario, su propuesta o interpretación (este órgano es la Dirección General de Tributos).

Además la LGT dispone que:

⇨ Las obligaciones tributarias se exigirán con arreglo a la naturaleza jurídica del hecho, acto o negocio realizado, cualquiera que sea la forma o denominación que los interesados le hubieran dado, y prescindiendo de los defectos que pudieran afectar a su validez.

⇨ No se admitirá la analogía para extender más allá de sus términos estrictos el ámbito del hecho imponible, de las exenciones y demás beneficios o incentivos fiscales.

⇨ Se entenderá que existe conflicto en la aplicación de la norma tributaria cuando se evite total o parcialmente la realización del hecho imponible o se minore la base o la deuda tributaria mediante actos o negocios en los que concurran las siguientes circunstancias:

- Que, individualmente considerados o en su conjunto, sean notoriamente artificiosos o impropios para la consecución del resultado obtenido.

- Que de su utilización no resulten efectos jurídicos o económicos relevantes, distintos del ahorro fiscal y de los efectos que se hubieran obtenido con los actos o negocios usuales o propios.

Para que la Administración tributaria pueda declarar el conflicto en la aplicación de la norma tributaria será necesario el previo informe favorable de la Comisión consultiva a que se refiere el artículo 159 LGT.

Constituyen **infracción tributaria** con arreglo al art. 206 bis de la LGT los supuestos de conflicto en la aplicación de las normas. Los órganos de Inspección son los competentes para aplicar el conflicto en la aplicación de la norma, siguiendo el procedimiento que se establece en el artículo 159 de la LGT y artículo 194 del RGAT. Según el art. 159 de la LGT:

1. De acuerdo con lo establecido en el artículo 15 de la LGT, para que la inspección de los tributos pueda declarar el conflicto en la aplicación de la norma tributaria deberá emitirse previamente un informe favorable de la Comisión consultiva que se constituya, en los términos establecidos reglamentariamente, por dos representantes del órgano competente para contestar las consultas tributarias escritas, actuando uno de ellos como Presidente, y por dos representantes de la Administración tributaria actuante.

2. Cuando el órgano actuante estime que pueden concurrir las circunstancias previstas en el apartado 1 del artículo 15 de la LGT lo comunicará al interesado, y le concederá un plazo de 15 días para presentar alegaciones y aportar o proponer las pruebas que estime procedentes.

   Recibidas las alegaciones y practicadas, en su caso, las pruebas procedentes, el órgano actuante remitirá el expediente completo a la Comisión consultiva.

3. A efectos del cómputo del plazo del procedimiento inspector se tendrá en cuenta lo dispuesto en el apartado 3 del artículo 150 de la LGT.

4. El plazo máximo para emitir el informe será de tres meses desde la emisión del expediente a la Comisión consultiva. Dicho plazo podrá ser ampliado mediante acuerdo motivado de la comisión consultiva, sin que dicha ampliación pueda exceder de un mes.

5. Transcurrido el plazo al que se refiere el apartado anterior sin que la Comisión consultiva haya emitido el informe, se reanudará el cómputo del plazo

de duración de las actuaciones inspectoras, manteniéndose la obligación de emitir dicho informe, aunque se podrán continuar las actuaciones y, en su caso, dictar liquidación provisional respecto a los demás elementos de la obligación tributaria no relacionados con las operaciones analizadas por la Comisión consultiva.

6. El informe de la Comisión consultiva vinculará al órgano de inspección sobre la declaración del conflicto en la aplicación de la norma.

7. El informe y los demás actos dictados en aplicación de lo dispuesto en este artículo no serán susceptibles de recurso o reclamación, pero en los que se interpongan contra los actos y liquidaciones resultantes de la comprobación podrá plantearse la procedencia de la declaración del conflicto en la aplicación de la norma tributaria.

Se entenderá que existe conflicto en la aplicación de la norma tributaria cuando se evite total o parcialmente la realización del hecho imponible o se minore la base o la deuda tributaria mediante actos o negocios en los que concurran las siguientes circunstancias:

a) Que, individualmente considerados o en su conjunto, sean notoriamente artificiosos o impropios para la consecución del resultado obtenido.

b) Que de su utilización no resulten efectos jurídicos o económicos relevantes, distintos del ahorro fiscal y de los efectos que se hubieran obtenido con los actos o negocios usuales o propios.

El Tribunal Económico Administrativo Central en resolución de 21 de marzo del 2013 confirmó "la existencia de simulación en sociedades de profesionales, en el caso concreto formada por abogados, interpuestas entre el socio abogado y el cliente para minorar la carga fiscal del socio abogado".

1.2. Principios impositivos en la Constitución española

1.2.1. Introducción

Los principios impositivos se recogen en el artículo 31 de la Constitución. El citado precepto establece que todos contribuirán al sostenimiento de los gastos públicos de acuerdo con su capacidad económica mediante un sistema tributario justo inspirado en los principios de igualdad y progresividad que, en ningún caso, tendrá alcance confiscatorio. También resultan de aplicación en el ámbito tributario otros principios recogidos en la Constitución, en especial:

⇨ Art. 9.3 CE: La Constitución garantiza el principio de legalidad, la jerarquía normativa, la publicidad de las normas, la irretroactividad de las disposiciones sancionadoras no favorables o restrictivas de derechos individuales, la seguridad jurídica, la responsabilidad y la interdicción de arbitrariedad de los poderes públicos.

⇨ Art. 103.1 CE: La Administración Pública sirve con objetividad los intereses generales y actúa de acuerdo con los principios de eficacia, jerarquía, descentralización, desconcentración y coordinación, con sometimiento pleno a la ley y al Derecho.

A su vez, la LGT establece, como hemos indicado anteriormente:

⇨ Principios de ordenación de los tributos (artículo 3.1 LGT): la ordenación del sistema tributario se basa en la capacidad económica de las personas obligadas a satisfacer los tributos y en los principios de justicia, generalidad, igualdad, progresividad, equitativa distribución de la carga tributaria y no confiscatoriedad.

⇨ Principios de aplicación de los tributos (artículo 3.2 LGT): la aplicación del sistema tributario se basará en los principios de proporcionalidad, eficacia y limitación de costes indirectos derivados del cumplimiento de obligaciones formales y asegurará el respeto de los derechos y garantías de los obligados tributarios.

⇨ Además, la LGT recoge en su articulado otros principios como el carácter reglado de los actos tributarios (artículo 6), la reserva de ley tributaria (artículo 8), los de la potestad sancionadora (artículo 183).

1.2.2. Principios de generalidad y de capacidad económica

El artículo 31.1 de la Constitución enuncia el **principio de generalidad** al señalar "Todos contribuirán al sostenimiento de los gastos públicos (...)". Este principio tiene por objeto evitar que se den situaciones de privilegio o discriminación en el sistema tributario. No obstante, se pueden establecer exenciones por ley, tal y como establece el artículo 8.d) de la LGT.

El Tribunal Constitucional en sentencia 37/1987, ha señalado que "las exenciones o bonificaciones no suponen una quiebra del principio de generalidad, siempre que se fundamenten en otras razones de justicia tributaria, por ejemplo, el principio de capacidad económica para el mínimo exento u obedezcan a razones de política extrafiscal, por ejemplo, cuando se utilicen las exenciones como estímulo o incentivo a la política económica".

El **principio de capacidad económica** es el que determina, modula y configura el alcance de la obligación y deber de contribuir al sostenimiento del gasto público, refiriéndose al mismo la CE al afirmar que "todos contribuirán al sostenimiento de los gastos públicos de acuerdo con su capacidad económica". Este principio impone el reparto equitativo de la carga impositiva entre los ciudadanos.

La forma de medir la capacidad económica del contribuyente puede ser:

1. **Objetiva**, por ejemplo, según índices objetivos (renta, patrimonio, tráfico de bienes, etc.).

2. **Subjetiva**, con lo que se adapta a las circunstancias personales del contribuyente.

3. **Absoluta**, que sería la global del contribuyente.

4. **Relativa**, según el condicionamiento del sujeto.

5. **Total**, referida al sistema tributario en su conjunto.

6. **Parcial**, relacionada con el objeto de cada tributo.

7. **Disponible**, que sería la que resulta después de cubrir algunas necesidades elementales o mínimo de subsistencia personal o familiar.

La capacidad económica ofrece una **proyección directa**, que sería la apreciada como consecuencia de la obtención de renta y posesión de patrimonio, o **indirecta**, que sería la renta o patrimonio potencial deducida del tráfico de bienes y servicios.

Por su parte, el principio de generalidad también queda anunciado al señalarse que "Todos contribuirán al sostenimiento de los gastos públicos (...)". Este principio tiene por objeto evitar que se den situaciones de privilegio o discriminación en el sistema tributario.

1.2.3. Otros principios

⇨ **Principio de justicia**

Es un principio inspirador del sistema tributario y que no ha de apreciarse de forma independiente, sino de forma conjunta con el resto de los principios.

⇨ **Principio de igualdad**

Este principio supone que el sostenimiento de los gastos públicos debe hacerse por igual entre todos los contribuyentes, cuando se encuentren en iguales situaciones.

En este sentido, la sentencia del Tribunal Constitucional 76/1990 indica que "solo se vulnera el principio de igualdad cuando la desigualdad introduce una diferencia entre situaciones que pueden considerarse iguales y carece de justificación objetiva y razonable".

En sentencia del Tribunal Constitucional 159/1997 señala "el principio de igualdad no significa uniformidad de todos los ciudadanos, ni puede predicarse de una manera absoluta. La desigualdad fundada en elementos objetivos no es inconstitucional, a diferencia de los que ocurre con la desigualdad de índole subjetiva".

⇨ **Principio de progresividad**

El principio de progresividad complementa el principio de capacidad económica e implica un tratamiento cuantitativa y cualitativamente diferente del contribuyente en función de su menor o mayor capacidad económica. Esto es, a menor capacidad económica, menor obligación de contribuir al gasto público y a la inversa.

La sentencia del Tribunal Constitucional 45/1989 establece que "la progresividad debe evaluarse conjuntamente con los restantes principios constitucionales del artículo 31.1 y, en especial, con el principio de igualdad, al que sirve de concreción. La efectiva igualdad supone que la carga tributaria se reparte de forma más que proporcional, según la capacidad económica, teniendo en cuenta las circunstancias del caso concreto."

⇨ **Principio de no confiscatoriedad**

Este principio limita el esfuerzo tributario que se le exige al ciudadano, y que la distribución de la carga tributaria no implique que el contribuyente vea comprometido su patrimonio o gran parte de sus ingresos.

En este sentido, la sentencia del Tribunal Constitucional 150/1990 establece que "el sistema tributario tendría efecto confiscatorio cuando mediante la aplicación de las diversas figuras vigentes, se llegará a privar al sujeto pasivo de sus rentas y propiedades".

La sentencia del TEAC de fecha 19 de enero del 2001 manifestó "se entiende que sería confiscatorio si una persona con patrimonio y sin renta se viera obligado a la enajenación de parte de sus bienes para hacer frente al pago del impuesto".

1.2.4. El objetivo de los sistemas fiscales

Para un sector del pensamiento económico, el objetivo de los sistemas fiscales es favorecer el crecimiento económico, de modo que el criterio normativo que debe regir su diseño no debe ser otro que el de la búsqueda de la eficiencia en la asignación de los recursos. Para esta línea de pensamiento, un sistema fiscal es eficiente si evita el dirigismo impositivo, reduciendo al máximo las interferencias que produce sobre el comportamiento de los agentes económicos. Es decir, la eficiencia económica requiere que los individuos adopten sus decisiones por razones estrictas de coste y productividad económica y no por razones fiscales.

Aun admitiendo que este pueda ser su objetivo, no debe olvidarse que los sistemas fiscales absolutamente neutrales son operativamente imposibles, e incluso indeseables, por al menos tres razones:

a) Los sistemas fiscales deben cumplir con otras metas de política económica además de la asignativa –suficiencia recaudatoria, justicia distributiva, etc.

b) Existen fallos de mercado que hacen que el sistema económico no sea eficiente por sí mismo. Por ello, en aras de una mayor eficiencia, se requieren intervenciones en forma de disposiciones regulatorias o distorsiones impositivas que compensen y atenúen esos fallos del mercado.

c) El sistema fiscal es un instrumento de política económica y, por ello, susceptible de ser utilizado con criterios políticos.

A lo largo del pensamiento económico, la Teoría de la Hacienda Pública ha identificado cuatro clases de costes en relación a las cargas que los sistemas fiscales generan sobre las sociedades que los soportan:

a) Los costes asociados a la pura transferencia de renta del sector privado al sector público (efecto renta).

b) Los costes vinculados a las distorsiones generadas en los procesos de elección de los agentes económicos, consecuencia de los cambios en los precios relativos de bienes y/o factores productivos (efecto sustitución).

c) Los costes de administración en los que incurre el sector público para asegurarse el cobro de los impuestos en los términos y condiciones que establecen las leyes.

d) Y los costes de cumplimiento a los que debe hacer frente el contribuyente para cumplir con sus obligaciones fiscales.

Dado que los costes asociados a los efectos renta son inevitables (coinciden con el valor de la recaudación que genera la exacción), un sector doctrinal entiende que los impuestos deben diseñarse de modo que las cargas derivadas de los efectos de sustitución y de la administración y cumplimiento del sistema fiscal se reduzcan a la mínima expresión. Es decir, para una recaudación dada (coste inevitable), se debe minimizar el precio que se hace pagar a la sociedad por el resto de costes enunciados en la lista precedente (costes modulables o regulables).

2. Los tributos: concepto y clases

Entre los ingresos obtenidos por el sector público para financiar sus actividades destacan los derivados del tributo. De acuerdo con el primer párrafo del art. 2.1 de la Ley General Tributaria (LGT), los **tributos** "son los ingresos públicos que consisten en prestaciones pecuniarias exigidas por una Administración pública, como consecuencia de la realización del supuesto de hecho al que la Ley vincula el deber de contribuir, con el fin primordial de obtener los ingresos necesarios para el sostenimiento de los gastos públicos". Como señala el segundo párrafo del citado art. 2.1 LGT, además de tener la finalidad indicada, los tributos "podrán servir como instrumentos de la política económica general y atender a la realización de los principios y fines contenidos en la Constitución".

Los tributos se clasifican en las siguientes categorías:

⇨ **Tasas**

- La **utilización privativa o el aprovechamiento especial del dominio público**.

Tasa por utilización de las aceras para la instalación de terrazas con mesas por un bar, o tasa por un vado permanente en la salida de un garaje que impida el aparcamiento en esa parte de la calle.

Piénsese en los puestos ambulantes que existen en los mercadillos semanales que hay en muchos municipios de nuestra geografía que ocupan durante unas horas suelo público del municipio en el que se instalan.

- La prestación de servicios o la realización de actividades en régimen de derecho público que se refieran, afecten o beneficien de modo particular al obligado tributario. En este supuesto se tendrá que cumplir uno de los siguientes requisitos:

  1. Que los servicios o actividades no sean de solicitud o recepción voluntaria para los obligados tributarios, bien porque se impone por disposición legal o reglamentaria, bien porque se trata de un servicio o actividad imprescindible para la vida privada o social del solicitante.

Es obligado solicitar el DNI. La cantidad satisfecha por la obtención de este documento es una tasa.

Es obligatorio pagar las tasas correspondientes a Tráfico por la renovación del carné de conducir o para efectuar la transferencia de un vehículo.

Puede considerarse un servicio o actividad imprescindible para la vida privada o social del solicitante el aparcamiento en zona azul. La cantidad satisfecha con tal finalidad sería entonces una tasa.

2. Que los servicios o actividades no se presten o realicen por el sector privado:

Si la única piscina abierta en la localidad es municipal, la cantidad satisfecha por su utilización podría calificarse como tasa.

El servicio de recogida de basura por los ayuntamientos, que aunque no se quiera ese servicio se va a prestar igualmente al ciudadano residente en el municipio y que en principio no se presta por el sector privado.

⇨ **Contribuciones especiales**

Son tributos cuyo hecho imponible consiste en la obtención por el obligado tributario de un beneficio o un aumento de valor de sus bienes, como consecuencia de la realización de obras públicas o del establecimiento o ampliación de servicios públicos.

Unas obras de asfaltado de una calle o la instalación de unas zonas de aparcamiento o jardines benefician a los propietarios de los inmuebles de la zona y aumentan el valor de sus viviendas.

La realización de obras para la acometida de aguas, alcantarillado y alumbrado de unas parcelas urbanas de nueva construcción. O la realización y asfaltado de una carretera de acceso a una autovía para esas mismas parcelas urbanas. Por tanto, el ayuntamiento podrá girar contribuciones especiales a esos vecinos.

⇨ **Impuestos**

A diferencia de lo que sucede con las tasas y las contribuciones especiales, en los impuestos el hecho imponible se delimita sin referencia alguna a la prestación de servicios o realización de actividades por la Administración. De acuerdo con el art. 2.2.c) LGT, se trata de tributos exigidos "sin contraprestación" cuyo hecho imponible está constituido por negocios, actos o hechos que ponen de manifiesto la capacidad económica del contribuyente.

El **Impuesto sobre la Renta de las Personas Físicas (IRPF)** grava las rentas obtenidas en el ejercicio por personas físicas y otras entidades sin personalidad jurídica derivadas del trabajo (por prestar sus servicios laborales por cuenta ajena para una empresa), de capital mobiliario (rendimientos de cuentas y depósitos bancarios) e inmobiliario (rendimientos del alquiler de pisos y locales comerciales), de actividades económicas (un fontanero, un arquitecto, un carnicero que tienen negocios propios y trabajan por cuenta propia), etc.

El **Impuesto sobre el Valor Añadido (IVA)** grava el consumo, entre otras operaciones, las entregas de bienes (ventas) y prestaciones de servicios realizadas por empresarios y profesionales; y también las importaciones de bienes con independencia de la condición de la persona del importador.

El **Impuesto sobre Sociedades** grava las rentas obtenidas en el ejercicio por personas y entidades jurídicas (una sociedad anónima, una sociedad limitada, una asociación).

El **Impuesto sobre Sucesiones** grava las adquisiciones lucrativas (sin entregar nada a cambio) "mortis causa" obtenidas por personas físicas de otras que han fallecido (una herencia, un legado).

El **Impuesto sobre Donaciones** grava las entregas lucrativas (sin entregar nada a cambio) realizadas en vida ("inter vivos") (una donación, un regalo).

Como se puede observar, estos tributos no son satisfechos por razón de la prestación de servicios o realización de actividades por la Administración.

Cabe realizar varias clasificaciones de los impuestos:

1. **Personales y reales**

   Los impuestos personales giran en torno al sujeto pasivo, que es el destinatario y el obligado del hecho imponible. Su tributación se ajusta a sus circunstancias personales y familiares y gravan la manifestación económica o de riqueza, en su conjunto, obtenida por el sujeto pasivo, en contraposición a los impuestos reales que giran en torno a un bien u objeto en particular.

   Así, mientras el IRPF es un impuesto personal, ya que grava los rendimientos y variaciones de patrimonio de una persona y tiene en cuenta las características del sujeto obligado, como la edad, cargas familiares, etc. Igual ocurre con los Impuestos sobre Sociedades, Sucesiones, Donaciones, Patrimonio, Renta de no Residentes, etc.

   En cambio, el IVA es un impuesto real porque se establece sin relación a las personas sino a un hecho como es el consumo. Igual ocurre con los Impuestos sobre Transmisiones patrimoniales y Actos Jurídicos Documentados (transmisiones patrimoniales onerosas de bienes y derechos no afectos a actividades económicas), IBI, Circulación de vehículos de tracción mecánica, etc.

2. **Subjetivos y objetivos**

   En los impuestos subjetivos las circunstancias personales del obligado son tenidas en cuenta para la cuantificación de la deuda tributaria. Ejemplos de impuestos subjetivos son: IRPF, Sociedades, Sucesiones, Donaciones, etc. Entre los objetivos se pueden citar: IVA, Transmisiones patrimoniales y Actos Jurídicos Documentados, IBI, etc.

3. **Periódicos o instantáneos**

   En los impuestos instantáneos el hecho imponible se produce en un momento determinado. En los impuestos periódicos, en cambio, el hecho imponible se prolonga en el tiempo, siendo necesario fraccionarlo en ejercicios impositivos en los que nace la obligación tributaria.

   No obstante, hay impuestos que siendo instantáneos son de declaración periódica, como ocurre con el IVA en el que cada entrega de bienes o prestación de servicios devenga el impuesto pero se declara mensual o trimestralmente.

 El IVA es un impuesto instantáneo, pues su presupuesto de hecho (entregas de bienes y prestaciones de servicios, entre otras operaciones) se agota en un determinado periodo de tiempo. En cambio, el IRPF es periódico, pues la obtención de la renta goza de continuidad en el tiempo. Por este motivo, la Ley se ve obligada a fraccionar ese presupuesto de hecho a través del establecimiento de periodos impositivos (que en el caso del impuesto citado, por regla general, coinciden con los años naturales).

4. **Directos e indirectos**

Se califican comúnmente como directos aquellos impuestos que gravan manifestaciones inmediatas de la capacidad económica (como la posesión de un patrimonio o la obtención de renta) como el IRPF (Impuesto sobre la renta de las personas físicas). Se consideran impuestos indirectos los que gravan manifestaciones indirectas de esa capacidad (como el consumo) caso del IVA o las transmisiones onerosas de bienes y derechos no afectos a actividades económicas o las operaciones societarias, caso del Impuesto sobre Transmisiones patrimoniales y Actos Jurídicos Documentados (ITP y AJD), Impuestos Especiales, Impuesto sobre la Prima de Seguros.

5. **Progresivos y proporcionales**

Se califican comúnmente como progresivos aquellos impuestos en los que a medida que aumenta la base imponible -derivada de la capacidad económica del obligado- aumenta en la misma proporción el tipo de gravamen, por ejemplo el IRPF o el Impuesto sobre el Patrimonio. En los impuestos proporcionales el tipo de gravamen no varía en función de la capacidad económica del contribuyente, como ocurre, por ejemplo, con el Impuesto sobre el Valor Añadido o con el Impuesto sobre Transmisiones Patrimoniales y Actos Jurídicos Documentados o el Impuesto sobre Sociedades, que como hemos visto en un impuesto personal, pero se diferencia del IRPF en la proporcionalidad en su gravamen.

6. **Estatales, de las Comunidades Autónomas y Locales**

Se califican así en función de la Administración Pública a la que corresponden. En este punto conviene recordar que, según establece el artículo 133 de la Constitución, la potestad para establecer tributos corresponde exclusivamente al Estado, mediante ley. Las Comunidades Autónomas y las Corporaciones locales podrán establecer y exigir tributos, de acuerdo con la Constitución y las leyes.

- Así puede decirse que son **impuestos estatales**: IRPF, Impuesto sobre Sociedades, Impuesto sobre la Renta de los No Residentes (IRNR), IVA, los Impuestos Especiales (bebidas alcohólicas, hidrocarburos, tabaco, electricidad, sobre Determinados Medios de Transporte, y sobre el Carbón), Aduaneros (aranceles por importaciones de bienes) y sobre las Primas de Seguros (grava las operaciones de seguros y capitalización realizadas por entidades aseguradoras).

- **Impuestos de las Comunidades Autónomas**: debe distinguirse entre las de régimen común y las Comunidades Autónomas de régimen foral (Navarra y País Vasco).

  Entre los recursos económicos de las Comunidades Autónomas de régimen común ocupan un lugar destacado los **impuestos cedidos** total o parcialmente por el Estado. Así, está cedida totalmente la recaudación de impuestos como el Impuesto sobre Sucesiones y Donaciones, por ejemplo, y parcialmente la recaudación derivada del IRPF y del IVA, por ejemplo. Además, se han cedido a esas Comunidades Autónomas determinadas competencias normativas en relación con algunos aspectos de varios impuestos (IRPF, Impuesto sobre Sucesiones y Donaciones, etc.).

  Menor importancia recaudatoria tienen los **impuestos establecidos por esas Comunidades Autónomas de régimen común** (impuestos "propios"). Las limitaciones establecidas en la LOFCA en relación con estos impuestos explican que el establecimiento de la mayor parte de ellos se haya pretendido fundamentar en la búsqueda de finalidades extrafiscales (esto es, de finalidades no recaudatorias como, por ejemplo, la de protección del medio ambiente).

Un impuesto propio es el Impuesto sobre Depósito de Residuos establecido en la Comunidad Autónoma de Madrid.

En la actualidad, la financiación de las Comunidades Autónomas de régimen común se rige por la Ley 22/2009 de 18 de diciembre, por la que se regula el sistema de financiación de las Comunidades Autónomas de régimen común y Ciudades con Estatuto de Autonomía y se modifican determinadas normas tributarias. Como culminación de un proceso de negociación entre el Estado y las Comunidades Autónomas y Ciudades con Estatuto de Autonomía, el Consejo de Política Fiscal y Financiera en su reunión de 15 de julio de 2009 adoptó, a propuesta del Gobierno de la Nación, el Acuerdo 6/2009, para la reforma del Sistema de Financiación de las Comunidades Autónomas de Régimen Común y Ciudades con Estatuto de Autonomía cuya puesta en práctica exigió llevar a cabo una serie de reformas legales. La citada Ley acomete las reformas que no requirieron el rango de Ley Orgánica, complementando así la reforma de la Ley Orgánica 8/1980 de 22 de septiembre, de Financiación de las Comunidades Autónomas (LOFCA) efectuada por la Ley Orgánica 3/2009.

En la sección 2.ª del Título I de la Ley se regulan los recursos financieros del sistema en el año base que se destinan a financiar las necesidades globales de financiación, como son los tributos cedidos, la transferencia del Fondo de Garantía de Servicios Públicos Fundamentales y el Fondo de Suficiencia Global.

Las Comunidades Autónomas del País Vasco y de Navarra se rigen por los sistemas del Concierto y del Convenio Económico, respectivamente. En virtud de estos sistemas, los Territorios Históricos (Diputaciones) del País Vasco y Navarra tienen potestad para mantener, establecer y regular su propio régimen tributario. En el caso de los Territorios Históricos del País Vasco, los tributos se dividen en concertados (gestionados y recaudados por las Diputaciones forales) y estatales (gestionados y recaudados por la Hacienda estatal). Los tributos concertados pueden, a su vez, ser de normativa foral (así, el IRPF o el Impuesto sobre Sociedades, entre otros) o de normativa estatal. Similar es el sistema aplicado en la Hacienda Foral Navarra.

- **Impuestos Locales**: en el ámbito local se prevé la participación en tributos del Estado y de las Comunidades Autónomas, así como la cesión de la recaudación de impuestos estatales en favor de ciertas entidades.

  Existen impuestos propios en el ámbito municipal. Cabe distinguir dos categorías de conformidad con lo dispuesto en el art. 59 TRLRHL:

  ⇨ **Impuestos de exación obligatoria**:

  ▶ Impuesto sobre Bienes Inmuebles (por la tenencia de bienes inmuebles rústicos y urbanos).

  ▶ Impuesto sobre Actividades Económicas (por la realización de una actividad empresarial, por ejemplo una empresa de fabricación de vehículos, de explotación de ganado, cultivos, servicios de limpieza, etc.).

  ▶ Impuesto sobre Vehículos de Tracción Mecánica (por la tenencia de vehículos aptos para la circulación por esos municipios como: automóviles, motocicletas, camiones).

  ▶ Tasa de residuos sólidos urbanos, regulados en la Ley 7/2022, de 8 de abril, de residuos y suelos contaminados para una economía circular.

⇨ **Impuestos de establecimiento potestativo**:

▶ Impuesto sobre Construcciones, Instalaciones y Obras (por la realización de obras que requieran licencia urbanística en los inmuebles situados en esos municipios, por ejemplo construir un edificio, rehabilitar un inmueble, etc.).

▶ Impuesto sobre el Incremento de Valor de los Terrenos de Naturaleza Urbana (-más conocido como plusvalía- grava los incrementos de valor que experimenten dichos terrenos, y que se pongan de manifiesto a consecuencia de su transmisión).

3. El hecho imponible

El artículo 20 de la LGT lo define como el presupuesto fijado por la ley para configurar cada tributo y cuya realización origina el nacimiento de la obligación tributaria principal.

La ley podrá completar la delimitación del hecho imponible mediante la mención de supuestos de no sujeción.

4. Devengo

El artículo 21 de la LGT determina que es el momento en el que se entiende realizado el hecho imponible y en el que se produce el nacimiento de la obligación tributaria principal.

La fecha del devengo determina las circunstancias relevantes para la configuración de la obligación tributaria, salvo que la ley de cada tributo disponga otra cosa.

La ley propia de cada tributo podrá establecer la exigibilidad de la cuota o cantidad a ingresar, o de parte de la misma, en un momento distinto al del devengo del tributo.

5. Extinción y no sujeción

En la exención a pesar de realizarse el hecho imponible, la ley exime del cumplimiento de la obligación tributaria.

En la no sujeción, no hay realización del hecho imponible y, por tanto, no provoca el nacimiento de la deuda tributaria. Como ya sabemos, la ley podrá completar la delimitación del hecho imponible mediante la mención de supuestos de no sujeción.

6. Los obligados tributarios

6.1. Introducción

Son obligados tributarios todas aquellas personas físicas o jurídicas y las entidades a las que la normativa tributaria impone el cumplimiento de obligaciones tributarias (art. 35.1 LGT).

Pueden distinguirse los siguientes grupos de obligados tributarios:

1. Sujetos obligados al pago de deudas a favor de la Administración tributaria o deudores frente a la Hacienda Pública.

    • Sujetos pasivos, obligados al cumplimiento de la obligación tributaria principal (art. 36 LGT).

    • Sujetos obligados a realizar pagos a cuenta (art. 37).

    • Responsables tributarios (arts. 41 a 43 LGT).

    • Sucesores del obligado: como consecuencia del fallecimiento de la persona física obligada o de la extinción de la entidad obligada, los sucesores pasan a ser titulares de las obligaciones tributarias de esa persona o entidad (arts. 39 y 40 LGT).

2. Sujetos obligados al cumplimiento de obligaciones meramente formales.

3. Obligados en las obligaciones entre particulares resultantes del tributo (art. 38 LGT).

Las Leyes pueden atribuir la condición de obligados tributarios a las herencias yacentes, comunidades de bienes y demás entidades que, carentes de personalidad jurídica, constituyan una unidad económica o un patrimonio separado susceptibles de imposición (art. 35.4 LGT).

 El art. 7.1 LIS califica como contribuyentes del Impuesto sobre Sociedades a entidades carentes de personalidad como los fondos de inversión o los fondos de pensiones.

La LIRPF no hace uso de la posibilidad a que se refiere el art. 35.4 LGT en relación con los contribuyentes. En efecto, de acuerdo con el art. 8.3 LIRPF, *"No tendrán la consideración de contribuyentes las sociedades civiles, tengan o no personalidad jurídica, herencias yacentes, comunidades de bienes y demás entidades a que se refiere el art. 35.4 LGT"*. Las rentas correspondientes a todas estas entidades se atribuirán a los socios, herederos, comuneros o partícipes, esto es, serán los socios, herederos, comuneros o partícipes los que tributen directamente por esas rentas como contribuyentes.

En cambio, la LIRPF sí hace uso de la posibilidad a que se refiere el art. 35.4 LGT cuando obliga a las entidades que tributan en atribución de rentas a practicar retenciones (art. 99.2 LIRPF) o a proporcionar a la Administración cierta información (art. 90 LIRPF).

En suma, a los efectos del IRPF las entidades a las que se refiere el art. 35.4 LGT no asumen la condición de contribuyentes, pero sí asumen la condición de obligados a realizar ciertos pagos a cuenta,,así como la condición de obligados al cumplimiento de deberes formales de información.

6.2. Sujetos pasivos

Es sujeto pasivo el obligado tributario que debe cumplir la obligación tributaria principal, así como las obligaciones formales inherentes a la misma, sea como contribuyente o como sustituto del mismo (art. 36.1 LGT).

Es **contribuyente** el sujeto pasivo que realiza el hecho imponible (art. 36.2 LGT).

En el IRPF y en el IS, el hecho imponible es la obtención de renta. Por lo tanto, será contribuyente el sujeto que obtiene renta, como un trabajador por cuenta ajena, una persona que obtiene rendimientos por alquilar un piso amueblado o un empresario autónomo que vende colchones en el IRPF; y como una fundación o una sociedad limitada en el IS.

En el IVA, se califica como hecho imponible, entre otras operaciones, las entregas de bienes y prestaciones de servicios realizadas por empresarios o profesionales en el desarrollo de su actividad empresarial o profesional. Será contribuyente, por ejemplo, un librero.

Adviértase que no pierde la condición de contribuyente quien deba repercutir la cuota tributaria a otros obligados (art. 36.2 LGT). Así, el librero no pierde la condición de contribuyente por el hecho de que esté obligado a repercutir la cuota al cliente. Paralelamente, el cliente no asume la condición de contribuyente por el hecho de soportar la repercusión.

Insistimos: el librero es contribuyente del IVA porque está obligado a cumplir la obligación tributaria principal (pago de la cuota del IVA a la Administración tributaria) y las obligaciones tributarias formales inherentes a la misma (presentación de autoliquidaciones por el IVA) como consecuencia de la realización del

...../...

35

.../...

hecho imponible (entrega de bienes en el desarrollo de su actividad empresarial). El cliente no es sujeto pasivo porque no debe cumplir la obligación tributaria principal, pero sí esta obligado a soportar la repercusión del IVA (esto es, debe cumplir una obligación entre particulares resultante del tributo).

En el Impuesto sobre transmisiones patrimoniales es hecho imponible las transmisiones patrimoniales onerosas, y así en el caso de compraventa de un inmueble es sujeto pasivo el adquirente, es decir, el comprador.

En el Impuesto sobre sucesiones es sujeto pasivo el causahabiente, es decir, quien adquiere la herencia, el legado o cualquier otro título sucesorio (hecho imponible).

En el Impuesto sobre donaciones es sujeto pasivo el donatario, es decir, quien adquiere la donación y demás trasmisiones lucrativa o quien es el favorecido por ellas (hecho imponible).

Es **sustituto el sujeto pasivo** que está obligado, en lugar del contribuyente, a cumplir la obligación tributaria principal, así como las obligaciones formales inherentes a la misma (art. 36.3 LGT). El sustituto desplaza al contribuyente de la relación jurídica tributaria, ocupando su lugar.

Salvo que la Ley senale otra cosa, el sustituto podrá exigir del contribuyente el importe de las obligaciones tributarias satisfechas (art. 36.3 LGT).

En la actualidad, los supuestos en que se atribuye la obligación tributaria principal a un sustituto son escasos y responden generalmente a razones de comodidad recaudatoria.

El art. 23.1 TRLRHL establece quiénes merecen la calificación de contribuyentes en las tasas locales. De acuerdo con la letra a) del mencionado artículo, son contribuyentes los que disfrutan, utilizan o aprovechan especialmente el dominio público local en beneficio particular. El art. 23.2 TRLRHL establece varios supuestos de sustitución. Así, en la letra d) se señala que tiene la condición de sustituto en las tasas establecidas por la utilización privativa o el aprovechamiento especial por entradas de vehículos o carruajes a través de las aceras "los propietarios de las fincas y locales a que den acceso dichas entradas de vehículos, quienes podrán repercutir, en su caso, las cuotas sobre los respectivos beneficiarios".

.../...

.../...

De este modo, si una finca con vado está alquilada, el contribuyente de la tasa de vado será el que se beneficia de esa entrada de vehículos (art. 23.1 TRLRHL), esto es, el arrendatario. Sin embargo, por aplicación del art. 23.2 TRLRHL, estará obligado a satisfacer la tasa el propietario arrendador de la finca, en condición de sustituto.

Obsérvese que el propietario (sustituto) desplaza totalmente al arrendatario (contribuyente) de la relación jurídica con la Administración tributaria en lo que se refiere a la tasa indicada. Es clara la razón que subyace al establecimiento de este supuesto de sustitución: a la Administración le resultará más fácil identificar al propietario de la finca que determinar qué persona en concreto disfruta del vado.

La letra d) del art. 23.2 TRLRHL dispone, además, que los sustitutos "podrán repercutir, en su caso, las cuotas [de la tasa de vado] sobre los respectivos beneficiarios", esto es, sobre el arrendatario en el ejemplo propuesto.

Adviértase la diferencia que existe entre el resarcimiento del sustituto a través de la repercusión y otros supuestos de repercusión tributaria en sentido técnico que hemos citado en otro lugar. Así, en la fase minorista del IVA, por ejemplo, la repercusión no se configura como un mecanismo de resarcimiento de un sustituto, sino como un mecanismo para que el contribuyente traslade la carga económica del tributo al sujeto que consume el bien y que, por lo tanto, realiza la manifestación de capacidad económica que constituye el objeto imponible (el consumo). En ese impuesto la Ley podría haber atribuido al consumidor final la condición de contribuyente (configurando el consumo como hecho imponible) y al empresario o profesional la condición de sustituto, pero ha preferido, de acuerdo con la normativa comunitaria, definir el hecho imponible por referencia a las entregas de bienes y prestaciones de servicios realizadas por empresarios o profesionales. De esta forma, en el IVA los empresarios o profesionales serán contribuyentes y los consumidores finales serán simplemente sujetos repercutidos sin relación jurídica directa con la Administración tributaria.

6.3. Sucesores del contribuyente

La regulación de los sucesores del contribuyente se encuentra en los arts. 39 y 40 de la LGT. Debemos distinguir sucesores de personas físicas y sucesores de personas jurídicas y de entidades sin personalidad.

A la muerte de los obligados tributarios, las obligaciones tributarias pendientes se transmitirán a los herederos, sin perjuicio de lo que establece la legislación civil en cuanto a la adquisición de la herencia, o a los legatarios cuando la herencia se distribuya a través de legados y en los supuestos en que se instituyan legados de parte alícuota. Si se tratase de una herencia yacente, el cumplimiento de las obligaciones tributarias del causante corresponderá al representante de la herencia yacente.

En ningún caso se transmitirán las sanciones, consecuencia del principio constitucional de responsabilidad personal de las infracciones.

 Un contribuyente del IRPF fallece el día 13 de junio de 20XX, pesando sobre él una sanción por presentación extemporánea de la declaración de la renta de 200X-1 de 300,00 euros. En este caso sus herederos son los obligados tributarios que deberán efectuar la declaración del IRPF del ejercicio 200X, pero no serán obligados a hacerse cargo de la sanción de 300,00 del causante.

Las obligaciones tributarias pendientes de las sociedades y entidades con personalidad jurídica disueltas y liquidadas en las que la Ley limita la responsabilidad patrimonial de los socios, partícipes o cotitulares se transmitirán a éstos, que quedarán obligados solidariamente hasta el límite del valor de la cuota de liquidación que les corresponda y demás percepciones patrimoniales recibidas por los mismos en los dos años anteriores a la fecha de disolución que minoren el patrimonio social que debiera responder de tales obligaciones, sin perjuicio de lo previsto en el artículo 42.2.a) LGT.

Las obligaciones tributarias pendientes de las sociedades y entidades con personalidad jurídica disueltas y liquidadas en las que la Ley no limita la responsabilidad patrimonial de los socios, partícipes o cotitulares se transmitirán íntegramente a éstos, que quedarán obligados solidariamente a su cumplimiento.

 Sociedad Limitada se liquida y disuelve. Reparte a sus socios su patrimonio, que se compone de capital social y reservas. Derivado de una comprobación del IVA resulta una liquidación provisional. Al estar disuelta la sociedad los socios responden de esta deuda con las cantidades percibidas.

Las sanciones que pudieran proceder por las infracciones cometidas por las sociedades y entidades a las que se refiere este artículo serán exigibles a los sucesores de las mismas, en los términos establecidos en los apartados anteriores y, en su caso, hasta el límite del valor de lo percibido.

6.4. Responsables tributarios

La Ley podrá configurar como responsables de la deuda tributaria, junto a los "deudores principales" (fundamentalmente, sujetos pasivos u obligados a realizar pagos a cuenta), a otras personas o entidades (art. 41.1 LGT). Los responsables cumplen una función de garantía y vendrán obligados a satisfacer la deuda en caso de impago del deudor principal.

En relación con la extensión de la responsabilidad, deben hacerse algunas consideraciones:

⇨ La responsabilidad, salvo precepto legal expreso en contrario, será siempre subsidiaria.

⇨ La responsabilidad no se extiende al cumplimiento de las obligaciones formales que incumben al deudor principal.

⇨ Por regla general, alcanzará a la totalidad de la deuda tributaria exigida en período voluntario.

Cuando haya transcurrido el plazo voluntario de pago que se conceda al responsable sin realizar el ingreso, se iniciará el período ejecutivo y se exigirán los recargos e intereses que procedan. (art. 41.3 LGT).

⇨ La responsabilidad solo se extiende a las sanciones derivadas del incumplimiento por el deudor principal de sus obligaciones cuando esté expresamente previsto en la Ley (art. 41.4 LGT).

En los supuestos en que la responsabilidad alcance a las sanciones, cuando el deudor principal hubiera tenido derecho a la reducción prevista en el artículo 188.1.b) de la LGT, en supuestos de prestar su conformidad, la deuda derivada será el importe que proceda sin aplicar la reducción correspondiente, en su caso, al deudor principal y se dará trámite de conformidad al responsable en la propuesta de declaración de responsabilidad.

La reducción por conformidad será la prevista en el artículo 188.1.b) de la LGT, el 30%. La reducción obtenida por el responsable se le exigirá sin más trámite en el caso de que presente cualquier recurso o reclamación frente al acuerdo de declaración de responsabilidad, fundado en la procedencia de la derivación o en las liquidaciones derivadas.

A los responsables de la deuda tributaria les será de aplicación la reducción prevista en el artículo 188.3 de la LGT.

En caso de satisfacer la deuda tributaria, el responsable tendrá derecho de reembolso frente al deudor principal "en los términos previstos en la legislación civil" (art. 41.6 LGT).

Para exigir el pago de la deuda tributaria a los responsables, la Administración deberá proceder a la "derivación de la acción administrativa" mediante un acto administrativo en el que, previa audiencia al interesado, se declare la responsabilidad y se determine su alcance y extensión (art. 41.5 LGT). En función del momento en que se puede proceder a derivar la acción al responsable, cabe distinguir dos clases de responsabilidad:

1. **Responsabilidad solidaria**

    En caso de **responsabilidad solidaria**, el acto declarativo de responsabilidad puede dictarse y notificarse en cualquier momento del procedimiento de cobro seguido en relación con el deudor principal. Puede dictarse y notificarse incluso antes de vencer el periodo voluntario de pago de que dispone el deudor principal. En este caso, basta con requerir el pago al responsable una vez transcurrido ese periodo. En los demás casos, una vez transcurrido el periodo voluntario de pago, se dictará y notificará el acto de declaración de responsabilidad (art. 175 LGT).

    Entre los supuestos de responsabilidad solidaria establecidos en la LGT (art. 42 y Disposición adicional séptima), cabe destacar los siguientes:

    *   Responsabilidad de aquellos que sean causantes o colaboren activamente en la realización de una infracción tributaria [art. 42.1.a) LGT]. En este caso, la responsabilidad se extiende también a la sanción impuesta al deudor principal.

 Será responsable solidario el asesor fiscal que colabora activamente en la infracción tributaria cometida por su cliente.

    *   Responsabilidad de los que adquieran, fuera de un procedimiento concursal, empresas con deudas tributarias pendientes derivadas del ejercicio de la actividad económica [art. 42.1.c) LGT]. Debe diferenciarse este supuesto de responsabilidad (el adquirente se coloca junto al deudor principal, que no desaparece) respecto de aquellos casos en que se adquieren empresas como consecuencia del fallecimiento del anterior titular o de la extinción de una persona jurídica (supuestos de sucesión).

La responsabilidad se refiere no solo a la obligación tributaria principal, sino también a las obligaciones derivadas de la falta de ingreso de las retenciones e ingresos a cuenta practicados o que se hubieran debido practicar. También se extenderá a las sanciones impuestas o que puedan imponerse al anterior titular.

Si el que pretende adquirir una empresa solicita a la Administración el certificado de las deudas y sanciones pendientes de la actividad, su responsabilidad se limitará a las deudas y sanciones que figuren en la certificación o quedará exento de toda responsabilidad si la certificación se expide sin mencionar deudas ni sanciones, o si no se facilita en el plazo de tres meses (art. 175.2 LGT).

Una empresaria titular de una agencia inmobiliaria "Venta Casa" vende su negocio y el local en el que se desarrolla la actividad. El adquirente pretende realizar la misma actividad inmobiliaria. El adquirente no ha solicitado a la Administración certificado detallado de deudas y responsabilidades tributarias de la transmitente. Por lo que será responsable de todas las deudas, sanciones y obligaciones que se emitan contra la anterior titular del negocio.

- Responsabilidad de los que dificulten la acción recaudatoria de la Administración en los términos previstos por el art. 42.2 LGT. La responsabilidad se extiende a la deuda tributaria pendiente (incluidos el recargo y el interés de demora del periodo ejecutivo, en su caso), así como a las sanciones, y tiene como límite máximo el importe del valor de los bienes o derechos que se hubieran podido embargar o enajenar por la Administración tributaria.

Una entidad bancaria recibe una notificación de embargo de una cuenta corriente de un cliente. Sin embargo, días más tarde consiente que su cliente retire el saldo de esa cuenta. La entidad bancaria sería responsable solidaria del pago de la deuda tributaria hasta el importe que se hubiera retirado de la cuenta bancaria.

2. **Responsabilidad subsidiaria**

Una vez declarados fallidos el deudor principal y, en su caso, los responsables solidarios, la Administración tributaria dictará acto de declaración de responsabilidad, que se notificará al responsable subsidiario (arts. 41.5 y 176 LGT). Dicho de otro modo, para derivar la acción al responsable subsidiario será necesario agotar el procedimiento de cobro (procedimiento de apremio) frente al deudor principal y, en su caso, frente a los responsables solidarios.

Entre los supuestos de responsabilidad subsidiaria previstos en la LGT (art. 43), cabe destacar los siguientes:

- Los administradores (de hecho o de derecho) de personas jurídicas serán responsables subsidiarios de las deudas tributarias de esas personas jurídicas en los siguientes casos:

  ⇨ Cuando la persona jurídica ha cometido una infracción tributaria y los administradores de hecho o de derecho no han realizado los actos necesarios que sean de su incumbencia para el cumplimiento de las obligaciones y deberes tributarios, han consentido el incumplimiento por quienes de ellos dependen o han adoptado acuerdos que posibilitaron las infracciones. La responsabilidad también se extiende a las sanciones impuestas a la persona jurídica [art. 43.1.a) LGT].

 Sociedad limitada formada por dos socios, uno de ellos administrador y dos trabajadores por cuenta ajena. La sociedad no efectúa retenciones a cuenta de las percepciones que recibe el administrador, en concepto de rendimientos del trabajo. El administrador podría ser imputado responsable subsidiario.

  ⇨ Cuando la persona jurídica ha cesado en sus actividades y los administradores de hecho o de derecho no han hecho lo necesario para el pago de las obligaciones tributarias pendientes en el momento del cese, o han adoptado acuerdos o tomado medidas causantes del impago [art. 43.1.b) LGT].

 Una sociedad anónima decide cesar en sus actividades mercantiles de venta de productos de jardín a principios del año 200X, entregando el administrador de la misma a sus cuatro socios la cantidad de 3.000,00 euros a cada uno, sin liquidar una deuda que tenía dicha entidad con Hacienda por IVA que ascendía a 4.000,00 euros del año anterior. En este caso el administrador será el responsable subsidiario del pago de esos 4.000,00 euros por no haber dispuesto una partida para su pago, y después de ello entregar la parte correspondiente a los socios de la misma.

  ⇨ Los administradores concursales y los liquidadores de sociedades y entidades en general serán responsables de las obligaciones tributarias imputables a estas sociedades y entidades que se hayan devengado con anterioridad al concurso o a la apertura de la liquidación, cuando no hayan realizado las gestiones necesarias para su cumplimiento [art. 43.1.c) LGT].

⇨ Los adquirentes de bienes afectos por ley al pago de la deuda tributaria responderán subsidiariamente con ellos, por derivación de la acción tributaria, si la deuda no se paga [art. 43.1.d) LGT].

⇨ Los representantes aduaneros, cuando actúen en nombre y por cuenta de sus comitentes. No obstante, esta responsabilidad subsidiaria no alcanzará a la deuda aduanera [art. 43.1.e) LGT].

⇨ Las personas o entidades que contraten o subcontraten la ejecución de obras o la prestación de servicios correspondientes a su actividad económica principal serán responsables por las siguientes obligaciones tributarias de los contratistas o subcontratistas, en la parte que corresponda a las obras o servicios objeto de la contratación o subcontratación:

  ▶ Obligaciones tributarias relativas a tributos que deban repercutirse.

  ▶ Obligaciones tributarias relativas a cantidades que deben retenerse a trabajadores, profesionales u otros empresarios.

Esta responsabilidad no será exigible cuando el contratista o subcontratista haya aportado al pagador un certificado de encontrarse al corriente de sus obligaciones tributarias emitido por la Administración tributaria durante los doce meses anteriores al pago de cada factura [art. 43.1.f) LGT].

Un constructor subcontrata una determinada obra con una sociedad. Esta última sociedad factura al constructor por la ejecución de la obra 1.000.000 € más la correspondiente cuota de IVA (210.000 €). Además, la citada sociedad ha contratado a trabajadores para realizar esa obra y ha practicado en sus nóminas las correspondientes retenciones. Si la sociedad (subcontratista) no ingresara en Hacienda el IVA repercutido (210.000 €) y las retenciones practicadas a sus trabajadores, el constructor sería responsable subsidiario de esas deudas.

Una consultora encarga a un profesional la redacción de un estudio económico sobre un determinado sector que, una vez revisado por la consultora, será comercializado por esta. El profesional factura por el estudio 10.000 € más la cuota de IVA correspondiente (2.100 €). Si el profesional no ingresa en Hacienda el IVA repercutido, la consultora será responsable subsidiaria de esa deuda.

.../...

43

...../...

Para evitar la responsabilidad, el constructor y la consultora deberían exigir al contratista o subcontratista la aportación de un certificado de encontrarse al corriente de sus obligaciones tributarias expedido durante los doce meses anteriores al pago de la factura.

⇨ En las letras g) y h) del art. 43.1 LGT se habilita a la Administración para proceder a lo que la doctrina mercantil denomina como "levantamiento del velo" de las personas jurídicas y entidades. Son requisitos comunes a estos supuestos de responsabilidad los siguientes:

▶ Se han creado o utilizado entidades (A) de forma abusiva o fraudulenta como medio de elusión de la responsabilidad patrimonial universal frente a la Hacienda Pública.

▶ Otras personas o entidades (B) tienen el control efectivo de esas entidades (A) o concurre en ellas una voluntad rectora común con estas.

▶ Existe ya sea una unicidad de personas o esferas económicas, o confusión o desviación patrimonial.

▶ En estas circunstancias, las personas o entidades (B) serán responsables por las deudas y sanciones tributarias de las entidades (A), y las entidades (A) serán responsables por las deudas y sanciones tributarias de las personas y entidades (B).

Serán también responsables subsidiarios de las deudas tributarias derivadas de tributos que deban repercutirse o de cantidades que deban retenerse a trabajadores, profesionales u otros empresarios, los administradores de hecho o de derecho de las personas jurídicas obligadas a efectuar la declaración e ingreso de tales deudas cuando, existiendo continuidad en el ejercicio de la actividad, la presentación de autoliquidaciones sin ingreso por tales conceptos tributarios sea reiterativa y pueda acreditarse que dicha presentación no obedece a una intención real de cumplir la obligación tributaria objeto de autoliquidación.

Se entenderá que existe reiteración en la presentación de autoliquidaciones cuando en un mismo año natural, de forma sucesiva o discontinua, se hayan presentado sin ingreso la mitad o más de las que corresponderían, con independencia de que se hubiese presentado solicitud de aplazamiento o fraccionamiento y de que la presentación haya sido realizada en plazo o de forma extemporánea.

A estos efectos no se computarán aquellas autoliquidaciones en las que, habiendo existido solicitud de aplazamiento o fraccionamiento, se hubiese dictado resolución de concesión, salvo incumplimiento posterior de los mismos y con independencia del momento de dicho incumplimiento, no computándose, en ningún caso, aquellos que hubiesen sido concedidos con garantía debidamente formalizada.

Se considerará, a efectos de esta responsabilidad, que la presentación de las autoliquidaciones se ha realizado sin ingreso cuando, aun existiendo ingresos parciales en relación con todas o algunas de las autoliquidaciones presentadas, el importe total resultante de tales ingresos durante el año natural señalado en el segundo párrafo no supere el 25 por ciento del sumatorio de las cuotas a ingresar autoliquidadas.

Se presumirá que no existe intención real de cumplimiento de las obligaciones mencionadas en el párrafo primero, cuando se hubiesen satisfecho créditos de titularidad de terceros de vencimiento posterior a la fecha en que las obligaciones tributarias a las que se extiende la responsabilidad establecida en esta disposición se devengaron o resultaron exigibles y no preferentes a los créditos tributarios derivados de estas últimas.

6.5. Capacidad de obrar, representación y domicilio fiscal de los Obligados tributarios

La LGT, en el art. 44 establece que tienen **capacidad de obrar** en el orden tributario, para ejercitar sus derechos y cumplir sus obligaciones además de las personas que la tengan conforme a derecho (los mayores de edad en plenitud de derechos civiles y los emancipados), los menores de edad y los incapacitados en las relaciones tributarias derivadas de las actividades cuyo ejercicio les esté permitido por el ordenamiento jurídico sin asistencia de la persona que ejerza la patria potestad, tutela, curatela o defensa judicial.

No obstante para aquellas personas y/o entidades que no tengan capacidad de obrar la LGT prevé que actúen sus **representantes legales**, y así el art. 45 indica que por las personas que carezcan de capacidad de obrar, por las personas jurídicas y por los entes sin personalidad jurídica del articulo 35.4 de la LGT, ya mencionados anteriormente, comparecerán y actuarán sus representantes legales.

Una sociedad anónima no tiene capacidad de obrar y deberá ejercitarla quien aparezca como administrador de la misma.

Por una comunidad de bienes actuará aquel comunero que ostente la representación si está acreditada fehacientemente, en su defecto quien aparentemente ejerza la gestión y dirección de la misma y en defecto de las posibilidades anteriores cualquier comunero.

Sin perjuicio de lo indicado anteriormente es posible que, un obligado tributario no quiera ejercer su capacidad de obrar directamente ante la administración tributaria, en este caso puede otorgar una representación voluntaria en los términos del art. 46 de la LGT, quien establece que los obligados tributarios con capacidad de obrar podrán actuar por medio de representante. Si bien la LGT indica que para interponer recursos o reclamaciones, desistir de ellos, renunciar a derechos, asumir o reconocer obligaciones en nombre del obligado tributario, solicitar devoluciones de ingresos indebidos o reembolsos y en los restantes supuestos en que sea necesaria la firma del obligado tributario en los procedimientos tributarios, la representación deberá acreditarse por cualquier medio válido en Derecho que deje constancia fidedigna (mediante documento público o notarial) o mediante declaración en comparecencia personal del interesado ante el órgano administrativo competente. A estos efectos, serán válidos los documentos normalizados de representación que apruebe la Administración Tributaria para determinados procedimientos.

 Un representante podrá presentar un recurso tributario si acredita la representación de forma fidedigna, como, por ejemplo, un poder notarial o comparezca el obligado tributario en persona para firmar dicho escrito.

Para los actos de mero trámite se presumirá concedida la representación.

No obstante, los obligados tributarios que no residan en España deberán designar un representante con domicilio en territorio español, cuando lo establezca expresamente la normativa tributaria.

1. Una sociedad anónima alemana que tiene una sucursal en Sevilla.

2. Un cantante norteamericano que realiza una gira por España de 30 galas a razón de 20.000 euros cada una. Se exigirá un representante en virtud del artículo 10 de la ley IRNR, actualizado por la Ley 11/2021.

7.   El domicilio fiscal

En este apartado, hay que hacer referencia al domicilio fiscal de los obligados tributarios que será el siguiente:

⇨ **Personas físicas**

Para las personas físicas es el lugar donde tengan su residencia habitual. No obstante, para las personas físicas que desarrollen principalmente actividades económicas, en los términos que reglamentariamente se determinen, la Administración tributaria podrá considerar como domicilio fiscal el lugar donde esté efectivamente centralizada la gestión administrativa y la dirección de las actividades desarrolladas.

Un contribuyente que únicamente obtiene rentas de trabajo por cuenta ajena tendrá su domicilio fiscal donde esté situada su residencia habitual. En cambio, un arquitecto podrá tener su domicilio fiscal donde esté situada su residencia habitual o bien donde esté situado su estudio de arquitectura.

⇨ **Personas jurídicas**

Para las personas jurídicas y para las entidades sin personalidad del art. 35.4 LGT, su domicilio social, siempre que en él esté efectivamente centralizada su gestión administrativa y la dirección de sus negocios. En otro caso, se atenderá el lugar en el que se lleve a cabo dicha gestión o dirección. Cuando no pueda determinarse el lugar del domicilio fiscal de acuerdo con los criterios anteriores prevalecerá aquel donde radique el mayor valor del inmovilizado.

Una sociedad limitada tiene su domicilio social en su sede de Córdoba, pero la gestión y centralización de sus operaciones se lleva a cabo en la sede de Granada. En este caso el domicilio fiscal estará situado en la sede de Granada.

Los obligados tributarios deberán comunicar su domicilio fiscal y el cambio del mismo a la Administración tributaria que corresponda, mediante el modelo 030 las personas físicas y mediante los modelos 036 o 037 los empresarios personas jurídicas y físicas respectivamente. El cambio de domicilio fiscal no producirá efectos frente a la Administración tributaria hasta que se cumpla con dicho deber de comunicación, pero ello no impedirá que, conforme a lo establecido reglamentariamente, los procedimientos que se hayan iniciado de oficio antes de la comunicación de dicho cambio puedan continuar tramitándose por el órgano correspondiente al domicilio inicial.

8. La base imponible

La base imponible es la magnitud dineraria o de otra naturaleza que resulta de la medición o valoración del hecho imponible. Dicho de otro modo es la cuantificación del hecho imponible.

La base imponible podrá determinarse por los siguientes métodos:

⇨ **Método de estimación directa**

- La base se determina utilizando fundamentalmente datos reales como son las declaraciones o documentos presentados, los datos consignados en libros y registros comprobados administrativamente y los demás documentos, justificantes y datos que tengan relación con los elementos de la obligación tributaria.

- Es el método aplicable con carácter general. Se utiliza en la mayoría de las liquidaciones de impuestos como IRPF, IS; IP, IVA, etc. Así, en el IRPF, dentro de los rendimientos de actividades económicas, se encuentra las modalidades de estimación directa normal y simplificada, que serán objeto de estudio en otro momento.

⇨ **Método de estimación objetiva**

- La base se determina mediante la aplicación de magnitudes, índices, módulos o datos previstos en la normativa de cada tributo. Así, en el IRPF, dentro de los rendimientos de actividades económicas se encuentra la modalidad de estimación objetiva, y en el IVA ocurre exactamente igual con el régimen Simplificado.

- La Ley podrá establecer los supuestos en que sea de aplicación este método, que tendrá, en todo caso, carácter voluntario para los obligados tributarios.

⇨ **Método de estimación indirecta**

- La base se determina aplicando los datos reales disponibles y los medios indiciarios previstos en el art. 53.2 LGT.

- Solo se puede aplicar por la Administración.

- Se aplica cuando la Administración no pueda disponer de los datos necesarios para la determinación completa de la base imponible como consecuencia de alguna de las siguientes circunstancias:

  a) Falta de presentación de declaraciones o presentación de declaraciones incompletas o inexactas.

b) Resistencia, obstrucción, excusa o negativa a la actuación inspectora.

c) Incumplimiento sustancial de las obligaciones contables o registrales.

d) Desaparición o destrucción, aun por causa de fuerza mayor, de los libros y registros contables o de los justificantes de las operaciones anotadas en los mismos.

Por último señalar que la administración tributaria, de acuerdo con el art. 57 de la LGT, puede realizar lo que se denomina "Comprobación de Valores" que está dirigida a la constatación del valor de las rentas, productos, bienes y demás elementos determinantes de la obligación tributaria. No obstante, si el obligado tributario no está de acuerdo con dicha valoración podrá promover la tasación pericial contradictoria aportando un perito al efecto.

Un contribuyente que no presenta sus declaraciones fiscales, que no permite inspecciones tributarias, que no recoge la correspondencia certificada que le envía la administración tributaria, etc. En este caso se puede determinar sus bases o rendimientos mediante la aplicación de los datos y antecedentes disponibles que sean relevantes al efecto (declaraciones presentadas anteriormente), o la utilización de aquellos elementos que indirectamente acrediten la existencia de los bienes y de las rentas, así como de los ingresos, ventas, costes y rendimientos que sean normales en el respectivo sector económico (como el modelo 347 que regula las operaciones con terceras personas por un importe superior a 3.005,06 euros, IVA incluido), y también mediante la valoración de las magnitudes, índices, módulos o datos que concurran en los respectivos obligados tributarios, según los datos o antecedentes que se posean de supuestos similares o equivalentes.

9. La base liquidable

Es la magnitud resultante de practicar, en su caso, en la base imponible las reducciones establecidas en la Ley (art. 54 LGT).

En el IRPF se obtiene después de practicar a la base imponible minoraciones por aportaciones a planes de pensiones y mutualidades de previsión social, también por el pago de pensiones compensatorias, por el pago de anualidades por alimentos, etc.

10. Tipo de gravamen

Una vez fijada la base imponible y, en su caso, la base liquidable, es necesario, para obtener la cuota en los tributos de cuota variable, aplicar el tipo de gravamen.

El artículo 55 LGT establece que el tipo de gravamen es la cifra, coeficiente o porcentaje que se aplica a la base liquidable para obtener como resultado la cuota íntegra. Dispone a continuación que los tipos de gravamen pueden ser específicos o porcentuales, y deberán aplicarse según disponga la Ley propia de cada tributa a cada unidad, conjunto de unidades o tramo de la base liquidable.

Los tipos de gravamen de carácter porcentual pueden ser:

1. **Proporcionales**: no aumentan al aumentar la base imponible.

2. **Progresivos**: aumentan a medida que aumenta la base imponible.

3. **Regresivos**: disminuyen a medida que aumenta la base imponible. Esta modalidad no se contempla en nuestro ordenamiento tributario, ya que resultan contrarios a los principios generales de progresividad y capacidad económica exigidos por la Constitución a nuestro sistema tributario.

El conjunto de tipos de gravamen aplicables a las distintas unidades o tramos de base liquidable en un tributo se denomina tarifa.

Señala, por último, la LGT respecto de los tipos de gravamen, que la ley podrá prever la aplicación de un tipo cero, así como de tipos reducidos o bonificados. Un ejemplo lo encontramos en la Ley del Impuesto sobre Sociedades, donde, junto al tipo de gravamen general, se contempla la aplicación de tipos reducidos, y también la aplicación de un tipo del 0% al que tributan los fondos de pensiones.

11. Cuota tributaria

⇨ **Cuota íntegra**

Se determina, por lo general, aplicando el tipo de gravamen a la base liquidable (o, en defecto de esta, a la base imponible) o según cantidad fija señalada al efecto (art. 56.1 LGT).

El importe de la cuota íntegra podrá modificarse mediante la aplicación de las reducciones o límites que la ley de cada tributo establezca en cada caso.

Por ejemplo, la cuota íntegra en el IRPF se determina aplicando sendas tarifas a la base liquidable general y a la base liquidable del ahorro.

En el caso del Impuesto sobre Sociedades, no se prevé la aplicación de reducciones sobre la base imponible, aunque ésta se podrá ver reducida por aplicación de bases imponibles negativas, reserva de capitalización y reserva de nivelación. En consecuencia, el tipo de gravamen (con carácter general, el 25 por 100) se aplica sobre la base imponible.

En el caso del IVA, tampoco se prevé la aplicación de reducciones sobre la base imponible. En consecuencia, sobre la misma se aplican los tipos de gravamen vigentes: el 4%, el 10% o el 21%.

⇨ **Cuota líquida**

Es el resultado de aplicar sobre la cuota íntegra las deducciones, bonificaciones, adiciones o coeficientes previstos, en su caso, en la Ley de cada tributo (art. 56.5 LGT).

En el caso del Impuesto sobre Sociedades, sobre la cuota íntegra se prevé la aplicación, cuando procedan, de deducciones para evitar la doble imposición internacional, bonificaciones y otras deducciones para fomentar la realización de determinadas actividades (como inversiones en investigación y desarrollo, producciones cinematográficas, creación empleo para trabajadores con discapacidad).

En el caso del IRPF, sobre la cuota íntegra se prevé la aplicación, cuando procedan, de deducciones tanto estatales para todos los contribuyentes (como por donativos, por inversiones o gastos de interés cultural, etc.) como autonómicas únicamente para los contribuyentes de esa comunidad autónoma (por ejemplo en la Comunidad de Madrid hay deducciones por nacimiento de hijos, por adopción de hijos, por arrendamiento de vivienda habitual, etc.).

⇨ **Cuota diferencial**

Es el resultado de minorar la cuota líquida en el importe de las deducciones, pagos a cuenta realizados (pagos fraccionados) o soportados (retenciones e ingresos a cuenta) y cuotas, conforme a la normativa de cada tributo (art. 56.6 LGT).

Un contribuyente que le hayan retenido de sus rendimientos de trabajo, de sus rendimientos de capital mobiliario, incluso que alguno de esos rendimientos de capital mobiliario haya sido en especie por lo que se podrá deducir el ingreso a cuenta. Si además es empresario se podrá deducir los pagos fraccionados realizados.

En algún impuesto como el IRPF hay otras deducciones específicas como son la deducción por maternidad y por nacimiento de hijos.

12. Pago de las deudas tributarias

Es el cumplimiento de la prestación que constituye el objeto de la obligación tributaria, normalmente mediante la entrega de una suma de dinero. Extingue la deuda y libera al deudor y demás responsables.

El pago de la Deuda Tributaria ha de reunir las siguientes **condiciones**:

⇨ **Integridad**: la deuda no se entiende pagada hasta que se satisfaga el total de su importe.

⇨ **Indivisibilidad**: los obligados al pago podrán satisfacer total o parcialmente las deudas en periodo voluntario. Por la cantidad no pagada se iniciará el periodo ejecutivo.

⇨ **Identidad**: el pago ha de realizarse en la forma establecida y por los medios determinados en las normas tributarias.

El artículo 60 LGT establece las siguientes modalidades de pago, aunque algunas están en total desuso:

1. **Efectivo**: mientras no se disponga lo contrario se presume que el pago habrá de realizarse efectivo.

   En este sentido Indicar que la Orden EHA/1658/2009, de 12 de junio (cuya última revisión está está vigente desde abril del 2023), establece que los obligados al pago podrán utilizar la domiciliación bancaria como medio de pago de las deudas resultantes de:

   • Las autoliquidaciones, siempre que la presentación de las mismas se lleve a cabo por vía telemática a través de la Oficina Virtual de la dirección electrónica de la Agencia Estatal de Administración Tributaria (www.agenciatributaria.es).

   • Los aplazamientos y fraccionamientos de pago concedidos por los órganos competentes de la Agencia Estatal de Administración Tributaria.

Un contribuyente tiene que abonar por el Importe del Impuesto de Bienes Inmuebles de su casa la cantidad de 425,59 euros.

2. **Efectos timbrados**, es decir, mediante timbre del Estado. Cuando así se disponga reglamentariamente, aunque actualmente está en desuso.

Gravamen sobre Actos Jurídicos Documentados en su modalidad "documentos notariales" que se aplica a las matrices y copias de escrituras, actas y testimonios.

3. **Especie**, mediante la entrega de bienes y/o derechos, cuando una ley expresamente lo disponga.

El art. 73 de la Ley 16/1985, de 25 de junio del Patrimonio Histórico Español autoriza el pago de las deudas tributarias mediante la entrega de bienes que formen parte del Patrimonio Histórico Español.

Los **plazos para el pago** vienen recogidos en el art. 62 de la LGT, que indica que:

a) El pago de las deudas tributarias derivadas de una autoliquidación deberá hacerse dentro de los plazos que determine la normativa de cada tributo.

b) En el caso de deudas tributarias resultantes de liquidaciones practicadas por la Administración, el pago en periodo voluntario deberá hacerse en los siguientes plazos:

1. Si la notificación de la liquidación se realiza entre los días uno y 15 de cada mes, desde la fecha de recepción de la notificación hasta el día 20 del mes posterior o, si este no fuera hábil, hasta el inmediato hábil siguiente.

Un contribuyente recibe el día 14 de mayo una liquidación tributaria de su Ayuntamiento por importe de 236,00 euros. En este caso tendrá desde el día 15 de mayo hasta el día 20 de junio o siguiente día hábil.

2. Si la notificación de la liquidación se realiza entre los días 16 y último de cada mes, desde la fecha de recepción de la notificación hasta el día cinco del segundo mes posterior o, si este no fuera hábil, hasta el inmediato hábil siguiente.

Un contribuyente recibe el día 30 de marzo una liquidación tributaria de su Ayuntamiento por importe de 236,00 euros. En este caso tendrá desde el día 31 de marzo hasta el día 5 de mayo o siguiente día hábil.

c) Una vez iniciado el periodo ejecutivo y notificada la providencia de apremio, el pago de la deuda tributaria deberá efectuarse en los siguientes plazos:

1. Si la notificación de la providencia se realiza entre los días uno y 15 de cada mes, desde la fecha de recepción de la notificación hasta el día 20 de dicho mes o, si este no fuera hábil, hasta el inmediato hábil siguiente.

Un contribuyente recibe el día 14 de mayo una providencia de apremio de su Ayuntamiento por importe de 236,00 euros. En este caso tendrá desde el día 15 de mayo hasta el día 20 de mayo o siguiente día hábil.

2. Si la notificación de la providencia se realiza entre los días 16 y último de cada mes, desde la fecha de recepción de la notificación hasta el día cinco del mes siguiente o, si este no fuera hábil, hasta el inmediato hábil siguiente.

Un contribuyente recibe el día 30 de marzo una providencia de apremio de su Ayuntamiento por importe de 236,00 euros, habiéndose iniciado el periodo ejecutivo. En este caso tendrá desde el día 31 de marzo hasta el día 5 de abril o siguiente día hábil.

El vencimiento del plazo establecido para el pago sin que este se efectúe determina el devengo intereses de demora.

La LGT regula en su art. 63 la figura de la imputación de pagos. Se trata de determinar a cuál de las deudas debe afectarse el pago realizado por el deudor.

a) El deudor de varias deudas podrá, en periodo voluntario, imputar el pago a aquella o aquellas que libremente determine.

 Un contribuyente tiene que pagar el Impuesto sobre matriculación de vehículos de Tracción Mecánica y el IBI de su casa teniendo de plazo para ambos hasta el día 30 de junio. El día 3 de junio puede pagar uno u otro porque esta en periodo voluntario.

b) Como norma general, en los casos de ejecución forzosa en que se hubieran acumulado varias deudas tributarias del mismo obligado tributario y no pueden satisfacerse totalmente, la Administración aplicará el pago al crédito más antiguo determinándose su antigüedad de acuerdo con la fecha en que fue exigible.

 Un contribuyente tiene pendiente de pago su declaración de IRPF del ejercicio 200X por importe de 1.300,00 euros y también el pago fraccionado de estimación directa simplificada del cuarto trimestre de 200X también por importe de 1.300,00 euros. El día 1 de junio de 200X+2 decide ir a liquidar su declaración de IRPF del ejercicio 200X. No obstante como el crédito más antiguo es el del pago fraccionado de estimación directa simplificada del cuarto trimestre de 200X la administración tributaria imputará dicho pago a esta deuda tributaria y no a la que deseaba este contribuyente.

Las deudas tributarias que se encuentren en período voluntario o ejecutivo podrán aplazarse o fraccionarse en los términos que se fijen reglamentariamente y previa solicitud del obligado tributario, cuando su situación económico-financiera le impida, de forma transitoria, efectuar el pago en los plazos establecidos.

No obstante no podrán aplazarse o fraccionarse, en ningún caso:

⇨ Las deudas tributarias cuya exacción se realice por medios de efectos timbrados.

⇨ Tampoco podrán aplazarse o fraccionarse las deudas correspondientes a obligaciones tributarias que deban cumplir el retenedor o el obligado a realizar ingresos a cuenta, salvo en los casos y condiciones previstos en la normativa tributaria.

⇨ Asimismo, en caso de concurso del obligado tributario, no podrán aplazarse o fraccionarse las deudas tributarias que, de acuerdo con la legislación concursal, tengan la consideración de créditos contra la masa.

⇨ Las resultantes de la ejecución de decisiones de recuperación de ayudas de Estado reguladas en el título VII de la LGT.

En esta materia tiene especial interés el régimen de las garantías exigibles:

⇨ Por regla general, las deudas aplazadas o fraccionadas deben garantizarse (art. 65.3 LGT) en los términos previstos por los arts. 82.1 LGT y 48 RGR. La garantía cubrirá el importe de la deuda en periodo voluntario, los intereses que genere el aplazamiento y un 25 por 100 de la suma de ambas partidas.

Cuando la deuda se encuentre en periodo ejecutivo, la garantía deberá cubrir el importe aplazado, incluyendo el recargo del periodo ejecutivo correspondiente, los intereses de demora que genere el aplazamiento, más un 5 por ciento de la suma de ambas partidas, y adoptará una de las siguientes formas:

• La Administración podrá exigir que se constituya a su favor aval solidario de entidad de crédito o sociedad de garantía recíproca o certificado de seguro de caución. Su vigencia deberá exceder al menos en seis meses al vencimiento del plazo o plazos garantizados.

• Cuando se justifique que no es posible obtener dicho aval o certificado o que su aportación compromete gravemente la viabilidad de la actividad económica, la Administración podrá admitir garantías que consistan en hipoteca, prenda, fianza personal y solidaria u otra que se estime suficiente.

⇨ Cuando la constitución de la garantía resulte excesivamente onerosa en relación con la cuantía y plazo de la deuda, el obligado podrá solicitar a la Administración que adopte medidas cautelares en sustitución de las garantías indicadas (arts. 82.1 LGT y 49 RGR).

⇨ Podrá dispensarse total o parcialmente de la constitución de garantías en los casos siguientes, entre otros (arts. 82.2 LGT y 50 RGR):

• Cuando las deudas tributarias sean de cuantía inferior a la que se fije en la normativa tributaria (50.000 euros según la Orden HFP/311/2023, de 28 de marzo).

• Cuando el obligado al pago carezca de bienes suficientes para garantizar la deuda y la ejecución de su patrimonio pudiera afectar sustancialmente al mantenimiento de la capacidad productiva y del nivel de empleo de la actividad económica respectiva, o pudiera producir graves quebrantos para los intereses de la Hacienda Pública.

13. Legislación básica

Aunque ya hemos hecho mención a importantes preceptos de esta norma en apartados anteriores, conviene tener clara la estructura de la ley que sirve de eje central del ordenamiento tributario.

La Ley 58/2003, de 17 de diciembre, General Tributaria, presenta los siguientes aspectos de interés:

1. **Publicación**: en el Boletín Oficial del Estado el 18 de diciembre de 2003.

2. **Entrada en vigor**: el 1 de julio de 2004 (sufre numerosas modificaciones en su contenido desde esa fecha).

3. **Contenido**: se recogen los principios esenciales y se regulan las relaciones entre la Administración tributaria y los contribuyentes.

4. **Características**: Ley larga y detallada, mucho más amplia que la anterior Ley General Tributaria de 1963.

5. **Objeto**: establece los principios y las normas jurídicas generales del sistema tributario español.

6. **Ámbito de aplicación**: a todas las Administraciones tributarias (son las correspondientes al Estado, a las Comunidades Autónomas y a las Entidades Locales), en virtud y con el alcance que se deriva del art. 149.1, apartados 1º, 8º, 14º y 18º CE.

Su **estructura** es la siguiente:

⇨ **Título I**. Disposiciones generales del ordenamiento tributario.

- Capítulo I. Principios generales.

- Capítulo II. Normas tributarias.

⇨ **Título II**. Los tributos.

- Capítulo I. Disposiciones generales.

- Capítulo II. Obligados tributarios.

- Capítulo III. Elementos de cuantificación de la obligación tributaria principal y de la obligación de realizar pagos a cuenta.

- Capítulo IV. La deuda tributaria.

⇨ **Título III**. La aplicación de los tributos.

- Capítulo I. Principios generales.

- Capítulo II. Normas comunes sobre actuaciones y procedimientos tributarios.

- Capítulo III. Actuaciones y procedimiento de gestión tributaria.

- Capítulo IV. Actuaciones y procedimiento de inspección.

- Capítulo V. Actuaciones y procedimiento de recaudación.

- Capítulo VI. Asistencia mutua.

⇨ **Título IV**. La potestad sancionadora.

- Capítulo I. Principios de la potestad sancionadora en materia tributaria.

- Capítulo II. Disposiciones generales sobre infracciones y sanciones tributarias.

- Capítulo III. Clasificación de las infracciones y sanciones tributarias.

- Capítulo IV. Procedimiento sancionador en materia tributaria.

⇨ **Título V**. Revisión en vía administrativa.

- Capítulo I. Normas comunes.

- Capítulo II. Procedimientos especiales de revisión.

- Capítulo III. Recurso de reposición.

- Capítulo IV. Reclamaciones económico-administrativas.

⇨ **Título VI**. Actuaciones y procedimientos de aplicación de los tributos en supuestos de delito contra la Hacienda pública.

⇨ **Título VII**. Recuperación de ayudas de Estado que afecten al ámbito tributario.

- Capítulo I . Disposiciones generales.

- Capítulo II. Procedimiento de recuperación en supuestos de regularización de los elementos de la obligación tributaria afectados por la decisión de recuperación.

- Capítulo III. Procedimiento de recuperación en otros supuestos.

En esta unidad hemos visto:

- La Ley General Tributaria recoge los principios esenciales del ordenamiento jurídico tributario. Su Título I, "Disposiciones generales del ordenamiento tributario", contiene principios generales y preceptos relativos a las fuentes normativas y a la aplicación e interpretación de las normas tributarias.

- Por su parte, el Título II bajo la rúbrica "Los tributos" contiene disposiciones generales sobre la relación jurídico-tributaria y las diferentes obligaciones tributarias, así como normas relativas a los obligados tributarios, a sus derechos y garantías, y a las obligaciones y deberes de los entes públicos.

UNIDAD DIDÁCTICA 2

La fiscalidad de las PYMES en su fase de creación

Contenido & Objetivos

Introducción

1. **Impuesto sobre actividades económicas**

2. **Impuesto sobre transmisiones patrimoniales y actos jurídicos documentados**

Resumen

Los **objetivos** de esta unidad son:

1. Identificar la legislación fiscal aplicable a la fase inicial de desarrollo de una actividad económica.

2. Diferenciar el hecho imponible en el Impuesto sobre Transmisiones Patrimoniales y Actos Jurídicos Documentados, en sus modalidades de Transmisiones Patrimoniales Onerosas, Operaciones Societarias y Actos Jurídicos Documentados.

3. Conocer los elementos básicos de cuantificación de la deuda tributaria en cada uno de los Impuestos analizados.

Introducción

A lo largo de esta segunda unidad estudiaremos los tributos que gravan a la empresa en su momento inicial.

Analizaremos el Impuesto sobre Actividades Económicas y el Impuesto sobre Transmisiones Patrimoniales y Actos Jurídicos Documentados. En ambos tributos se expondrán el hecho imponible y la determinación de la cuota tributaria. En lo que respecta al Impuesto sobre Transmisiones Patrimoniales y Actos Jurídicos Documentados profundizaremos en las operaciones societarias que se encuentran sometidas al impuesto.

1. Impuesto sobre actividades económicas

1.1. Introducción

El Impuesto sobre Actividades Económicas es un tributo directo de carácter real, cuyo hecho imponible está constituido por el mero ejercicio, en territorio nacional, de actividades empresariales, profesionales o artísticas, se ejerzan o no en local determinado y se hallen o no especificadas en las tarifas del impuesto.

- El Impuesto sobre Actividades Económicas se encuentra regulado en el Real Decreto Legislativo 2/2004, de 5 de marzo, por el que se aprueba el texto refundido de la Ley Reguladora de las Haciendas Locales, artículos 78 a 91.3.

- Las tarifas y la instrucción del impuesto sobre actividades económicas se regulan en el Real Decreto Legislativo 1175/1990, de 28 de septiembre.

1.2. Hecho imponible

El hecho imponible está constituido por el mero ejercicio, en territorio nacional, de actividades empresariales, profesionales o artísticas, se ejerzan o no en local determinado y se hallen o no especificadas en las tarifas del impuesto.

Se considera que una actividad se ejerce con carácter empresarial, profesional o artístico, cuando suponga la ordenación por cuenta propia de medios de producción y de recursos humanos o de uno de ambos, con la finalidad de intervenir en la producción o distribución de bienes o servicios.

El ejercicio de las actividades gravadas se probará por cualquier medio admisible en derecho y, en particular, por los contemplados en el artículo 3 del Código de Comercio.

1.3. Actividades no sujetas

No constituye hecho imponible en este impuesto el ejercicio de las siguientes actividades:

1. La enajenación de bienes integrados en el activo fijo de las empresas que hubieran figurado debidamente inventariados como tal inmovilizado con más de dos años de antelación a la fecha de transmitirse, y la venta de bienes de uso particular y privado del vendedor siempre que los hubiese utilizado durante igual periodo de tiempo.

2. La venta de los productos que se reciben en pago de trabajos personales o servicios profesionales.

3. La exposición de artículos con el fin exclusivo de decoración o adorno del establecimiento. Por el contrario, estará sujeta al impuesto la exposición de artículos para regalo a los clientes.

4. Cuando se trate de venta al por menor la realización de un solo acto u operación aislada.

1.4. Exenciones

Están exentos del impuesto:

1. El Estado, las Comunidades Autónomas y las Entidades Locales, así como los organismos autónomos del Estado y las entidades de derecho público de análogo carácter de las Comunidades Autónomas y de las Entidades Locales.

2. Los sujetos pasivos que inicien el ejercicio de su actividad en territorio español, durante los dos primeros periodos impositivos de este impuesto en que se desarrolle aquella.

    A estos efectos, no se considerará que se ha producido el inicio del ejercicio de una actividad cuando esta se haya desarrollado anteriormente bajo otra titularidad, circunstancia que se entenderá que concurre, entre otros supuestos, en los casos de fusión, escisión o aportación de ramas de actividad.

3. Los siguientes sujetos pasivos:

    a) Las personas físicas, sean o no residentes en territorio español.

b) Los sujetos pasivos del Impuesto sobre Sociedades, las sociedades civiles y las entidades del artículo 35.4 de la Ley 58/2003, de 17 de diciembre, General Tributaria, que tengan un importe neto de la cifra de negocios inferior a 1.000.000 de euros.

c) En cuanto a los contribuyentes por el Impuesto sobre la Renta de no Residentes, la exención solo alcanzará a los que operen en España mediante establecimiento permanente, siempre que tengan un importe neto de la cifra de negocios inferior a 1.000.000 de euros.

4. Las entidades gestoras de la Seguridad Social y las mutualidades de previsión social reguladas en la Ley 30/1995, de 8 de noviembre, de ordenación y supervisión de los seguros privados.

5. Los organismos públicos de investigación, los establecimientos de enseñanza en todos sus grados costeados íntegramente con fondos del Estado, de las comunidades autónomas o de las entidades locales, o por fundaciones declaradas benéficas o de utilidad pública, y los establecimientos de enseñanza en todos sus grados que, careciendo de ánimo de lucro, estuvieren en régimen de concierto educativo, incluso si facilitasen a sus alumnos libros o artículos de escritorio o les prestasen los servicios de media pensión o internado y aunque por excepción vendan en el mismo establecimiento los productos de los talleres dedicados a dicha enseñanza, siempre que el importe de dicha venta, sin utilidad para ningún particular o tercera persona, se destine, exclusivamente, a la adquisición de materias primas o al sostenimiento del establecimiento.

6. Las asociaciones y fundaciones de disminuidos físicos, psíquicos y sensoriales, sin ánimo de lucro, por las actividades de carácter pedagógico, científico, asistenciales y de empleo que para la enseñanza, educación, rehabilitación y tutela de minusválidos realicen, aunque vendan los productos de los talleres dedicados a dichos fines, siempre que el importe de dicha venta, sin utilidad para ningún particular o tercera persona, se destine exclusivamente a la adquisición de materias primas o al sostenimiento del establecimiento.

7. La Cruz Roja Española.

8. Los sujetos pasivos a los que les sea de aplicación la exención en virtud de tratados o convenios internacionales.

1.5. Cuota tributaria

La cuota tributaria será la resultante de aplicar las tarifas del impuesto, de acuerdo con los preceptos contenidos en el Real Decreto Legislativo 2/2004, de 5 de marzo y el Real Decreto Legislativo 1175/1990, de 28 de septiembre y en las disposiciones que la complementen y desarrollen, y los coeficientes y las bonificaciones previstos por la ley y, en su caso, acordados por cada Ayuntamiento y regulados en las ordenanzas fiscales respectivas.

2. Impuesto sobre transmisiones patrimoniales y actos jurídicos documentados

2.1. Introducción

Este impuesto se regula en el Real Decreto Legislativo 1/1993, de 24 de septiembre y se desarrolla por el Real Decreto 828/1995, de 29 de mayo.

 El Impuesto sobre Transmisiones Patrimoniales y Actos Jurídicos Documentados es un tributo de naturaleza indirecta.

En los términos establecidos en los artículos siguientes, gravará:

⇨ Las transmisiones patrimoniales onerosas.

⇨ Las operaciones societarias.

⇨ Los actos jurídicos documentados.

En ningún caso, un mismo acto podrá ser liquidado por el concepto de transmisiones patrimoniales onerosas y por el de operaciones societarias.

El impuesto se exigirá con arreglo a la verdadera naturaleza jurídica del acto o contrato liquidable, cualquiera que sea la denominación que las partes le hayan dado, prescindiendo de los defectos, tanto de forma como intrínsecos, que puedan afectar a su validez y eficacia.

2.2. Transmisiones patrimoniales

2.2.1. Transmisiones patrimoniales onerosas

El Impuesto se exigirá por las transmisiones patrimoniales onerosas de bienes y derechos, cualquiera que sea su naturaleza, que estuvieran situados, pudieran ejercitarse o hubieran de cumplirse en territorio español o en territorio extranjero, cuando, en este último supuesto, el obligado al pago del impuesto tenga su residencia en

España. No se exigirá el impuesto por las transmisiones patrimoniales de bienes y derechos de naturaleza inmobiliaria, sitos en territorio extranjero, ni por las transmisiones patrimoniales de bienes y derechos, cualquiera que sea su naturaleza que, efectuadas en territorio extranjero, hubieren de surtir efectos fuera del territorio español.

Son transmisiones patrimoniales sujetas:

1. Las transmisiones onerosas por actos «inter vivos» de toda clase de bienes y derechos que integren el patrimonio de las personas físicas o jurídicas.

2. La constitución de derechos reales, préstamos, fianzas, arrendamientos, pensiones y concesiones administrativas, salvo cuando estas últimas tengan por objeto la cesión del derecho a utilizar infraestructuras ferroviarias o inmuebles o instalaciones en puertos y en aeropuertos.

Se liquidará como constitución de derechos la ampliación posterior de su contenido que implique para su titular un incremento patrimonial, el cual servirá de base para la exigencia del tributo.

2.2.2. Transmisiones patrimoniales a efectos de liquidacion y pago de impuestos

Se considerarán transmisiones patrimoniales a efectos de liquidación y pago del impuesto:

a) Las adjudicaciones en pago y para pago de deudas, así como las adjudicaciones expresas en pago de asunción de deudas. Los adjudicatarios para pago de deudas que acrediten haber transmitido al acreedor en solvencia de su crédito, dentro del plazo de dos años, los mismos bienes o derechos que les fueron adjudicados y los que justifiquen haberlos transmitido a un tercero para este objeto, dentro del mismo plazo, podrán exigir la devolución del impuesto satisfecho por tales adjudicaciones.

b) En las sucesiones por causa de muerte se liquidarán como transmisiones patrimoniales onerosas los excesos de adjudicación cuando el valor comprobado de lo adjudicado a uno de los herederos o legatarios exceda del 50 por 100 del valor que les correspondería en virtud de su título, salvo en el supuesto de que los valores declarados sean iguales o superiores a los que resultarían de la aplicación de las reglas del Impuesto sobre el Patrimonio.

c) Los expedientes de dominio, las actas de notoriedad, las actas complementarias de documentos públicos a que se refiere el Título VI de la Ley Hipotecaria y las certificaciones expedidas a los efectos del artículo 206 de la misma Ley, a menos que se acredite haber satisfecho el impuesto o la exención o no sujeción por la transmisión, cuyo título se supla con ellos y por los mismos bienes que sean objeto de unos u otras, salvo en cuanto a la prescripción cuyo plazo se computará desde la fecha del expediente, acta o certificación.

d) Los reconocimientos de dominio en favor de persona determinada, con la misma salvedad hecha en el apartado anterior.

No estarán sujetas al concepto «transmisiones patrimoniales onerosas» regulado en el presente Título las operaciones enumeradas anteriormente cuando, con independencia de la condición del adquirente, los transmitentes sean empresarios o profesionales en el ejercicio de su actividad económica y, en cualquier caso, cuando constituyan entregas de bienes o prestaciones de servicios sujetas al Impuesto sobre el Valor Añadido. No obstante, quedarán sujetos a dicho concepto impositivo las entregas o arrendamientos de bienes inmuebles, así como la constitución y transmisión de derechos reales de uso y disfrute que recaigan sobre los mismos, cuando gocen de exención en el Impuesto sobre el Valor Añadido. También quedarán sujetas las entregas de aquellos inmuebles que estén incluidos en la transmisión de un patrimonio empresarial o profesional, cuando por las circunstancias concurrentes la transmisión de este patrimonio no quede sujeta al Impuesto sobre el Valor Añadido.

Estará obligado al pago del Impuesto a título de contribuyente, y cualesquiera que sean las estipulaciones establecidas por las partes en contrario:

a) En las transmisiones de bienes y derechos de toda clase, el que los adquiere.

b) En los expedientes de dominio, las actas de notoriedad, las actas complementarias de documentos públicos y las certificaciones a que se refiere el artículo 206 de la Ley Hipotecaria, la persona que los promueva, y en los reconocimentos de dominio hechos a favor de persona determinada, esta última.

c) En la constitución de derechos reales, aquel a cuyo favor se realice este acto.

d) En la constitución de préstamos de cualquier naturaleza, el prestatario.

e) En la constitución de fianzas, el acreedor afianzado.

f) En la constitución de arrendamientos, el arrendatario.

g) En la constitución de pensiones, el pensionista.

h) En la concesión administrativa, el concesionario; en los actos y contratos administrativos equiparados a la concesión, el beneficiario.

2.3. Operaciones societarias

El Impuesto se exigirá por las operaciones societarias realizadas por entidades en las que concurra cualquiera de las siguientes circunstancias:

⇨ Que tengan en España la sede de dirección efectiva, entendiéndose como tal el lugar donde esté centralizada de hecho la gestión administrativa y la dirección de los negocios.

⇨ Que tengan en España su domicilio social, siempre que la sede de dirección efectiva no se encuentre situada en un Estado miembro de la Comunidad Económica Europea o, estándolo, dicho Estado no grave la operación societaria con un impuesto similar.

⇨ Que realicen en España operaciones de su tráfico, cuando su sede de dirección efectiva y su domicilio social no se encuentren situados en un Estado miembro de la Comunidad Económica Europea o, estándolo, estos Estados no graven la operación societaria con un impuesto similar.

A los efectos de este Impuesto se equipararán a sociedades:

1. Las personas jurídicas no societarias que persigan fines lucrativos.

2. Los contratos de cuentas en participación.

3. La copropiedad de buques.

4. La comunidad de bienes, constituida por «actos inter vivos», que realice actividades empresariales, sin perjuicio de lo dispuesto en la LIRPF

5. La misma comunidad constituida u originada por actos «mortis causa», cuando continúe en régimen de indivisión la explotación del negocio del causante por un plazo superior a tres años.

Son operaciones societarias sujetas:

1. La constitución de sociedades, el aumento y disminución de su capital social y la disolución de sociedades.

2. Las aportaciones que efectúen los socios que no supongan un aumento del capital social.

3. El traslado a España de la sede de dirección efectiva o del domicilio social de una sociedad cuando ni una ni otro estuviesen previamente situados en un Estado miembro de la Unión Europea.

No estarán sujetas:

1. Las operaciones de reestructuración.

2. Los traslados de la sede de dirección efectiva o del domicilio social de sociedades de un Estado miembro de la Unión Europea a otro.

3. La modificación de la escritura de constitución o de los estatutos de una sociedad y, en particular, el cambio del objeto social, la transformación o la prórroga del plazo de duración de una sociedad.

4. La ampliación de capital que se realice con cargo a la reserva constituida exclusivamente por prima de emisión de acciones.

Las entidades que realicen, a través de sucursales o establecimientos permanentes, operaciones de su tráfico en territorio español y cuyo domicilio social y sede de dirección efectiva se encuentren en países no pertenecientes a la Unión Europea vendrán obligadas a tributar, por los mismos conceptos y en las mismas condiciones que las españolas, por la parte de capital que destinen a dichas operaciones.

Las entidades cuyo domicilio social y sede de dirección efectiva se encuentren en un Estado miembro de la Unión Europea distinto de España no estarán sujetas a la modalidad de operaciones societarias cuando realicen, a través de sucursales o establecimientos permanentes, operaciones de su tráfico en territorio español.

Estará obligado al pago del impuesto a título de contribuyente y cualesquiera que sean las estipulaciones establecidas por las partes en contrario:

a) En la constitución de sociedades, aumento de capital, traslado de sede de dirección efectiva o domicilio social y aportaciones de los socios que no supongan un aumento del capital social, la sociedad.

b) En la disolución de sociedades y reducción de capital social, los socios, copropietarios, comuneros o partícipes por los bienes y derechos recibidos.

2.4. Actos jurídicos documentados

2.4.1. Introducción

Se sujetan a gravamen, en los términos que se establecen en el texto refundido, los siguientes:

⇨ Los documentos notariales.

⇨ Los documentos mercantiles.

⇨ Los documentos administrativos.

El tributo se satisfará mediante cuotas variables o fijas, atendiendo a que el documento que se formalice, otorgue o expida, tenga o no por objeto cantidad o cosa valuable en algún momento de su vigencia.

2.4.2. Clases de documentos

⇨ **Documentos notariales**

Están sujetas las escrituras, actas y testimonios notariales, que se extenderán, necesariamente, en papel timbrado.

Será sujeto pasivo el adquirente del bien o derecho y, en su defecto, las personas que insten o soliciten los documentos notariales, o aquellos en cuyo interés se expidan.

Cuando se trate de escrituras de préstamo con garantía hipotecaria, se considerará sujeto pasivo al prestamista.

⇨ **Documentos mercantiles**

Están sujetas las letras de cambio, los documentos que realicen función de giro o suplan a aquéllas, los resguardos o certificados de depósitos transmisibles así como los pagarés, bonos, obligaciones y demás títulos análogos emitidos en serie, por plazo no superior a dieciocho meses, representativos de capitales ajenos por los que se satisfaga una contraprestación establecida por diferencia entre el importe satisfecho por la emisión y el comprometido a reembolsar al vencimiento.

Se entenderá que un documento realiza función de giro cuando acredite remisión de fondos o signo equivalente de un lugar a otro, o implique una orden de pago, aun en el mismo en que esta se haya dado, o en él figure la cláusula «a la orden».

⇨ **Documentos administrativos**

Están sujetas:

1. La rehabilitación y transmisión de grandezas y títulos nobiliarios.

2. Las anotaciones preventivas que se practiquen en los Registros públicos, cuando tengan por objeto un derecho o interés valuable y no vengan ordenadas de oficio por la autoridad judicial o administrativa competente.

Estarán obligados al pago, en calidad de contribuyentes:

1. En las grandezas y títulos nobiliarios, sus beneficiarios.

2. En las anotaciones, la persona que las solicite.

- El Impuesto sobre Actividades económicas es un tributo directo de carácter real, cuyo hecho imponible está constituido por el mero ejercicio, en territorio nacional, de actividades empresariales, profesionales o artísticas. Están exentos del Impuesto las personas físicas y los sujetos pasivos del Impuesto sobre Sociedades que tengan un importe neto de la cifra de negocios inferior al millón de euros.

- El Impuesto sobre Transmisiones Patrimoniales y Actos Jurídicos Documentados es un tributo de naturaleza indirecta que grava:

    ▶ Las transmisiones patrimoniales onerosas.

    ▶ Las operaciones societarias.

    ▶ Los actos jurídicos documentados.

UNIDAD DIDÁCTICA 3

*Regímenes de determinación
de los rendimientos empresariales
y profesionales*

Contenido & Objetivos

Introducción

1. Regímenes de determinación para las personas físicas

2. Impuesto sobre la renta de las personas físicas (IRPF)

3. Rendimientos de actividades económicas en el IRPF

4. Estimación directa normal

5. Estimación directa simplificada

6. Régimen de estimación objetiva

7. Regímenes de determinación para las personas jurídicas

8. Estructura del Impuesto sobre Sociedades: naturaleza y ámbito de aplicación

9. El hecho imponible: presunción de onerosidad

10. El sujeto pasivo

11. Domicilio fiscal

12. La base imponible

13. Esquema liquidatorio del impuesto de sociedades y del gasto por el impuesto sobre el beneficio

14. La amortización

15. Provisiones

16. Gastos deducibles

17. Gastos no deducibles

Resumen

Los **objetivos** de esta unidad son:

1. Identificar la legislación fiscal aplicable en la tributación del rendimiento obtenido por las personas físicas y por las personas jurídicas.

2. Determinar la base imponible en el IRPF y en el Impuesto sobre Sociedades.

3. Conocer el resto de elementos básicos para la cuantificación de la deuda tributaria en el IRPF y en el Impuesto sobre Sociedades.

Introducción

A lo largo de la presente unidad estudiaremos la tributación del rendimiento obtenido por las personas físicas y jurídicas en el ejercicio de actividades económicas. Analizaremos la determinación del rendimiento tanto en el Impuesto sobre la Renta de las Personas como en el Impuesto sobre Sociedades.

También abordaremos los métodos de estimación directa y objetiva, la determinación de la base liquidable y de la base imponible y el cálculo de la cuota.

1. Regímenes de determinación para las personas físicas

Los métodos de determinación de los rendimientos empresariales y profesionales son dos:

⇨ Estimación normal: directa y simplificada.

⇨ Estimación objetiva.

Analizaremos cada uno de ellos más adelante.

2. Impuesto sobre la renta de las personas físicas (IRPF)

2.1. Definición y caracteres

 El Impuesto sobre la Renta de las Personas Físicas (en adelante IRPF) es un impuesto estatal, progresivo, de carácter personal y directo que grava la renta de las personas físicas, atendiendo a la naturaleza o fuente de las rentas y a las circunstancias personales y familiares del sujeto pasivo, inspirado en el principio de progresividad, igualdad y generalidad y cuya regulación comparten, parcialmente, el Estado y las Comunidades Autónomas.

El IRPF tiene por objeto la renta del contribuyente que reside en territorio español, entendida como la totalidad de sus rendimientos, ganancias y pérdidas patrimoniales, así como las rentas que les sean imputables, con independencia del lugar donde se hubieran producido y cualquiera que sea la residencia del pagador. El IRPF es un impuesto que grava la totalidad de la renta obtenida por las personas físicas.

Se puede señalar como característica que es un impuesto:

⇨ **Personal**: el sujeto pasivo es determinante para dar contenido al hecho imponible.

⇨ **Directo**: grava una manifestación directa de la capacidad económica, como es la obtención de renta.

⇨ **Subjetivo**: tiene en cuenta las particularidades, personales y familiares, de los sujetos pasivos del mismo.

⇨ **Periódico**: grava el consumo realizado durante el periodo impositivo, que coincide con el año natural (excepto caso de fallecimiento anterior).

⇨ **Progresivo**: a mayor base imponible el tipo de gravamen aplicable será mayor.

⇨ **Estatal**: su titularidad corresponde al Estado.

⇨ **Parcialmente cedido a las CCAA**: cedido parcialmente a las Comunidades Autónomas, en lo relativo a la tarifa y a las deducciones en la cuota.

2.2. Normativa básica y ámbito de aplicación

El IRPF está regulado fundamentalmente por las dos disposiciones siguientes:

⇨ La Ley 35/2006, de 28 de noviembre, del Impuesto sobre la Renta de las Personas Físicas (en adelante, LIRPF).

⇨ El Reglamento del Impuesto aprobado por el Real Decreto 439/2007, de 30 de marzo (RIRPF) por el que se aprueba el Reglamento del Impuesto sobre la Renta de las Personas Físicas.

Además también hay que tener en cuenta los regímenes de Concierto y Convenio con los territorios forales del País Vasco y Navarra y lo establecido en **tratados y convenios internacionales**, que hayan pasado a formar parte del ordenamiento interno, de conformidad con el artículo 96 de la Constitución Española.

El ámbito de aplicación espacial del IRPF se extiende a todo el territorio español, sin perjuicio de los regímenes forales de **Navarra y País Vasco**. Asimismo, la Ley del IRPF establece determinadas especialidades para **Canarias, Ceuta y Melilla**.

 El **IRPF se aplica en todo el territorio español**, sin perjuicio de particularidades para algunos territorios del mismo.

3. Rendimientos de actividades económicas en el IRPF

Se considerarán **rendimientos íntegros de actividades económicas** aquellos que, procediendo del trabajo personal y del capital conjuntamente, o de uno solo de estos factores, supongan por parte del contribuyente la ordenación por cuenta propia de medios de producción y de recursos humanos o de uno de ambos, con la finalidad de intervenir en la producción o distribución de bienes o servicios.

En particular, tienen esta consideración los rendimientos de las actividades extractivas, de fabricación, comercio o prestación de servicios, incluidas las de artesanía, agrícolas, forestales, ganaderas, pesqueras, de construcción, mineras, y el ejercicio de profesiones liberales, artísticas y deportivas.

No obstante, tratándose de rendimientos obtenidos por el contribuyente procedentes de una entidad en cuyo capital participe derivados de la realización de actividades profesionales (actividades incluidas en la Sección Segunda de las Tarifas del Impuesto sobre Actividades Económicas), tendrán esta consideración cuando el contribuyente esté incluido en el régimen especial de la Seguridad Social de los trabajadores por cuenta propia o autónomos, o en una mutualidad de previsión social que actúe como alternativa al citado régimen especial.

Se entenderá que el arrendamiento de inmuebles se realiza como actividad económica, únicamente cuando para la ordenación de esta se utilice, al menos, una persona empleada con contrato laboral y a jornada completa.

Los rendimientos de actividades económicas pueden determinarse por diversos métodos:

⇨ **Estimación directa**. Este régimen es de aplicación general y tiene dos modalidades:

- Normal.

- Simplificada.

⇨ **Estimación objetiva**.

Como **obligaciones formales** tienen las siguientes:

a) Los contribuyentes que desarrollen **actividades económicas**:

   1. Si determinan sus rendimientos en régimen de **estimación directa normal**:

      ⇨ Deberán llevar una contabilidad ajustada al Código de Comercio.

   2. Si aplican la **estimación directa simplificada,** sin embargo, limitarán sus obligaciones contables a la llevanza de los siguientes libros:

      ⇨ Libro registro de ventas e ingresos.

      ⇨ Libro registro de gastos.

      ⇨ Libro registro de bienes de inversión.

b) Si el contribuyente desarrolla **actividades profesionales**, y con independencia de que utilice la estimación directa normal o la simplificada, deberá llevar los siguientes libros:

   1. Libro registro de ingresos.

   2. Libro registro de gastos.

   3. Libro registro de bienes de inversión.

   4. Libro registro de provisiones de fondos y suplidos.

Se considerarán **elementos patrimoniales afectos a una actividad económica,** con independencia de que su titularidad, en caso de matrimonio:

   1. Los bienes inmuebles en los que se desarrolla la actividad del contribuyente.

   2. Los bienes destinados a los servicios económicos y socioculturales del personal al servicio de la actividad. No se consideran afectos los bienes de esparcimiento y recreo o, en general, de uso particular del titular de la actividad económica.

   3. Cualesquiera otros elementos patrimoniales que sean necesarios para la obtención de los respectivos rendimientos. En ningún caso tendrán esta consideración los activos representativos de la participación en fondos propios de una entidad y de la cesión de capitales a terceros.

No se entenderán afectados:

   1. Aquellos que se utilicen simultáneamente para actividades económicas y para necesidades privadas, salvo que la utilización para estas últimas sea accesoria y notoriamente irrelevante.

2. Aquellos que, siendo de la titularidad del contribuyente, no figuren en la conta-bilidad o registros oficiales de la actividad económica que esté obligado a llevar el contribuyente, salvo prueba en contrario.

Cuando se trate de elementos patrimoniales que sirvan solo parcialmente al objeto de la actividad, la afectación se entenderá limitada a aquella parte de los mismos que realmente se utilice en la actividad de que se trate. En este sentido, solo se conside-rarán afectadas aquellas partes de los elementos patrimoniales que sean susceptibles de un aprovechamiento separado e independiente del resto. En ningún caso serán susceptibles de afectación parcial elementos patrimoniales indivisibles.

Se considerarán utilizados para necesidades privadas de forma accesoria y notoria-mente irrelevante los bienes del inmovilizado adquiridos y utilizados para el desarrollo de la actividad económica que se destinen al uso personal del contribuyente en días u horas inhábiles durante los cuales se interrumpa el ejercicio de dicha actividad.

Lo dispuesto en el párrafo anterior no será de aplicación a los automóviles de turismo y sus remolques, ciclomotores, motocicletas, aeronaves o embarcaciones deportivas o de recreo, salvo los siguientes supuestos:

1. Los vehículos mixtos destinados al transporte de mercancías.

2. Los destinados a la prestación de servicios de transporte de viajeros mediante contraprestación.

3. Los destinados a la prestación de servicios de enseñanza de conductores o pilo-tos mediante contraprestación.

4. Los destinados a los desplazamientos profesionales de los representantes o agentes comerciales.

5. Los destinados a ser objeto de cesión de uso con habitualidad y onerosidad.

A estos efectos, se considerarán automóviles de turismo, remolques, ciclomoto-res y motocicletas los definidos como tales en el anexo del Real Decreto Legislativo 339/1990, de 2 de marzo, por el que se aprueba el texto articulado de la Ley sobre Tráfico, Circulación de Vehículos a Motor y Seguridad Vial, así como los definidos como vehículos mixtos en dicho anexo y, en todo caso, los denominados vehículos todo terreno o tipo «jeep».

4. Estimación directa normal

En este **método de determinación del rendimiento neto de las actividades económicas** la Ley remite a las normas del Impuesto sobre Sociedades, sin perjuicio de las reglas especiales que establece la normativa del IRPF (las ganancias y pérdidas patrimoniales de elementos afectos a actividades económicas se incluyen en el apar-tado de ganancias y pérdidas patrimoniales).

Por otra parte, la Ley permite a los empresarios o profesionales que desarrollen actividades económicas acogerse a los incentivos fiscales establecidos para las empresas de reducida dimensión, pero con la peculiaridad de que la cifra de negocios que se tendrá en cuenta es la del conjunto de actividades económicas ejercidas por el contribuyente.

Para la determinación de la base imponible por el régimen de estimación directa se aplicarán las siguientes **reglas especiales**:

⇨ **No tienen la consideración de gasto deducible**

- Los conceptos a que se refiere el artículo 15 de la LIS.

- Las aportaciones a mutualidades de previsión social del propio empresario o profesional.

  No obstante, tendrán la consideración de gasto deducible las cantidades abonads en virtud de contratos de seguro, concertados con mutualidades de previsión social por profesionales no integrados en el RETA cuando actúen como alternativas dicho régimen, en la parte que tenga por objeto la cobertura de contingencias atendidas por la Seguridad Social, con el límite de la cuota máxima por contingencias comunes que esté establecida, en cada ejercicio económico, en el citado régimen especial.

A falta de aprobación de la Ley de Presupuestos Generales del Estado para 2024, se mantiene la cuota máxima por contingencias comunes, que opera como límite para gastos deducibles en concepto de mutualidad alternativa al régimen especial de la Seguridad Social de los trabajadores por cuenta propia o autónomos (RETA), en 15.266,72 euros. [0,283 × (4.495,50 × 12)].

Sería el caso, por ejemplo, de las aportaciones de los abogados a la Mutualidad de la Abogacía que tendrían la consideración de gasto deducible para calcular el rendimiento neto de actividad las cuotas abonadas en la parte que tenga por objeto la cobertura de contingencias atendidas por dicho régimen especial, con el límite de la cuota máxima por contingencias comunes que esté establecida, en cada ejercicio económico, en el RETA.

⇨ **Retribuciones al cónyuge e hijos menores de edad**

La Ley del IRPF permite la deducción de las retribuciones que por rendimientos del trabajo se satisfagan al cónyuge e hijos menores del contribuyente que convivan con él siempre que se cumplan y acrediten determinadas condiciones que tratan de evitar la imputación de gastos por retribuciones laborales ficticias o superiores a las de mercado:

- Debe existir un contrato laboral y afiliación a la Seguridad Social.

- Deben trabajar habitualmente y con continuidad en las actividades económicas.

- Las retribuciones no deben ser superiores a las del mercado, correspondientes a su cualificación profesional y al trabajo desempeñado.

- Las cantidades abonadas tendrán la calificación fiscal de rendimientos de trabajo.

⇨ **Cesiones de bienes o derechos por el cónyuge o hijos menores del contribuyente**

De forma parecida a lo establecido para el supuesto de retribuciones al cónyuge e hijos del contribuyente, **la LIRPF también establece una cautela encaminada a evitar que se puedan imputar gastos superiores por contraprestaciones a cesiones de bienes o derechos que se afecten a la actividad por las personas antes referenciadas.**

De este modo, se permite la deducción de la contraprestación estipulada, siempre que no exceda del valor de mercado y, a falta de aquella, podrá deducirse la correspondiente a este último.

Para los cedentes de los bienes la contraprestación tendrá la calificación fiscal de rendimientos del capital.

 En el supuesto de que los bienes o derechos cedidos fueran comunes a ambos cónyuges no será aplicable esta regla.

⇨ **Primas de seguro**

Podrán deducirse para el cálculo del rendimiento neto de la actividad las primas de seguro de enfermedad en la parte correspondiente a su propia cobertura y a la de su cónyuge e hijos menores de veinticinco años que convivan con él con el límite de 500 euros por cada una de esas personas o de 1.500 euros por cada una de ellas con discapacidad.

⇨ **Libertad de amortización en elementos nuevos del activo material fijo**

Los contribuyentes por este Impuesto que ejerzan actividades económicas les serán de aplicación los incentivos y estímulos a la inversión empresarial establecidos o que se establezcan en la normativa del Impuesto sobre Sociedades con igualdad de porcentajes y límites de deducción.

Asimismo, los contribuyentes que cumplan los requisitos del artículo 101 de la LIS, podrán deducir los rendimientos netos de actividades económicas del período impositivo que se inviertan en elementos nuevos del inmovilizado material o inversiones inmobiliarias afectos a actividades económicas desarrolladas por el contribuyente.

⇨ **Casos en que el contribuyente afecte parcialmente su vivienda habitual al desarrollo de la actividad económica**

En los casos en que el contribuyente afecte parcialmente su vivienda habitual al desarrollo de la actividad económica, los gastos de suministros de dicha vivienda, tales como agua, gas, electricidad, telefonía e Internet, en el porcentaje resultante de aplicar el 30% a la proporción existente entre los metros cuadrados de la vivienda destinados a la actividad respecto a su superficie total, salvo que se pruebe un porcentaje superior o inferior.

⇨ **Gastos de manutención**

Los gastos de manutención del propio contribuyente incurridos en el desarrollo de la actividad económica, siempre que se produzcan en establecimientos de restauración y hostelería y se abonen utilizando cualquier medio electrónico de pago, con los límites cuantitativos establecidos reglamentariamente para las dietas y asignaciones para gastos normales de manutención de los trabajadores.

⇨ **Amortización de determinados vehículos y de nuevas infraestructuras**

Con efectos desde el 1 de enero de 2024, el Real Decreto-ley 4/2024, de 26 de junio (BOE de 27 de junio), añadió la disposición adicional quincuagésima novena a la Ley del IRPF y modificó la disposición adicional decimoctava de la LIS sustituyendo el existente sistema de amortización acelerada, consistente en aplicar el duplo del coeficiente de amortización lineal máximo según tablas oficialmente aprobadas, por un sistema de amortización libre, siempre que se trate de inversiones nuevas que entren en funcionamiento en los períodos impositivos iniciados en 2024 y 2025, y se cumplan los restantes requisitos exigidos.

Así, se podrán amortizar libremente los vehículos eléctricos e infraestructuras de recarga que entren en funcionamiento en 2024 y 2025, siempre que en el primer caso el contribuyente no haya fallecido antes del 28 de junio de 2024.

En caso contrario, resultará de aplicación el sistema de amortización acelerada.

⇨ **Gastos del titular de la actividad a la Seguridad Social y por aportaciones a mutualidades alternativas a la Seguridad Social**

En relación a los profesionales no integrados en el régimen especial de la Seguridad Social de los trabajadores por cuenta propia o autónomos, únicamente tendrán la consideración de gasto deducible las cantidades abonadas en virtud de contrato de seguro concertado con mutualidades de previsión social que no superen la cuota máxima que esté establecida, en cada ejercicio económico en el citado régimen especial de la Seguridad Social.

A falta de aprobación de la Ley de Presupuestos Generales del Estado para 2024, se mantiene la cuota máxima por contingencias comunes, que opera como límite para gastos deducibles en concepto de mutualidad alternativa al régimen especial de la Seguridad Social de los trabajadores por cuenta propia o autónomos (RETA), en 15.266,72 euros [0,283 x (4.495,50 x 12)]

⇨ **Libertad de amortización en inversiones que utilicen energía procedente de fuente renovables**

El artículo 18 del Real Decreto-ley 8/2023, de 27 de diciembre, modificó la disposición adicional decimoséptima de la Ley 27/2014, del Impuesto sobre Sociedades, para prorrogar un año más (hasta 2024) este incentivo fiscal. De este modo, se podrán amortizar libremente en el período impositivo 2024 las inversiones en instalaciones destinadas a:

- Autoconsumo de energía eléctrica que utilicen energía procedente de fuentes renovables de acuerdo con lo definido en el Real Decreto 244/2019, de 5 de abril.

- Uso térmico de consumo propio que utilicen energía procedente de fuentes renovables, que sustituyan instalaciones que utilicen energía procedente de fuentes no renovables fósiles.

- Este incentivo fiscal, inicialmente previsto para las inversiones realizadas en 2023, exclusivamente resultará de aplicación a aquellas inversiones cuya entrada en funcionamiento se haya producido en el ejercicio 2023 y 2024.

⇨ **Rendimientos de actividades económicas por la DANA**

Con motivo de las consecuencias acaecidas tras la DANA, se aprueban las siguientes ayudas a titulares de actividades económicas, que tendrán la consideración de subvenciones corrientes:

1. Las ayudas directas por destrucción o reparación de elementos patrimoniales a las que se refiere el artículo 11 de Real Decreto-ley 6/2024, exentas en virtud del apartado 1 c) de la disposición adicional quinta de la Ley del IRPF.

2. Una ayuda extraordinaria y temporal, de carácter complementario a la del artículo 11 del Real Decreto-ley 6/2024 referida en el punto anterior, para compensar la pérdida de renta en las explotaciones agrarias que hayan sufrido daños como consecuencia de la DANA, en los municipios incluidos

tanto en el anexo del Real Decreto-ley 6/2024, de 5 de noviembre como en el del anexo del Real Decreto-ley 7/2024, de 11 de noviembre, regulada por el artículo 24 de este último. Dichas ayudas no se integrarán en la base imponible del IRPF por aplicación de la disposición adicional quinta de la Ley del IRPF, en virtud de la disposición adicional decimosexta del Real Decreto-ley 8/2024, de 28 de noviembre.

5. Estimación directa simplificada

En este sistema son de aplicación las mismas reglas, tanto las generales como las especiales, que se han visto anteriormente para el método de estimación directa ordinaria, pero **se ha introducido una serie de peculiaridades para la determinación del rendimiento neto**. Este método está desarrollado, básicamente, mediante normas de carácter reglamentario.

Sus **características principales** son las siguientes:

a) **Ámbito de aplicación**

El régimen de estimación directa simplificada se podrá aplicar en determinadas actividades económicas siempre que se cumplan los siguientes requisitos:

- El importe neto de cifra de negocios no podrá superar los 600.000 euros para el conjunto de actividades desarrolladas por el contribuyente en el año inmediato anterior, salvo que renuncie a su aplicación.

- Si se renunciara a este régimen o el contribuyente fuera excluido de esta modalidad, se determinará el rendimiento neto por la modalidad normal durante los tres años siguientes.

La exclusión producirá efectos desde el inicio del año inmediato posterior a aquel en que se produzca dicha circunstancia. En consecuencia, en el año en que se supera el importe de 600.000 euros anuales, se permanece en la modalidad simplificada del método de estimación directa.

El método de la estimación directa simplificada es incompatible con la estimación directa normal. Si el sujeto pasivo ejercita distintas actividades y en alguna aplica la modalidad normal, entonces vendrá obligado a aplicarlas a todas sin excepción.

Dado que la cifra de 600.000 € indicada se refiere al año anterior, en el caso de que fuera en este en el que se hubiese iniciado la actividad, el importe neto de la cifra de negocios obtenida en el mismo se elevará al año. La norma permite, no obstante, que en el primer año de ejercicio de la actividad se pueda utilizar la estimación directa simplificada, salvo que se renuncie a la misma.

El empresario Sr. Gómez inició el 1 de octubre de 200X una actividad alcanzando en dicho año una cifra neta de negocios de 180.000 €.

Al obtenerse el importe señalado durante tres meses, si se eleva al año, dicha cifra se pasaría a un total de 720.000 euros, por lo que para X+1 no será aplicable la estimación directa simplificada.

b) **Renuncia y exclusión**

La **renuncia a la aplicación de este régimen debe realizarse en el mes de diciembre anterior al año en que deba surtir efecto**, y se extenderá durante tres años. Transcurrido este plazo, se entenderá prorrogada tácitamente.

El concepto de renuncia es distinto de la exclusión, produciéndose esta, como se indicó, cuando se ha superado la cifra de 600.000 € en las condiciones indicadas. La exclusión tiene efectos a partir del año siguiente, por lo que en el propio ejercicio en que se superó esa cuantía es todavía aplicable la estimación simplificada.

El profesional Sr. García ha renunciado en diciembre del año 200X a la aplicación de la modalidad de estimación directa simplificada para el año 200X+1.

Al tratarse de una renuncia, la misma extiende sus efectos a los años 200X+1, 200X+2, 200X+3. Se entiende también prorrogada para el año 200X+4 y siguientes, salvo que tal renuncia sea revocada.

El Sr. Álvarez, constructor, dada su cifra de negocios en el ejercicio 200X (670.000 €), no podrá aplicar la estimación directa simplificada en 200X+1, 200X+2 y 200X+3.

Por otro lado, y según la cifra que facture en el año 200X+3, podrá o no acogerse a la citada modalidad para el año 200X+4.

La renuncia o la exclusión de la modalidad simplificada supondrá que el contribuyente determinará durante los 3 años siguientes el rendimiento neto de todas sus actividades económicas por la modalidad normal de este régimen.

c) **Determinación del rendimiento neto en el método de estimación directa simplificada**

El rendimiento neto de las actividades económicas, a las que sea de aplicación la modalidad simplificada del método de estimación directa, se determinará según las normas contenidas en los artículos 28 y 30 de la Ley del Impuesto, con las especialidades siguientes:

1. Que las amortizaciones del inmovilizado material se practican de forma lineal según la tabla específica que se aprueba a tales efectos por el Ministerio competente en materia de Hacienda

   Sobre las cuantías de amortización que resulten de estas tablas serán de aplicación las normas del régimen especial de entidades de reducida dimensión previstas en la Ley del Impuesto sobre Sociedades que afecten a este concepto.

Grupo	Elementos patrimoniales	Coeficiente lineal máximo (%)	Período máximo (años)
		Porcentaje	Años
1	Edificios y otras construcciones	3	68
2	Instalaciones, mobiliario, enseres y resto del inmovilizado material1020	10	10
3	Maquinaria	12	18
4	Elementos de transporte	16	14
5	Equipos para tratamiento de la información y sistemas y programas informáticos	26	10
6	Útiles y herramientas	30	8
7	Ganado vacuno, porcino, ovino y caprino	16	14
8	Ganado equino y frutales no cítricos	8	25
9	Frutales cítricos y viñedos	4	50
10	Olivar	2	100

2. El conjunto de las provisiones deducibles y los gastos de difícil justificación se cuantificará aplicando el porcentaje del 5% (7% en 2023) sobre el rendimiento neto, excluido este concepto, sin que la cuantía resultante pueda superar 2.000 euros anuales. No obstante, no resultará de aplicación dicho porcentaje de deducción cuando el contribuyente opte por la aplicación de la reducción prevista en el artículo 26.1 del Reglamento del IRPF.

Con efectos única y exclusivamente para el ejercicio 2023, se estableció medio disposición adicional quincuagésima sexta, el porcentaje del 7% en calidad de gastos de difícil justificación. En la fecha de edición y revisión de este manual no ha aparecido ninguna norma que establezca este mismo porcentaje para el ejercicio 2024.

Se tienen los siguientes importes:

- Ingresos: 30.000 €.

- Gastos (incluidas amortizaciones, pero no provisiones): 12.000 €.

- Rendimiento neto previo: 18.000 €.

- Por gastos de difícil justificación y provisiones (5% sobre 18.000): 900 €.

- Rendimiento neto: 18.000 - 900 = 17.100 €.

d) **Reducción en actividades artísticas**

Con vigencia desde el 1 de enero del 2025, se aplicará a los rendimiento netos de actividades económicas obtenidas en el período impositivo a los que no les resulte de aplicación la reducción prevista en el artículo 32.1 de la LIRPF derivados de:

1. Actividades incluidas en los grupos 851, 852, 853, 861, 862, 864 y 869 de la sección segunda y en las agrupaciones 01, 02, 03 y 05 de la sección tercera de las Tarifas del Impuesto sobre Actividades Económicas.

2. La prestación de servicios profesionales que por su naturaleza, si se realizase por cuenta ajena, quedaría incluida en el ámbito de aplicación de la relación laboral especial de las personas artistas que desarrollan su actividad en las artes escénicas, audiovisuales y musicales, así como de las personas que realizan actividades técnicas o auxiliares necesaias para el desarrollo de dicha actividad.

3. En el caso de que excedan del 130% de la cuantía media de los rendimientos netos imputados en los tres períodos impositivos anteriores, se reducirá el 30% el citado exceso.

Para el cálculo de los rendimientos netos de actividades económicas de los tres períodos impositivos anteriores:

- Los gastos deducibles que sean comunes a otros rendimientos de actividades económicas se prorratearán los mismos de forma proporcional en función de la cuantía de los distintos rendimientos íntegros de actividades económicas computadas en dichos ejercicios.

- En caso de que, en alguno de los tres ejercicios anteriores el rendimiento neto fuera negativo se computará como 0 a efectos del cálculo de dicha media.

- La cuantía sobre la la que se aplicará esta reducción no podrá superar los 150.000 euros anuales.

- Esta reducción será de aplicación con posterioridad a las reducciones previstas en los apartados 2 y 3 del artículo 32 LIRPF.

6. Régimen de estimación objetiva

6.1. Reglas generales

Los contribuyentes que desarrollen actividades económicas que determinen su rendimiento neto mediante el método de estimación objetiva, al que en el punto siguiente nos referimos, deberán conservar, numeradas por orden de fechas y agrupadas por trimestres, las facturas emitidas de acuerdo con lo previsto en el Reglamento por el que se regulan las obligaciones de facturación, aprobado por el Real Decreto 1619/2012, de 30 de noviembre, y las facturas o justificantes documentales de otro tipo recibidos. Igualmente, deberán conservar los justificantes de los signos, índices o módulos aplicados de conformidad con lo que, en su caso, prevea la Orden Ministerial que los apruebe.

El cálculo de la base imponible por el método de estimación objetiva es aplicable a determinadas actividades de acuerdo con las **siguientes normas**:

1. Cuando una actividad se encuentra entre las recogidas en la **Orden de Módulos (HAC/1347/2024, de 28 de noviembre, por la que se desarrollan para el año 2025) el método de estimación objetiva será de aplicación preferente salvo que se renuncie a su aplicación**. En caso de producirse esta renuncia (o exclusión) el contribuyente estará obligado a determinar la base imponible de todas sus actividades económicas por el régimen de estimación directa durante los tres ejercicios siguientes.

2. El método de estimación objetiva se aplicará conjuntamente con los regímenes especiales establecidos en el **IVA o en el IGIC**.

3. Este método no podrá aplicarse por los contribuyentes cuando concurra cualquiera de las siguientes circunstancias:

   a) Que apliquen el método de estimación directa en otra actividad.

   b) En relación con los ingresos:

   Que el volumen de rendimientos íntegros en el año inmediato anterior supere cualquiera de los siguientes importes:

   ⇨ Para el conjunto de sus actividades económicas, excepto las agrícolas, ganaderas y forestales, 150.000 euros anules. Aunque desde 2016, de forma transitoria y hasta 2025, el límite se encuentra en 250.000 euros.

   A estos efectos se computará la totalidad de las operaciones con independencia de que exista o no obligación de expedir factura de acuerdo con lo dispuesto en el Reglamento por el que se regulan las obligaciones de facturación, aprobado por el Real Decreto 1619/2012, de 30 de noviembre.

   Sin perjuicio del límite anterior, el método de estimación objetiva no podrá aplicarse cuando el volumen de los rendimientos íntegros del año inmediato anterior que corresponda a operaciones por las que estén obligados a expedir factura cuando el destinatario sea un empresario o profesional que actúe como tal, de acuerdo con lo dispuesto en el artículo 2.2.a) del Reglamento por el que se regulan las obligaciones de facturación, supere 75.000 euros anuales (para 2024 y siendo vigente en 2025, el límite se sitúa en 125.000 euros/anuales).

   ⇨ Para el conjunto de sus actividades agrícolas, ganaderas y forestales, 250.000 euros anuales.

   A estos efectos, solo se computarán las operaciones que deban anotarse en el Libro registro de ventas o ingresos previsto en el artículo 68.7 del Reglamento de este Impuesto.

   No obstante deberán computarse no solo las operaciones correspondientes a las actividades económicas desarrolladas por el contribuyente, sino también las correspondientes a las desarrolladas por el cónyuge, descendientes y ascendientes, así como por entidades en régimen de atribución de rentas en las que participen cualquiera de los anteriores, en las que concurran las siguientes circunstancias:

   1. Que las actividades económicas desarrolladas sean idénticas o similares. A estos efectos, se entenderán que son idénticas o similares las actividades económicas clasificadas en el mismo grupo en el Impuesto sobre Actividades Económicas.

2. Que exista una dirección común de tales actividades, compartiéndose medios personales o materiales.

Cuando en el año inmediato anterior se hubiese iniciado una actividad, el volumen de ingresos se elevará al año.

Desde 2016, con vigencia en 2025, las magnitudes de 150.000 y 75.000 euros a que se refiere el apartado a') de la letra b) de la norma 3.ª del apartado 1 del artículo 31, quedan fijadas en 250.000 y 125.000 euros, respectivamente, conforme establece la disposición transitoria trigésimo segunda de la LIRPF.

c) En relación con los gastos:

La exclusión de este régimen se produce en los siguientes casos:

⇨ Que el volumen de las compras en bienes y servicios en el ejercicio anterior supere la cantidad de 150.000 euros anuales (para para 2024 y con vigenciadel 2025, el límite se sitúa en 250.000 euros). Para las actividades agrícolas, ganaderas o forestales el límite se establece en 250.000 euros.

⇨ Se incluye en este límite el importe de las obras o servicios subcontratados.

⇨ Dentro de este límite quedan excluidas las adquisiciones de inmovilizado.

⇨ También quedará incluido en este límite el volumen de compras correspondientes a las actividades económicas desarrolladas por el cónyuge, descendientes y ascendientes, así como por entidades en régimen de atribución de rentas en las que participen cualquiera de los anteriores, en las que concurran las siguientes circunstancias:

1. Que las actividades económicas desarrolladas sean idénticas o similares, entendiendo por tales las que tengan el mismo epígrafe del IAE.

2. Que exista una dirección común de tales actividades, compartiéndose medios personales o materiales.

3. Cuando en el año inmediato anterior se hubiese iniciado una actividad, el volumen de compras se elevará al año.

Desde 2016, con vigencia para el 2025, la magnitud de 150.000 euros a que se refiere la letra c) de la norma 3.ª del apartado 1 del artículo 31, queda fijada en 250.000 euros, conforme establece la disposición transitoria trigésimo segunda de la LIRPF.

d) Que las actividades económicas sean desarrolladas, total o parcialmente, fuera del ámbito de aplicación del IRPF.

e) La determinación del rendimiento neto por el régimen de estimación objetiva tiene un amplio desarrollo reglamentario que se ajustará a las siguientes reglas:

1. En el cálculo del rendimiento neto de las actividades económicas en estimación objetiva, se utilizarán los signos, índices o módulos generales o referidos a determinados sectores de actividad que determine el Ministro competente en materia de Hacienda, habida cuenta de las inversiones realizadas que sean necesarias para el desarrollo de la actividad.

2. La aplicación del método de estimación objetiva nunca puede dar lugar al gravamen de las ganancias patrimoniales que pudieran producirse por las diferencias entre los rendimientos reales de la actividad y los derivados de la correcta aplicación de estos métodos.

Los contribuyentes que cumplan los requisitos para aplicar el método de estimación directa simplificada o el método de estimación objetiva, podrán renunciar a su aplicación.

La renuncia tendrá efectos por un mínimo de 3 años. Transcurrido este plazo, se entenderá prorrogada tácitamente para cada uno de los años siguientes en que resulte aplicable, salvo que se revoque aquella en el mes de diciembre anterior al año en que deba surtir efecto.

A efectos de la estimación objetiva, para el ejercicio 2024, **para los contribuyentes que desarrollen actividades económicas en los términos municipales afectados por la DANA** y citados en el anexo del Real Decreto-ley 6/2024, de 5 de noviembre, que consideren que el método de estimación objetiva no va a reflejar adecuadamente su situación tributaria, se articula un nuevo plazo extraordinario de renuncias a dicho método, de manera que puedan determinar en el ejercicio 2024 el rendimiento neto de su actividad económica con arreglo al método de estimación directa sin que sea necesario el cumplimiento de las obligaciones formales previstas para dicho método.

Se establece la posibilidad de renunciar a la aplicación del mismo en dicho período impositivo 2024 durante el mes de diciembre de dicho año o mediante la presentación en el plazo reglamentario de la declaración correspondiente al pago fraccionado del cuarto trimestre de 2024 en la forma dispuesta para el método de estimación directa (presentando, por tanto, el modelo 130 en lugar del 131), siempre que no hubieran cesado en el ejercicio de su actividad con anterioridad a 29 de octubre de 2024.

Para estos contribuyentes, se elimina la vinculación obligatoria que durante tres años se establece legalmente para la renuncia al método de estimación objetiva del IRPF, de modo que quienes renuncien a la aplicación del método de estimación objetiva para el ejercicio 2024 en el plazo extraordinario señalado anteriormente podrán volver a determinar el rendimiento neto de su actividad económica con arreglo al método de estimación objetiva en 2025 o 2026.

También para la estimación objetiva, para la campaña de la renta del 2024 se ha establecido un nuevo plazo para ejercitar la renuncia o revocación de la renuncia a la aplicación del método de estimación objetiva que abarca desde el 29 de diciembre de 2023 hasta el 31 de enero de 2024. Ahora bien, las renuncias o revocaciones presentadas para el año 2023, durante el mes de diciembre de 2023, con anterioridad al inicio del plazo señalado previamente, se entendieron presentadas en período hábil. No obstante, los contribuyentes podrán modificar la opción ejercitada durante el mes de diciembre, en su caso, en el plazo comprendido entre el 29 de diciembre de 2023 y el 31 de enero de 2024.

6.2. Ganancias y pérdidas patrimoniales

Este sistema no incluye a las ganancias y pérdidas patrimoniales como consecuencia de la regla general establecida en el art. 28.2 de la LIRPF según la cual, para la determinación del rendimiento neto de las actividades económicas, no se incluirán las ganancias o pérdidas patrimoniales derivadas de elementos patrimoniales afectos a las mismas, que se cuantificarán conforme a lo previsto en la sección de ganancias y pérdidas patrimoniales.

6.3. Incompatibilidad con el régimen de estimación directa (normal y simplificada) y relación con el régimen especial simplificado del IVA

En el caso de que el contribuyente ejerza varias actividades económicas, si para alguna de ellas determina el rendimiento mediante la estimación directa, en cualquiera de sus modalidades, no podrá utilizar para ninguna de las otras la estimación objetiva.

A su vez, si el contribuyente renuncia al régimen simplificado o al de agricultura, ganadería y **pesca en el ámbito del IVA, ello supondrá la renuncia al sistema de módulos en el IRPF.**

Por su parte, la exclusión del régimen simplificado del IVA (recuérdese que el concepto de exclusión es diferente al concepto de renuncia), supondrá dlirectamente la exclusión del régimen de módulos en el IRPF.

6.4. Aplicación del sistema de módulos

6.4.1. Aspectos a tener en cuenta

La **aplicación concreta del método de estimación objetiva por signos, índices o módulos** se desarrolla específicamente en la Orden Ministerial que se aprueba cada año.

Previamente a su análisis, deben tenerse en cuenta **lo siguiente**:

⇨ **Ámbito de actividades contenidas en la Orden HAC/1347/2024, de 28 de noviembre, por la que se desarrollan para el 2025, y la Orden HFP/1359/2023, de 19 de diciembre, por la que se desarrollan para el año 2024, el método de estimación objetiva del Impuesto sobre la Renta de las Personas Físicas y el régimen especial simplificado del Impuesto sobre el Valor Añadido**

El ámbito de actividades a los que les es de aplicación el sistema se contiene en la referida Orden.

- Se relacionan en primer lugar las actividades que quedan sujetas tanto al método de estimación objetiva en el IRPF como al régimen simplificado en el IVA.

- En segundo lugar, se añade otra lista de actividades a las que también les es de aplicación el sistema de módulos en IRPF, pero que en el IVA tributan de acuerdo con el régimen especial del comercio minorista de recargo de equivalencia.

Esta Orden Ministerial presenta dos magnitudes excluyentes, como ya hemos conocido, el nivel de ingresos y el volumen de compras en bienes y servicios en todas las actividades desarrolladas por el contribuyente, con exclusión de las adquisiciones de inmovilizado.

Además la Orden establece otras magnitudes de exclusión específicas para cada epígrafe del IAE incluido en la misma. Estas magnitudes específicas tienen en cuenta las personas empleadas o vehículos utilizados en la actividad en cualquier días del año.

El dueño de una cafetería que tenga en la actividad más de ocho personas empleadas no podrá aplicar este sistema.

Tampoco podría hacerlo el titular de una actividad de transporte por autotaxi cuando supere, en cualquier día del año, un máximo de tres vehículos.

En cuanto al cómputo del personal empleado a los efectos del método de estimación objetiva, deberá computarse no solo la magnitud específica correspondiente a la actividad económica desarrollada por el contribuyente, sino también las correspondientes a las desarrolladas por el cónyuge, descendientes y ascendientes, así como por las entidades en régimen de atribución de rentas en las que participen cualquiera de los anteriores, en las que concurran las siguientes circunstancias:

⇨ Que las actividades económicas desarrolladas sean idénticas o similares. A estos efectos, se entenderán que son idénticas o similares las actividades económicas clasificadas en el mismo grupo en el Impuesto sobre Actividades Económicas.

⇨ Que exista una dirección común de tales actividades, compartiéndose medios personales o materiales.

Y en cuanto a los efectos de determinar la superación de la magnitud excluyente específica, se debe tener en cuenta que:

⇨ El personal empleado se determina por la media ponderada del año inmediato anterior.

⇨ Se computa tanto el personal asalariado como el no asalariado, comprendiendo este último concepto (como se verá más adelante) al empresario, su cónyuge y los hijos menores que convivan con el titular y trabajen efectivamente en la actividad, cuando no medie un contrato laboral, pues en tal caso se considerarían personal asalariado.

⇨ Se computa como una persona no asalariada la que trabaje en la actividad 1.800 horas al año, y como una persona asalariada la que trabaje el número de horas anuales fijado por convenio colectivo o, en su defecto, 1.800 horas al año. Cuando el número de horas sea mayor o menor, se estima como cuantía de la persona asalariada la proporción existente entre las horas efectivamente trabajadas y las 1.800 indicadas o las fijadas en el convenio.

En el caso de que el empresario, por motivos tales como jubilación, incapacidad, pluralidad de actividades o cierre temporal, pueda acreditar una dedicación inferior a las 1.800 horas/año, se computará como 0,25 personas/año, salvo que pueda probarse una dedicación superior o inferior.

⇨ Si en un año natural se supera el número de personas empleadas (o el de vehículos utilizados en cualquier día del año) que marca la Orden Ministerial, el sujeto pasivo queda excluido del régimen de módulos a partir del año inmediato siguiente.

Número máximo de vehículos que puede tener un transportista de mercancías por carretera para poder acogerse al método de estimación objetiva en IRPF: 4 vehículos en cualquier día del año.

El Sr. C adquiere su vehículo número cinco en octubre del año 200X. En tal supuesto, será en 200X+1 cuando no podrá utilizar los módulos para calcular el rendimiento de su actividad.

En una determinada actividad en régimen de módulos trabaja el empresario titular de la misma. Asimismo, cuenta con tres trabajadores:

Uno de ellos ha trabajado el año entero el número de horas pactadas en convenio colectivo.

Otro ha trabajado solamente durante media jornada.

El tercero fue contratado durante julio y agosto, a jornada completa.

Personas empleadas: 1 (el empresario, como persona no asalariada) + 1 (trabajador uno) + 0,5 (trabajador dos) + 2/12 (trabajador tres).

La exclusión del régimen de estimación objetiva en el IRPF provoca que el sujeto pasivo también quede excluido del régimen simplificado o del régimen especial de agricultura, ganadería y pesca en el IVA.

6.4.2. Fases para el cálculo del rendimiento neto de la actividad en el sistema de módulo

De acuerdo con lo establecido en la Orden HAC/1347/2024, de 28 de noviembre, la aplicación del sistema de módulos se descompone en **fases separadas con las siguientes denominaciones**:

⇨ **Fase I. Cálculo del rendimiento neto previo**. Supone la aplicación más elemental del modelo, pues se trata de multiplicar el valor de cada módulo por el número de estos que se hayan computado en la actividad (es decir, multiplicar el número de mesas, de kilowatios consumidos o de plazas por la cantidad asignada a cada unidad de dichos módulos).

⇨ **Fase II. Cálculo del rendimiento neto minorado**. El rendimiento neto previo se minorará en el importe de los incentivos al empleo y la inversión que, en concepto de amortización del inmovilizado material e intangible correspondan a la depreciación efectiva que sufran los distintos elementos por funcionamiento, uso, disfrute u obsolescencia.

⇨ **Fase III. Cálculo del rendimiento neto de módulos**. Sobre el rendimiento neto minorado se aplicarán, cuando corresponda, índices correctores, obteniéndose el rendimiento neto de módulos

⇨ **Fase IV. Rendimiento neto de la actividad**. En esta fase aplicaremos la reducción general del rendimiento neto y detraeremos los gastos extraordinarios por circunstancias excepcionales. Sumaremos las subvenciones que se reciban.

⇨ **Fase V. Rendimiento neto reducido**. Aplicaremos la reducción a las rentas irregulares del 30%.

6.4.3. Rendimiento neto previo (Fase 1)

El rendimiento neto previo será la suma de las cuantías correspondientes a los signos o módulos previstos para la actividad. La cuantía de los signos o módulos, a su vez, se calculará multiplicando la cantidad asignada a cada unidad de ellos por el número de unidades del mismo empleadas, utilizadas o instaladas en la actividad. Cuando este número no sea un número entero se expresará con dos decimales.

En la cuantificación del número de unidades de los distintos signos o módulos se tendrán en cuenta las reglas siguientes:

⇨ **Primero: personal no asalariado**

Es el empresario, así como su cónyuge e hijos menores cuando convivan con él y trabajen efectivamente en la actividad, pero no exista contrato laboral.

El empresario habrá de computarse como una persona completa, con carácter general. Solo en aquellos supuestos que pueda acreditar una dedicación inferior a 1.800 horas/año por causas objetivas, tales como jubilación, incapacidad, pluralidad de actividades o cierre temporal de la explotación, se computará el tiempo efectivo dedicado a la actividad. En estos supuestos, para la cuantificación de las tareas de dirección, organización y planificación de la actividad, y, en general, las inherentes a la titularidad de la misma, se computará al empresario en 0,25 persona/año salvo que se acredite una dedicación efectiva inferior o superior.

Para el resto de personas no asalariadas se computa como una la que trabaje en la actividad al menos 1.800 horas al año. Cuando el número de horas sea inferior a 1.800, se estimará como cuantía de la persona no asalariada la proporción existente entre el número de horas efectivamente trabajadas y 1.800 horas.

> Es importante destacar, sobre todo para el ámbito de los pequeños negocios familiares, que el cónyuge o los hijos menores, cuando sean no asalariados (es decir, que trabajan habitualmente en la actividad sin que exista contrato laboral y afiliación a la Seguridad Social), se computan al 50% si el empresario se computa por entero y no hay más de una persona asalariada en la actividad. El personal no asalariado con un grado de discapacidad igual o superior al 33% se computará al 75 por 100.

⇨ **Segundo: personal asalariado**

Es cualquier otra persona que trabaje en la actividad. Este módulo también engloba al cónyuge y a los hijos menores, que convivan con él, cuando trabajan habitualmente y con continuidad en la actividad, y existe contrato laboral y afiliación al régimen general de la Seguridad Social.

- Se computa como una persona entera la que trabaje las horas anuales que se fijen en convenio colectivo o, en su defecto, 1.800 horas al año. Si se hubiera trabajado en mayor o menor cuantía, se toma la proporción correspondiente.

- Se computará en un 60% al personal asalariado menor de 19 años, al que preste sus servicios bajo contrato de aprendizaje o para formación, así como a los discapacitados con grados de minusvalía igual o mayor al 33% se les computará en un 40%.

⇨ **Tercero: superficie del local**

Por superficie del local se tomará la definida en la Regla 14.ª, 1.F, letras a), b), c) y h), de la Instrucción para la aplicación de las Tarifas del Impuesto sobre Actividades Económicas, aprobada por Real Decreto Legislativo 1175/1990, de 28 de septiembre y en la disposición adicional cuarta, letra f), de la Ley 51/2002, de 27 de diciembre, de reforma de la Ley 39/1988, de 28 de diciembre, Reguladora de las Haciendas Locales.

⇨ **Cuarto: local independiente y no independiente**

El primero es el que dispone de sala de ventas para atención al público. El segundo carece de dicha sala por estar situado en el interior de otro local, galería o mercado.

⇨ **Quinto: consumo de energía eléctrica**

Es la que aparece en la factura de la empresa suministradora.

⇨ **Sexto: potencia eléctrica**

Es la contratada con la empresa suministradora.

⇨ **Séptimo: superficie del horno**

Será la que corresponda según las características técnicas del bien.

⇨ **Octavo: mesas**

Se computa como una mesa la que puede ser ocupada por cuatro personas. La capacidad superior o inferior aumentará o disminuirá el módulo en la proporción correspondiente.

⇨ **Noveno: número de habitantes**

Se refiere a la población del municipio que consta en el padrón municipal de habitantes.

⇨ **Décimo: carga del vehículo**

La capacidad de carga de un vehículo o conjunto de vehículos será igual a la diferencia entre la masa total máxima autorizada determinada teniendo en cuenta las posibles limitaciones administrativas, que en su caso, se reseñen en las Tarjetas de Inspección Técnica, con el límite de cuarenta toneladas, y la suma de las taras correspondientes a los vehículos portantes (peso en vacío del camión, remolque, semirremolque y cabeza tractora), expresada, según proceda, en kilogramos o toneladas, estas últimas con dos cifras decimales. En el caso de cabezas tractoras que utilicen distintos semirremolques su tara se evaluará en ocho toneladas como máximo. Cuando el transporte se realice exclusivamente con contenedores, la tara de estos se evaluará en tres toneladas.

⇨ **Undécimo: plazas**

Es el número de unidades de capacidad de alojamiento del establecimiento.

⇨ **Duodécimo: asientos**

Son los que corresponden al vehículo, según la Tarjeta de Inspección Técnica. No incluye ni el del conductor ni el del guía.

⇨ **Decimotercero: máquinas recreativas**

Tanto las tipo "A" como las tipo "B". Es importante precisar que estas máquinas no se computarán cuando sean propiedad del titular de la actividad.

⇨ **Decimocuarto: potencia fiscal del vehículo**

Es la que figura en la tarjeta de inspección técnica.

⇨ **Decimoquinto: longitud de la barra**

Se computan los metros de la barra principal (sin contar la reservada a camareros) y los de las auxiliares que pudieran estar pegados a paredes, pilares, etc.

6.4.4. Rendimiento neto minorado (Fase 2)

El rendimiento neto previo se minorará en el importe de los incentivos al empleo y la inversión, en la forma que se establece a continuación, dando lugar al rendimiento neto minorado:

a) **Existe en primer lugar una minoración por incentivos al empleo**. Para calcularla se obtendrá la diferencia entre el número de unidades de "personal asalariado" correspondientes al año y el obtenido en el año anterior. Si la diferencia es positiva (lo que sería expresiva de una creación de empleo), dicha diferencia se la multiplicará por 0,4. El resultado es el coeficiente por incremento del número de personas asalariadas.

Posteriormente, debe aplicarse una tabla de coeficientes por tramos que, sin embargo, no se aplicará a la diferencia anterior (si es que existe). La tabla se aplicará multiplicando los siguientes coeficientes por los distintos tramos en que debe descomponerse el número de unidades de módulo de la actividad (sin incluir la citada diferencia).

Tramo	Coeficiente
Hasta 1,00	0,10
Entre 1,01 a 3,00	0,15
Entre 3,01 a 5,00	0,20
Entre 5,01 a 8,00	0,25
Más de 8,00	0,30

El llamado coeficiente de minoración se obtiene por la suma de los dos anteriores, es decir, el coeficiente por incremento (si lo ha habido) más el que se obtiene de la tabla. Este coeficiente de minoración se multiplicará por el "Rendimiento anual por unidad antes de amortización" que corresponde al personal asalariado. La cantidad que se obtenga se restará de la cifra obtenida en la Fase 1.

Personal asalariado en el año X: 2,8

Personal asalariado en X+1: 3,1

Diferencia: 3,1 - 2,8 = 0,3

El personal asalariado en X+1 se descompone en los siguientes tramos:

1,00 X 0,10 = 0,10

1,80 X 0,15 = 0,27

Subtotal = 0,37

0,30 X 0,40 =   0,12

Total = 0,49

Para el epígrafe 673.1 el "Rendimiento neto anual por unidad" en el módulo personal asalariado, antes de amortizaciones es de 4.056,30 €.

Por ello, la reducción será: 4.056,30 x 0,49 = 1.987,59 a minorar.

b) **En segundo lugar, serán deducibles las cantidades que, en concepto de amortización del inmovilizado, material o intangible, correspondan a la depreciación efectiva que sufran los distintos elementos por funcionamiento, uso, disfrute u obsolescencia**. Para su cálculo se aplicará al precio de adquisición o coste producción del elemento el coeficiente máximo, o el mínimo, o uno comprendido entre ambos, **que se deriva de la siguiente tabla, sin que quepa amortizar el valor residual**:

Elemento	Coeficiente máximo	Período máximo
Edificios y otras construcciones	5%	40 años
Útiles, herramientas, equipos para procesos de información y programas informáticos	40%	5 años
Elementos de transporte y resto de inmovilizado material	25%	8 años
Inmovilizado intangible	15%	10 años
Batea	10%	12 años
Barco	10%	25 años

La amortización ha de practicarse elemento a elemento. Si estos se han adquirido usados, podrá aplicarse hasta el doble del coeficiente máximo. Por su parte, en el caso de cesión de uso de bienes con opción de compra o renovación, cuando por las condiciones económicas no existan dudas razonables de que se va a ejercitar una u otra opción, el cesionario (que es quien utiliza el bien sin ser propietario del mismo) podrá deducir, en concepto de amortización, el importe que corresponda por aplicación de la tabla al precio de adquisición o coste de producción del bien.

Se adquiere en leasing un elemento de transporte. La cuota anual satisfecha es de 12.020,24 €, de los que 3.606,07 € corresponden a intereses y el resto a recuperación del coste del bien.

El precio de venta del elemento es de 36.060,73 €.

Suponiendo que efectivamente se va a ejercitar la opción de compra, y dado que el coeficiente máximo contemplado en las tablas es de un 25% para los elementos de transporte, la cuantía a restar en concepto de amortización será como máximo de:

36.060,73 x 0,25 = 9.015,18 €.

Se establece finalmente que gozan de libertad de amortización los inmovilizados materiales nuevos cuyo valor unitario no exceda de 601,01 €, si bien las amortizaciones dotadas por esta vía no podrán exceder de 3.005,06 € anuales.

6.4.5. Rendimiento neto de módulos (Fase 3)

Una vez practicadas las minoraciones anteriores, el rendimiento neto por módulos se obtendrá de aplicar al rendimiento de la fase 2 los siguientes índices correctores que se exponen de acuerdo con el desarrollo que se contempla en la Orden Ministerial, y respecto de los cuales debe tenerse en cuenta que:

1. En ningún caso será aplicable el índice corrector para empresas de pequeña dimensión (b.1) a las actividades para las que están previstos los índices correctores especiales enumerados en las letras a.2), a.3), a.4) y a.5).

2. Cuando resulte aplicable el índice corrector para empresas de pequeña dimensión (b.1) no se aplicará el índice corrector de exceso (b.3).

3. Cuando resulte aplicable el índice corrector de temporada (b.2) no se aplicará el índice corrector por inicio de nuevas actividades (b.4).

Los índices correctores se aplicarán según el orden que aparecen enumerados a continuación, siempre que no resulten incompatibles, sobre el rendimiento neto minorado o, en su caso, sobre el rectificado por aplicación de los mismos:

⇨ **a.1) Actividad al por menor de prensa, revista y libros en quioscos**

Quioscos en Madrid y Barcelona	1,00
Quioscos en Municipios de más de 100.000 hab.	0,95
Quioscos en resto de municipios	0,80

⇨ **a.2) Actividad de transporte por autotaxi**

El coeficiente depende de la población del municipio donde se ejerza la actividad. Si se ejerce en más de un municipio se aplica el coeficiente del municipio de mayor población.

Hasta 2.000 hab.	0,75
Más de 2.001 hasta 10.000 hab.	0,80
Más de 10.001 hasta 50.000 hab.	0,85
Más de 50.001 hasta 100.000 hab.	0,90
Más de 100.001 hab.	1,00

⇨ **a.3) Actividad de transporte urbano colectivo y de viajeros por carretera**

Se aplicará el 0,8 cuando se tenga un solo vehículo.

⇨ **a.4) Actividad de transporte de mercancías por carretera y servicio de mudanza**

Se aplica el 0,8 cuando se tenga un solo vehículo.

Se aplicará el índice 0,90 cuando la actividad se realice con tractocamiones y el titular carezca de semirremolques. Cuando la actividad se desarrolle con un único tractocamión y sin semirremolques, se aplicará, exclusivamente, el índice 0,75.

⇨ **a.5) Actividad producción de mejillón en batea**

Se aplicarán coeficientes en función de las características de la producción.

A continuación se aplican los **índices correctores generales identificados con la letra "b"** a cualquier actividad que reúna las circunstancias exigidas (indices correctores generales):

⇨ **b.1) Índice para empresas de pequeña dimensión**

El titular debe ser persona física, ejercer la actividad en un solo local, no disponer de más de un vehículo, que además no supere los 1.000 kg. de capacidad de carga, y no deberá contarse con personal asalariado. El índice depende de la población del municipio. Si la actividad se ejerce en varios municipios, se toma el índice del que tenga mayor población.

Hasta 2.000 habitantes	0,70
De 2.001 a 5.000 hab.	0,75
Más de 5.000 hab.	0,80

Cuando se cumplan los tres primeros requisitos y se ejerza la actividad con personal asalariado, hasta dos trabajadores, se aplicará el índice de 0,90, cualquiera que sea la población del municipio en el que se desarrolla la actividad.

⇨ **b.2) Índice corrector de temporada**

Son actividades de temporada las que se ejercen durante ciertos días, continuados o alternos, pero sin exceder de los 180 por año. En estos casos, se aplicará el índice en función de la duración de la temporada:

Hasta 60 días	1,50
De 61 a 120 días	1,35
De 121 a 180 días	1,25

⇨ **b.3) Índice corrector de exceso**

Se aplica cuando el rendimiento neto, aplicados ya los coeficientes anteriores si eran procedentes, resulta superior a unas cuantías que, para cada actividad, se establecen en la OM. Al exceso se le aplica entonces el índice 1,30. Se trata, en definitiva, de un índice de incremento.

Actividad en el epígrafe 673.01 Cafés y bares de categoría especial.

Su rendimiento neto minorado asciende a 35.586,03 euros. La Orden Ministerial que desarrolla módulos establece una cuantía para aplicar el índice corrector de exceso a esta actividad económica de 30.586,03 euros. El rendimiento neto minorado excede de la cuantía establecida en la Orden en 5.000 euros. El rendimiento neto corregido sería:

Hasta 30.586,03 ------------- 30.586,03
Exceso 5.000 x 1,30 --------- 6.500,00

Rendimiento neto corregido 37.086,03 euros por índice de exceso

El rendimiento pasaría de 35.586,03 a 37.086,03 euros por aplicación del índice corrector de exceso.

⇨ **b.4) Índice corrector por inicio de nuevas actividades**

Para actividades iniciadas a partir de 1 de enero, no de temporada, y que no se hayan ejercido antes bajo otra titularidad y se realicen en un local o establecimiento exclusivamente dedicado a dichas actividades, se aplican los siguientes índices:

• 0,8 en el primer ejercicio.

• 0,9 en el segundo ejercicio.

Cuando el contribuyente sea una persona con discapacidad, con grado de discapacidad igual o superior al 33%, los índices correctores aplicables serán:

Ejercicio	Índice
primero	0,60
segundo	0,70

6.4.6. Rendimiento neto de la actividad (Fase 4)

En esta fase se aplicarán reducciones vinculadas a acontecimientos extraordinarias. Para 2024 se aplicarán las siguientes reducciones:

⇨ Los contribuyentes del Impuesto sobre la Renta de las Personas Físicas que desarrollen actividades económicas incluidas en el anexo II de esta Orden en el

término municipal de Lorca y determinen el rendimiento neto por el método de estimación objetiva, podrán reducir el rendimiento neto de módulos de 2024 correspondiente a tales actividades en un 20%.

⇨ Asimismo, los contribuyentes del Impuesto sobre la Renta de las Personas Físicas que desarrollen **actividades económicas en la Isla de La Palma** y determinen el rendimiento neto por el método de estimación objetiva, podrán reducir el rendimiento neto de módulos de 2024 correspondiente a tales actividades en un 20%.

⇨ Los **contribuyentes del Impuesto sobre la Renta de las Personas Físicas que desarrollen actividades económicas en los términos municipales citados en el anexo del Real Decreto-ley 6/2024, de 5 de noviembre, por el que se adoptan medidas urgentes de respuesta ante los daños causados por la Depresión Aislada en Niveles Altos (DANA)** en diferentes municipios entre el 28 de octubre y el 4 de noviembre de 2024, y determinen el rendimiento neto por el método de estimación objetiva, podrán reducir el rendimiento neto de módulos de 2024 correspondiente a tales actividades en un 25%.

La reducción prevista en el párrafo anterior se aplicará sobre el rendimiento neto de módulos resultante después de aplicar la reducción prevista en el apartado 1 de la disposición adicional primera de la Orden HFP/1359/2023, de 19 de diciembre, por la que se desarrollan para el año 2024 el método de estimación objetiva del Impuesto sobre la Renta de las Personas Físicas y el régimen especial simplificado del Impuesto sobre el Valor Añadido.

Para la determinación de la cuantía del pago fraccionado correspondiente al último trimestre de 2024, el rendimiento neto a efectos del pago fraccionado se reducirá en la parte proporcional del mismo que corresponda a las actividades económicas desarrolladas en los términos municipales afectados por la Depresión Aislada en Niveles Altos (DANA) a que se refiere el primer párrafo de este apartado.

Esta reducción se aplica tanto a las actividades agrícolas, ganaderas y forestales como a las distintas de estas.

⇨ Por otro lado, **se establecen medidas excepcionales en el Impuesto sobre la Renta de las Personas Físicas para paliar el efecto producido por el precio de los insumos de explotación en las actividades agrícolas y ganaderas el año 2024.**

⇨ El rendimiento neto previo podrá reducirse:

- En el 35% del precio de adquisición del gasóleo agrícola necesario para el desarrollo de dichas actividades que aparezca debidamente documentado en las facturas expedidas con motivo de dicha adquisición que cumplan los

105

requisitos previstos en el artículo 6.1 del Reglamento por el que se regulan las obligaciones de facturación, aprobado por el Real Decreto 1619/2012, de 30 de noviembre.

- En el 15% del precio de adquisición de los fertilizantes necesarios para el desarrollo de dichas actividades que aparezca debidamente documentado en las facturas expedidas con motivo de dicha adquisición que cumplan los requisitos previstos en el artículo 6.1 del Reglamento por el que se regulan las obligaciones de facturación, aprobado por el Real Decreto 1619/2012, de 30 de noviembre.

Ambas reducciones únicamente procederán cuanto se trate de adquisiciones efectuadas en el ejercicio 2024, documentadas en facturas emitidas en dichos períodos.

⇨ Como consecuencia del elevado impacto que ha tenido la sequía, así como por el incremento de precios se mantienen para 2024 los siguientes índices correctores aplicables sobre el rendimiento neto minorado, que ya fueron objeto de modificación para 2023:

- El índice corrector por piensos adquiridos a terceros se fija en el 0,50%.

- El índice por cultivos en tierras de regadío que utilicen, a tal efecto, energía eléctrica se fija en el 0,75 sobre el rendimiento procedente de los cultivos realizados en tierras de regadío por energía eléctrica.

⇨ Por último, la reducción general será del 15%. En el ejercicio 2023 la disposición adicional primera estableció una reducción general del 10%, que se tuvo en cuenta en los pagos fraccionados de ese ejercicio. Para el ejercicio 2024, la reducción será del 5%.

 Con efectos del 1 de enero del 2025 desaparecerán las minoraciones del rendimiento neto por la adquisición de gasóleo agrícola y de fertilizantes y para actividades económicas desarrolladas en la Isla de la Palma o en el término municipal de Lorca, pero la fecha de edición de este curso coincide la campaña de la renta del 2024.

6.4.7. Cálculo del Rendimiento neto reducido de la actividad (Fase 5)

Reducción del 30% por haber obtenido rendimientos de la actividad económica con un período de generación superior a 2 años o notoriamente irregular.

Se consideran obtenidos de forma notoriamente irregular: subvenciones de capital cuando sean para la adquisición de bienes que no se puedan amortizar, indemnizaciones y ayudas por cese de la actividad, o indemnizaciones percibidas en sustitución de derechos económicos de duración indefinida.

La cuantía del rendimiento neto a que se refiere este apartado sobre la que se aplicará la citada reducción no podrá superar el importe de 300.000 euros anuales.

7. Regímenes de determinación para las personas jurídicas

Como sucede en la mayor parte de los Estados de nuestro entorno, la renta percibida por las sociedades y otras entidades es gravada por un impuesto autónomo respecto del impuesto que grava la renta percibidas por las personas físicas: **el Impuesto sobre Sociedades (en adelante, IS)**.

El IS está regulado fundamentalmente por las dos disposiciones siguientes:

⇨ Ley 27/2014, de 27 de noviembre, del Impuesto de Sociedades (en adelante, LIS) que entró en vigor el 1 de enero de 2015.

⇨ Real Decreto 634/2015, de 10 de julio, por el que se aprueba el Reglamento del Impuesto sobre Sociedades.

Nos centraremos nuestra atención en el denominado "régimen general" del impuesto (esto es, en el régimen aplicable en defecto de una regulación específica de la operación o entidad de que se trate), así como en los regímenes especiales configurados en el título VII de la LIS de más frecuente aplicación en la práctica (como el relativo a los incentivos fiscales aplicables a las empresas de reducida dimensión).

Como veremos, **en el IS la base imponible** se determina, por lo general, **practicando ciertas correcciones en el resultado contable**. Para la adecuada comprensión de estas correcciones es necesario, en consecuencia, conocer las reglas que determinan el resultado contable.

En relación con estas reglas debe indicarse ahora que la Ley 16/2007, de 4 de julio, de reforma y adaptación de la legislación mercantil en materia contable para su armonización internacional con base en la normativa de la Unión Europea, introdujo modificaciones en varios textos legales mercantiles (entre otros, en el Código de Comercio y en el Texto Refundido de la Ley de Sociedades Anónimas, hoy derogado por el Real

Decreto Legislativo 1/2010, de 2 de julio, por el que se aprueba el texto refundido de la Ley de Sociedades de Capital) para ajustar su contenido a los criterios establecidos de los Reglamentos de la Unión Europea por los que se adoptan las Normas Internacionales de Información Financiera; y que se han dictado dos normas reglamentarias de desarrollo: el Real Decreto 1514/2007, de 16 de noviembre, por el que se aprueba el Plan General de Contabilidad (en adelante, PGC), y el Real Decreto 1515/2007, de 16 de noviembre, por el que se aprueba el Plan General de Contabilidad de Pequeñas y Medianas Empresas y los criterios contables específicos para microempresas (en adelante, PGC-PYMES).

El examen exhaustivo de las normas que regulan la determinación del resultado contable excede con mucho de las pretensiones de estas unidades didácticas. No obstante, sí haremos referencia al tratamiento contable de ciertos elementos, ingresos o gastos, cuando ello sea imprescindible para comprender la disposición fiscal aplicable en relación con ellos.

8. Estructura del Impuesto sobre Sociedades: naturaleza y ámbito de aplicación

8.1. Naturaleza jurídica y características

 Como señala el artículo 1 LIS, el IS *«es un tributo de carácter directo y naturaleza personal que grava la renta de las sociedades y demás entidades jurídicas de acuerdo con las normas de esta Ley»*.

Se destacan así **dos de las características del gravamen**:

⇨ Se trata de un **impuesto directo**, en la medida en que grava una manifestación directa de la capacidad económica, como es la obtención de renta.

⇨ Se trata de un **impuesto personal**, pues la referencia a una persona determinada (la sociedad o entidad que obtiene la renta) actúa como elemento constitutivo del propio hecho imponible.

Además, pueden citarse como características del impuesto las siguientes:

⇨ **Se trata de un impuesto periódico**. En efecto, el presupuesto de hecho gravado (la obtención de renta) goza de continuidad en el tiempo y, en consecuencia, se hace necesario fraccionarlo en **periodos impositivos**, en los términos que examinaremos más adelante.

⇨ **Se trata de un impuesto sintético**. Grava al tipo general la renta globalmente, sin distinción en función de su origen o fuente, a diferencia de los que sucede en el IRPF, en el que se distingue entre las rentas que se imputan a la base imponible general y las que se imputan a la base imponible del ahorro.

Así sucede, por ejemplo, al configurar el régimen especial de las entidades parcialmente exentas (que disfrutan de la exención solo en relación con las rentas que proceden de ciertas actividades y operaciones), o al identificar las rentas sometidas a retención o ingreso a cuenta.

⇨ **No está cedido a las Comunidades Autónomas**. A diferencia de lo que sucede en otros impuestos (como, por ejemplo, el IRPF), la recaudación obtenida por el IS no está cedida a las Comunidades Autónomas, ni total ni parcialmente. Tampoco se han cedido competencias normativas o gestoras en relación con este impuesto.

Las Comunidades Autónomas de régimen común no pueden aprobar normas sobre este impuesto (a diferencia de lo que sucede, por ejemplo, en relación con ciertos elementos del IRPF) y carecen de competencias en orden a la gestión, inspección, recaudación y revisión del impuesto.

8.2. Ámbito de aplicación

El IS se aplica en todo el territorio español, a diferencia de lo que sucede, por ejemplo, en el caso del IVA (que se aplica únicamente en el territorio peninsular y en las Islas Baleares, como ya estudiaremos en otra lección). Señala el artículo 2.1 LIS que, a los efectos de la aplicación del IS, el territorio español *«comprende también aquellas zonas adyacentes a las aguas territoriales sobre las que España pueda ejercer los derechos que le correspondan, referentes al suelo y subsuelo marino, aguas suprayacentes, y a sus recursos naturales, de acuerdo con la legislación española y el Derecho Internacional»*.

Ahora bien, no en todo el territorio español se aplica la misma normativa sobre el IS. De acuerdo con el artículo 2.2 LIS, la aplicación del IS en el territorio español debe entenderse *«sin perjuicio de los regímenes tributarios forales de concierto y convenio económico en vigor, respectivamente, en los Territorios Históricos de la Comunidad Autónoma del País Vasco y en la Comunidad Foral de Navarra»*.

En Canarias, Ceuta y Melilla, se aplica la normativa estatal, pero con ciertas especialidades. En Canarias se aplican los incentivos previstos en la Ley 20/1991, de 7 de junio, de Modificación de los Aspectos Fiscales del Régimen Económico Fiscal de Canarias, y en la Ley 19/1994, de 6 de julio, de Modificación del Régimen Económico y Fiscal de Canarias.

 El IS se aplica en todo el territorio nacional, sin perjuicio de la existencia de especialidades en algunas zonas del mismo.

9. El hecho imponible: presunción de onerosidad

 El hecho imponible del IS es la obtención de renta por las sociedades y ciertas entidades residentes en territorio español durante el periodo impositivo.

El artículo 4 LIS en su apartado 1 de este artículo establece que constituye el hecho imponible «*la obtención de renta por el contribuyente, cualquiera que fuese su fuente u origen*».

Por lo tanto, el impuesto grava la renta total, ya sea derivada de actividades ordinarias o principales de la entidad, como derivada de actividades accesorias u ocasionales, y como ya hemos comentado anteriormente grava también la renta mundial, es decir, tanto la obtenida en España como en el extranjero (sin perjuicio de lo que se establezca en los tratados y acuerdos internacionales y CDI). En este sentido señala el artículo 7.2 LIS que «*Los contribuyentes serán gravados por la totalidad de la renta que obtengan, con independencia del lugar donde se hubiere producido y cualquiera que sea la residencia del pagador*».

 Una frutería ha obtenido los siguientes ingresos durante el ejercicio económico:

⇨ Venta de fruta: 5.700.000 €.

⇨ Alquiler ocasional de almacenes: 800.000 €.

Aunque la actividad ordinaria de esta empresa de esta empresa es la venta de fruta, también ha obtenido 800.000 € por el arrendamiento de almacenes, y tendrá también que tributar por ellos.

La LIS, aprobada en 2014, incorpora el concepto de actividad económica en su artículo 5 sin presentar diferencias relevantes respecto al concepto tradicionalmente utilizado en el Impuesto sobre la Renta de las Personas Físicas. Se fijan **reglas especiales para el arrendamiento de inmuebles**, indicando que es necesaria una persona empleada con contrato laboral y jornada completa, siendo la misma definición que la establecida en la Ley 35/2006, de 28 de noviembre del Impuesto sobre la Renta de las Personas Físicas en su artículo 27.2.

Asimismo, se introduce el concepto de entidad patrimonial a efectos de la LIS, en su artículo 5.2, se define como entidad patrimonial a aquella que no realiza una actividad económica, considerándose como tal a aquella en la que más de la mitad de su activo esté constituido por valores o no esté afecto, en los términos del apartado anterior, a una actividad económica.

Esta definición es similar a la prevista en la Ley 19/1991, de 6 de junio, del Impuesto de Patrimonio, pero restringiendo la afectación a actividades económicas de dinero o derechos de crédito procedentes de la transmisión de elementos patrimoniales afectos o valores afectos que se hayan realizado en el periodo impositivo o en los dos periodos impositivos anteriores.

La **determinación del valor del activo** se realizará a partir de la media de los balances trimestrales del ejercicio de la entidad o de los balances consolidados, en el caso de que la entidad formara parte de un grupo mercantil, con independencia de la residencia y de la obligación de formular cuentas anuales consolidadas. A estos efectos no se computarán como valores el dinero o derechos de crédito procedentes de la transmisión de elementos patrimoniales afectos a actividades económicas o valores a los que se refiere el párrafo siguiente, que se haya realizado en el período impositivo o en los dos períodos impositivos anteriores:

⇨ Los poseídos para dar cumplimiento a obligaciones legales y reglamentarias.

⇨ Los que incorporen derechos de crédito nacidos de relaciones contractuales establecidas como consecuencia del desarrollo de actividades económicas.

⇨ Los poseídos por sociedades de valores como consecuencia del ejercicio de la actividad constitutiva de su objeto.

⇨ Los que otorguen, al menos, el 5% del capital de una entidad y se posean durante un plazo mínimo de un año, con la finalidad de dirigir y gestionar la participación, siempre que se disponga de la correspondiente organización de medios materiales y personales, y la entidad participada no sea una entidad patrimonial.

La consideración de una **sociedad como entidad patrimonial** significa que esta no desarrolla una actividad económica y por tanto no le serán de aplicación determinados regímenes fiscales especiales. Tampoco le será de aplicación las ventajas fiscales que ofrece el régimen de empresas de reducida dimensión aplicable a entidades con cifra de negocios en el año anterior inferior a 10 millones de euros. Tampoco se podrá aplicar el régimen de exención para evitar la doble imposición del art. 21 LIS por las rentas derivadas de la transmisión de la participación que no se corresponda con un incremento neto de participación.

Para finalizar es importante reseñar que el IS grava únicamente la renta obtenida por sociedades y otras entidades residentes en territorio español. La renta percibida por entidades y sociedades no residentes en territorio español, al igual que la renta percibida por personas físicas no residentes en este territorio será gravada, en su caso, por el Impuesto sobre la Renta de no Residentes (IRNR). Este impuesto está regulado fundamentalmente por el Texto Refundido de la Ley del Impuesto sobre la Renta de no Residentes, aprobado por el Real Decreto Legislativo 5/2004, de 5 de marzo, y por el Reglamento del impuesto aprobado por Real Decreto 1776/2004, de 30 de julio.

10. El sujeto pasivo

10.1. Entidades no sujetas al impuesto

El artículo 6.2 LIS establece una delimitación negativa al establecer, «Las entidades en régimen de atribución de rentas no tributarán por el Impuesto sobre Sociedades». Por lo tanto no van a ser contribuyentes del IS.

El apartado 1 del mismo artículo LIS señala que son **entidades en régimen de atribución de rentas**:

a)   Las sociedades civiles que no tengan objeto mercantil.

b)   Las herencias yacentes.

c)   Las comunidades de bienes.

d)   Demás entidades a que se refiere el artículo 35.4 LGT, esto es, «demás entidades que, carentes de personalidad jurídica, constituyan una unidad económica o un patrimonio separado susceptibles de imposición».

El régimen de atribución de rentas consiste en que las rentas percibidas por esas entidades a que se refiere este precepto así como las retenciones e ingresos a cuenta que hayan soportado, se atribuirán a los socios, herederos, comuneros o partícipes en función del porcentaje que ostenten en dicha entidad, y serán por lo tanto estos sujetos (socios, herederos, comuneros o partícipes) los que tributarán por esas rentas, en el IRPF (si se trata de socios personas físicas sujetas a este impuesto) o bien por el IRNR (si se trata de personas físicas o entidades sujetas a este impuesto).

 Una comunidad de bienes es propietaria de bienes que explota mediante contratos de arrendamiento. Cada uno de los socios participa en el 50%, y sabiendo que durante el presente ejercicio, dicha comunidad, ha facturado por importe de 66.000 euros. En este caso, cada uno de los socios debe imputarse los ingresos en función del porcentaje que ostente en la comunidad, es decir, el 50% de 66.000 euros, lo que da un resultado para cada uno de 33.000 euros.

 Las entidades en régimen de atribución de rentas tributan en el IRPF y no en el IS (salvo que se indique expresamente por ley).

10.2. Entidades sujetas al impuesto

Están sujetas al IS las entidades citadas en el artículo 7 LIS cuando, de acuerdo con el artículo 8 LIS, se consideren residentes en el territorio español.

Así son **contribuyentes del IS**:

⇨ Las personas jurídicas, excluidas las sociedades civiles que no tengan objeto mercantil.

⇨ Las sociedades agrarias de transformación.

⇨ Los fondos de inversión.

⇨ Las uniones temporales de empresas.

⇨ Los fondos de capital-riesgo, y los fondos de inversión colectiva de tipo cerrado.

⇨ Los fondos de pensiones.

⇨ Los fondos de regulación del mercado hipotecario.

⇨ Los fondos de titulización de activos.

⇨ Los fondos de garantía de inversiones.

⇨ Las comunidades titulares de montes vecinales en mano común.

⇨ Los Fondos de Activos Bancarios.

113

D. Luis y D. Fernando constituyeron una comunidad de bienes en 20XX-2 destinada a la compraventa de maquinaria industrial. Ante el incremento de actividad en mayo de 20XX constituyeron una sociedad de responsabilidad limitada, que fue inscrita en el Registro Mercantil el 01/06/20XX.

La variación en la forma jurídica determina que desde junio de 20XX los rendimientos de la actividad dejen de tributar por el Impuesto sobre la Renta de las Personas Físicas y pasen a tributar por el Impuesto sobre Sociedades. En el ejercicio 20XX la sociedad deberá presentar declaración por el Impuesto sobre Sociedades, comprensiva de los rendimientos obtenidos en la actividad económica desde junio de 20XX hasta la fecha de cierre del ejericicio (31/12/20XX). D. Luis y D. Fernando deberán incluir en su declaración del IRPF correspondiente a 20XX, los rendimientos obtenidos desde el 01/01/20XX hasta el 31/05/20XX.

11. Domicilio fiscal

El domicilio fiscal es el lugar de localización del obligado tributario en sus relaciones con la Administración tributaria (art. 48.1 LGT). En lo que se refiere a las entidades sujetas al IS, el domicilio fiscal es definido por el artículo 8.2 LIS. Este precepto aplica a estos efectos los mismos criterios que el artículo 48.2 LGT emplea para definir el domicilio fiscal de una clase de entidades sujetas al IS: las personas jurídicas. Se trata de los siguientes **tres criterios**:

1. El domicilio fiscal será el del domicilio social siempre que en él efectivamente se realice la gestión administrativa y la dirección de los negocios.

Una sociedad tiene su domicilio social en la Avenida del Mar, nº 5 de Teruel, y desde el mismo dirige y lleva la gestión centralizada de su actividad. En este caso el domicilio fiscal será el mismo que el social, es decir, la Avenida del Mar, nº 5 de Teruel.

2. Si no se diera el caso anterior, el domicilio fiscal será el lugar en el efectivamente se realice la gestión administrativa y la dirección de los negocios.

Una sociedad tiene su domicilio social en la calle Tempal de Tarragona, pero tiene otro domicilio en la Avenida Diagonal de Barcelona, desde donde dirige y lleva la gestión centralizada de su actividad. En este caso el domicilio fiscal será la Avenida Diagonal de Barcelona, porque desde allí se lleva la dirección y la gestión centralizada de la misma.

3. Cuando no pueda establecerse el lugar del domicilio fiscal de acuerdo con los criterios anteriores, prevalecerá el lugar donde radique el mayor valor del inmovilizado.

Una sociedad tiene su domicilio social en la calle Alburquerque de La Coruña. También tiene otra sede en la calle Puerto del Mar de Orense y otra sede en la calle Malva de Lugo. Desde ambas tres sedes se lleva a cabo la gestión de la empresa por cada una de las provincias en las que se encuentran situadas. Además sabemos que en la sede de La Coruña el valor del inmovilizado que radica allí asciende a 23.000 euros, en Orense asciende a 56.890 euros y en Lugo a 49.432 euros. En este caso el domicilio fiscal será en la calle Puerto del Mar de Orense, porque ante la imposibilidad de poder determinar el lugar en el que se lleva la dirección y la gestión centralizada de la misma, debemos acudir al lugar en el que se encuentre mayor valor de inmovilizado, que no es otra que Orense.

El domicilio fiscal será el mismo que el domicilio social si lleva la gestión centralizada y dirección de la actividad; en caso contrario será el lugar donde se lleve efectivamente gestión centralizada y dirección de la actividad; y, si no pudiera determinarse conforme a los dos criterios anteriores, el domicilio fiscal estará situado donde radique la mayor parte del inmovilizado.

12. La base imponible

 La base imponible es definida en el artículo 10.1 LIS como el «importe de la renta en el periodo impositivo minorada por la compensación de bases imponibles negativas de periodos impositivos anteriores».

Según el artículo 10.2 LIS, la base imponible se determinará por el **método de estimación directa**, por el de estimación objetiva cuando esta Ley determine su aplicación y, subsidiariamente, por el de estimación indirecta, de conformidad con lo dispuesto en la Ley 58/2003, de 17 de diciembre, General Tributaria.

En el método de estimación objetiva la base imponible se podrá determinar total o parcialmente mediante la aplicación de los signos, índices o módulos a los sectores de actividad que determine esta Ley.

Según el artículo 53.1 LGT, el **método de estimación indirecta** solo puede ser utilizado por la Administración.

Procede su aplicación cuando la Administración no pueda disponer de los datos necesarios para la determinación completa de la base imponible como consecuencia de **alguna de las siguientes circunstancias**:

1. Falta de presentación de declaraciones o presentación de declaraciones incompletas o inexactas.

2. Resistencia, obstrucción, excusa o negativa a la actuación inspectora.

3. Incumplimiento sustancial de las obligaciones contables o registrales.

4. Desaparición o destrucción, aun por causa de fuerza mayor, de los libros y registros contables o de los justificantes de las operaciones anotadas en los mismos.

Hechas estas advertencias, nos centramos ya en el método de determinación de la base imponible que será objeto de estudio en estas unidades didácticas: **el método de estimación directa**.

Artículo 10.3 LIS

En el método de estimación directa, la base imponible se calculará, corrigiendo, mediante la aplicación de los preceptos establecidos en esta Ley, el resultado contable determinado de acuerdo con las normas previstas en el Código de Comercio, en las demás leyes relativas a dicha determinación y en las disposiciones que se dicten en desarrollo de las citadas normas.

Como se puede observar, en el régimen de estimación directa la **base imponible es el resultado de practicar ciertas correcciones o ajustes en el resultado contable**. En las líneas que siguen haremos unas reflexiones generales sobre la normativa contable hoy aplicable y sobre las correcciones o ajustes que procede realizar en el resultado contable para obtener la base imponible del IS. En los sucesivos apartados de este capítulo de nuestra exposición haremos referencia individualizada al tratamiento fiscal de ciertos ingresos y gastos.

Con carácter previo, debemos hacer una advertencia: la norma tributaria parte del resultado contable para determinar la base imponible en la medida en que este resultado esté correctamente establecido de acuerdo con *«las normas previstas en el Código de Comercio, en las demás Leyes relativas a dicha determinación y en las disposiciones que se dicten en desarrollo de las citadas normas»*.

Para evitar que una incorrecta aplicación de esta normativa pueda afectar en último término a la tributación en el IS, el artículo 131 LIS atribuye a la Administración tributaria la facultad de revisar y corregir, en su caso, el resultado contable calculado por la entidad *«a los efectos de determinar la base imponible»*.

No se integrarán en la base imponible del Impuesto sobre Sociedades las rentas positivas que se pongan de manifiesto como consecuencia de la:

a) Percepción de las siguientes ayudas de la política agraria comunitaria:

1. Abandono definitivo del cultivo del viñedo.

2. Prima al arranque de plantaciones de manzanos.

3. Prima al arranque de plataneras.

4. Abandono definitivo de la producción lechera.

5. Abandono definitivo del cultivo de peras, melocotones y nectarinas.

6. Arranque de plantaciones de peras, melocotones y nectarinas.

7. Abandono definitivo del cultivo de la remolacha azucarera y de la caña de azúcar.

8. Ayudas a los regímenes en favor del clima y del medio ambiente (ecorregímenes).

13. Esquema liquidatorio del impuesto de sociedades y del gasto por el impuesto sobre el beneficio

RESULTADO CONTABLE (conforme al Código de Comercio y al Plan General Contable aplicable)

(+/-) AJUSTES EXTRACONTABLES

- Por Diferencias de Calificación (amortizaciones, deterioros de valor, provisiones y gastos no deducibles)

- Por Diferencias de Valoración

- Por Imputación Temporal

(=) BASE IMPONIBLE PREVIA

(–) RESERVA DE CAPITALIZACIÓN

(–) BASES IMPONIBLES NEGATIVAS DE EJERCICIOS ANTERIORES.

(+/-) RESERVA DE NIVELACIÓN (solo ERD-Art.105 LIS)

(=) BASE IMPONIBLE LIQUIDABLE

(X) TIPO DE GRAVAMEN

(=) CUOTA ÍNTEGRA

(–) DEDUCCIONES PARA EVITAR LA DOBLE IMPOSICIÓN

(–) BONIFICACIONES

(–) DEDUCCIONES PARA INCENTIVAR LA REALIZACIÓN DE DETERMINADAS ACTIVIDADES

(=) CUOTA LÍQUIDA

(–) RETENCIONES E INGRESOS A CUENTA

(–) PAGOS FRACCIONADOS

(=) CUOTA DIFERENCIAL

(+) Ajustes fiscales de la cuota para regularizar situaciones diversas (ej.pérdida de beneficios fiscales)

LÍQUIDO A INGRESAR O DEVOLVER

14. La amortización

14.1. Introducción

En primer lugar pasamos a analizar los términos en que **la amortización es fiscalmente deducible**.

Tras identificar con algo más de precisión qué elementos son susceptibles de amortización y hacer referencia a ciertas normas que son aplicables con carácter general a toda amortización, estudiaremos el tratamiento "ordinario" de la amortización, los supuestos en que se admite fiscalmente la amortización libre o acelerada de ciertos elementos, y el régimen fiscal de los contratos de arrendamiento financiero.

14.2. Elementos amortizables

Un elemento solo será susceptible de amortización si forma **parte del activo inmovilizado o de las inversiones inmobiliarias**.

El activo corriente y los activos financieros **no pueden sufrir la depreciación** por el transcurso del tiempo que es registrada a través de la amortización. No pueden sufrirla los elementos del activo corriente, porque no están destinados a servir de forma duradera a las actividades de la empresa. No pueden sufrirla los activos financieros, porque el transcurso del tiempo no provoca su depreciación irreversible.

Solo serán susceptibles de aplicar amortización aquellos elementos que no se deprecien de forma irreversible por su uso o por el transcurso del tiempo. Entre los elementos del inmovilizado material no serán amortizables, por ejemplo, los terrenos tienen una vida ilimitada.

Si en el valor inicial del terreno se incluyesen costes de rehabilitación, esa porción del terreno se amortizará a lo largo del periodo en que se obtengan los beneficios o rendimientos económicos por haber incurrido en esos costes.

14.3. Normas comunes sobre amortización

El **artículo 3 RIS** establece «normas comunes» sobre la amortización de elementos patrimoniales del inmovilizado material e intangible y de las inversiones inmobiliarias, en ocasiones reiterando reglas ya previstas en el PGC.

Entre esas **normas comunes** cabe destacar las siguientes:

1. **A efectos fiscales será amortizable el precio de adquisición o coste de producción, excluido, en su caso, el valor residual (art. 3.2 RIS)**

   En relación con el valor amortizable, debe tenerse en cuenta también la norma de registro y valoración 2.ª (relativa al inmovilizado material) del PGC.

   De acuerdo con esta norma, cuando proceda reconocer correcciones valorativas por deterioro, se ajustarán las amortizaciones de los ejercicios siguientes del inmovilizado deteriorado, teniendo en cuenta el nuevo valor contable. Se procederá de la misma forma en caso de reversión de las correcciones valorativas por deterioro.

2. **Cuando se trate de edificaciones, no será amortizable la parte del precio de adquisición correspondiente al valor del suelo (excluidos, en su caso, los costes de rehabilitación)**

   Cuando no se conozca el valor del suelo se calculará prorrateando el precio de adquisición entre los valores catastrales del suelo y de la construcción en el año de adquisición.

 No obstante, el sujeto pasivo podrá utilizar un criterio de distribución del precio de adquisición diferente, cuando se pruebe que dicho criterio se fundamenta en el valor normal de mercado del suelo y de la construcción en el año de adquisición (art. 3.2 RIS).

3. Según el PGC, se amortizará de forma independiente cada parte de un elemento del inmovilizado material que tenga un coste significativo en relación con el coste total del elemento y una vida útil distinta del resto del elemento.

4. Los elementos patrimoniales del inmovilizado material e inversiones inmobiliarias empezarán a amortizarse desde su puesta en condiciones de funcionamiento y los del inmovilizado intangible desde el momento en que estén **en condiciones de producir ingresos (art. 3.3 RIS)**

   Los elementos patrimoniales del inmovilizado material, inmaterial e inversiones inmobiliarias deberán amortizarse dentro del período de su vida útil.

   Cuando las renovaciones, ampliaciones o mejoras de los elementos patrimoniales del inmovilizado material e inversiones inmobiliarias se incorporen a dicho inmovilizado, el importe de las mismas se amortizará durante los periodos impositivos que resten para completar la vida útil de los referidos elementos patrimoniales.

A tal efecto, se imputará a cada periodo impositivo el resultado de aplicar al importe de las renovaciones, ampliaciones o mejoras el coeficiente resultante de dividir la amortización contabilizada del elemento patrimonial practicada en cada periodo impositivo, en la medida en que se corresponda con la depreciación efectiva, entre el valor contable que dicho elemento patrimonial tenía al inicio del periodo impositivo en el que se realizaron las operaciones de renovación, ampliación o mejora.

Se procederá de la misma forma en el supuesto de revalorizaciones contables realizadas en virtud de normas legales o reglamentarias que obliguen a incluir su importe en el resultado contable (art. 3.4 y 3.5 RIS).

5. En los **supuestos de fusión, escisión, total y parcial, y aportación**, deberá proseguirse para cada elemento patrimonial adquirido el método de amortización a que estaba sujeto, excepto si el sujeto pasivo prefiere aplicar a los mismos su propio método de amortización (art. 3.6 RIS).

14.4. Reglas generales sobre el cálculo de la amortización

14.4.1. Amortización del inmovilizado material e inversiones inmobiliarias

Según lo dispuesto en el artículo 12 LIS, se considerará que la depreciación es efectiva cuando:

a) Sea el resultado de aplicar los coeficientes de amortización lineal establecidos en la tabla contenida en el citado precepto.

b) Sea el resultado de aplicar un porcentaje constante sobre el valor pendiente de amortización.

c) Sea el resultado de aplicar el método de los números dígitos.

d) Se ajuste a un plan formulado por el contribuyente y aceptado por la Administración tributaria.

e) El contribuyente justifique su importe.

El artículo 12 de la LIS dispone que se considerará que la depreciación es efectiva cuando sea el resultado de aplicar los coeficientes de **amortización lineal** establecidos en la siguiente **tabla de amortización**.

Tipo de elemento	Coeficiente lineal máximo	Periodo de años máximo
Obra civil		
Obra civil general	2%	100
Pavimentos	6% 3	4
Infraestructuras y obras mineras	7%	30
Centrales		
Centrales hidráulicas	2%	100
Centrales nucleares	3%	60
Centrales de carbón	4%	50
Centrales renovables	7%	30
Otras centrales	5% 4	0
Edificios		
Edificios industriales	3%	68
Terrenos dedicados exclusivamente a escombreras	4%	50
Almacenes y depósitos (gaseosos, líquidos y sólidos)	7%	30
Edificios comerciales, administrativos, de servicios y viviendas	2%	100
Instalaciones		
Subestaciones. Redes de transporte y distribución de energía	5%	40
Cables	7%	30
Resto instalaciones	10%	20
Maquinaria	12%	18
Equipos médicos y asimilados	15%	14
Elementos de transporteLocomotoras, vagones y equipos de tracción	8%	25
Buques, aeronaves	10%	20
Elementos de transporte interno	10%	20
Elementos de transporte externo	16%	14
Autocamiones	20%	10
Mobiliario y enseres		
Mobiliario	10%	20
Lencería	25%	8
Cristalería	50%	4
Útiles y herramientas	25%	8
Moldes, matrices y modelos	33%	6
Otros enseres	15%	14

Tipo de elemento	Coeficiente lineal máximo	Periodo de años máximo
Equipos electrónicos e informáticos. Sistemas y programas		
Equipos electrónicos	20%	10
Equipos para procesos de información	25%	8
Sistemas y programas informáticos.	33%	6
Producciones cinematográficas, fonográficas, videos y series audiovisuales	33%	6
Otros elementos	10%	20

El artículo 4 del Reglamento añade que cuando el contribuyente opte por el método de amortización según tablas de amortización oficialmente aprobadas, la depreciación se entenderá efectiva cuando sea el resultado de aplicar al precio de adquisición o coste de producción del elemento patrimonial del inmovilizado alguno de los siguientes coeficientes:

1. El coeficiente de amortización lineal máximo establecido en las tablas de amortización oficialmente aprobadas.

2. El coeficiente de amortización lineal que se deriva del periodo máximo de amortización establecido en las tablas de amortización oficialmente aprobadas.

3. Cualquier otro coeficiente de amortización lineal comprendido entre los dos anteriormente mencionados.

En el método de amortización, según tablas de amortización oficialmente aprobadas, la vida útil no podrá exceder del periodo máximo de amortización establecido en las mismas.

Cuando un elemento patrimonial se utilice diariamente en más de un turno normal de trabajo, podrá amortizarse en función del coeficiente formado por la suma de:

a) El coeficiente de amortización lineal que se deriva del periodo máximo de amortización.

b) El resultado de multiplicar la diferencia entre el coeficiente de amortización lineal máximo y el coeficiente de amortización lineal que se deriva del periodo máximo de amortización, por el cociente entre las horas diarias habitualmente trabajadas y ocho horas.

Lo dispuesto en este apartado no será de aplicación a aquellos elementos que por su naturaleza técnica deban ser utilizados de forma continuada.

Tratándose de elementos patrimoniales del inmovilizado material e inversiones inmobiliarias que se adquieran usados, es decir, que no sean puestos en condiciones de funcionamiento por primera vez, el cálculo de la amortización se efectuará de acuerdo con los siguientes criterios:

1. Sobre el precio de adquisición, hasta el límite resultante de multiplicar por 2 la cantidad derivada de aplicar el coeficiente de amortización lineal máximo.

2. Si se conoce el precio de adquisición o coste de producción originario, este podrá ser tomado como base para la aplicación del coeficiente de amortización lineal máximo.

3. Si no se conoce el precio de adquisición o coste de producción originario, el sujeto pasivo podrá determinar aquel pericialmente. Establecido dicho precio de adquisición o coste de producción se procederá de acuerdo con lo previsto en la letra anterior.

A los efectos de este apartado no se considerarán como elementos patrimoniales usados los edificios cuya antigüedad sea inferior a diez años.

El **porcentaje constante** se determinará ponderando el coeficiente de amortización lineal obtenido a partir del periodo de amortización según tablas de amortización oficialmente aprobadas, por los siguientes coeficientes:

a) 1.1,5, si el elemento tiene un periodo de amortización inferior a 5 años.

b) 2.2, si el elemento tiene un periodo de amortización igual o superior a 5 años e inferior a 8 años.

c) 3.2,5, si el elemento tiene un periodo de amortización igual o superior a 8 años.

El porcentaje constante no podrá ser inferior al 11%.

El importe pendiente de amortizar en el periodo impositivo en que se produzca la conclusión de la vida útil se amortizará en dicho periodo impositivo.

Los edificios, mobiliario y enseres no podrán acogerse a la amortización mediante porcentaje constante.

Los elementos patrimoniales adquiridos usados podrán amortizarse mediante el método de amortización según porcentaje constante.

La **suma de dígitos** se determinará en función del periodo de amortización establecido en las tablas de amortización oficialmente aprobadas.

Los edificios, mobiliario y enseres no podrán acogerse a la amortización mediante números dígitos.

De acuerdo con lo establecido en el artículo 6 del Reglamento, cuando el sujeto pasivo opte por el método de amortización según números dígitos la depreciación se entenderá efectiva cuando la cuota de amortización se obtenga de la siguiente forma:

1. Se obtendrá la suma de dígitos mediante la adición de los valores numéricos asignados a los años en que se haya de amortizar el elemento patrimonial. A estos efectos, se asignará el valor numérico mayor de la serie de años en que haya de amortizarse el elemento patrimonial al año en que deba comenzar la amortización, y para los años siguientes, valores numéricos sucesivamente decrecientes en una unidad, hasta llegar al último considerado para la amortización, que tendrá un valor numérico igual a la unidad.

   La asignación de valores numéricos también podrá efectuarse de manera inversa a la prevista en el párrafo anterior.

   El periodo de amortización podrá ser cualquiera de los comprendidos entre el periodo máximo y el que se deduce del coeficiente de amortización lineal máximo según tablas de amortización oficialmente aprobadas, ambos inclusive.

2. Se dividirá el precio de adquisición o coste de producción entre la suma de dígitos obtenida según el párrafo anterior, determinándose así la cuota por dígito.

3. Se multiplicará la cuota por dígito por el valor numérico que corresponda al periodo impositivo.

Los elementos patrimoniales adquiridos usados podrán amortizarse mediante el método de amortización según números dígitos.

Según el artículo 7 del Reglamento del Impuesto sobre Sociedades, los contribuyentes podrán proponer a la Administración tributaria **un plan para la amortización de los elementos patrimoniales del inmovilizado material**, intangible o inversiones inmobiliarias.

La solicitud deberá contener los siguientes datos:

1. Descripción de los elementos patrimoniales objeto del plan especial de amortización, indicando la actividad a la que se hallen adscritos y su ubicación.

2. Método de amortización que se propone, indicando la distribución temporal de las amortizaciones que se derivan del mismo.

3. Justificación del método de amortización propuesto.

4. Precio de adquisición o coste de producción de los elementos patrimoniales.

5. Fecha en que deba comenzar la amortización de los elementos patrimoniales.

En el caso de elementos patrimoniales en construcción, se indicará la fecha prevista en que deba comenzar la amortización.

La solicitud se presentará dentro del periodo de construcción de los elementos patrimoniales o de los tres meses siguientes a la fecha en la que deba comenzar su amortización. El sujeto pasivo podrá desistir de la solicitud formulada.

La Administración tributaria podrá recabar del sujeto pasivo cuantos datos, informes, antecedentes y justificantes sean necesarios. El contribuyente podrá, en cualquier momento del procedimiento anterior al trámite de audiencia, presentar las alegaciones y aportar los documentos y justificantes que estime pertinentes.

Instruido el procedimiento, e inmediatamente antes de redactar la propuesta de resolución, se pondrá de manifiesto al sujeto pasivo, quien dispondrá de un plazo de quince días para formular las alegaciones y presentar los documentos y justificaciones que estime pertinentes.

La resolución que ponga fin al procedimiento podrá:

a) Aprobar el plan de amortización formulado por el sujeto pasivo.

b) Aprobar un plan alternativo de amortización formulado por el sujeto pasivo en el curso del procedimiento.

c) Desestimar el plan de amortización formulado por el sujeto pasivo. La resolución será motivada.

La **Disposición transitoria decimotercera de LIS** establece la aplicación de la tabla de amortización prevista en la Ley en elementos patrimoniales adquiridos con anterioridad.

Así dispone que los elementos patrimoniales para los que, en periodos impositivos iniciados con anterioridad a 1 de enero de 2015, se estuvieran aplicando un coeficiente de amortización distinto al que les correspondiese por aplicación de la tabla de amortización prevista en el artículo 12.1 de la LIS, se amortizarán durante los periodos impositivos que resten hasta completar su nueva vida útil, de acuerdo con la referida tabla, sobre el valor neto fiscal del bien existente al inicio del primer periodo impositivo que comience a partir de 1 de enero de 2015.

Asimismo, aquellos contribuyentes que estuvieran aplicando un método de amortización distinto al resultante de aplicar los coeficientes de amortización lineal en periodos impositivos iniciados con anterioridad a 1 de enero de 2015 y, en aplicación de la tabla de amortización prevista en esta Ley les correspondiere un plazo de amortización distinto, podrán optar por aplicar el método de amortización lineal en el periodo que reste hasta finalizar su nueva vida útil, sobre el valor neto fiscal existente al inicio del primer periodo impositivo que comience a partir de 1 de enero de 2015.

 Las adquisiciones de activos nuevos realizadas entre el 1 de enero de 2003 y el 31 de diciembre de 2004 aplicarán los coeficientes de amortización lineal máximos previstos en la LIS, multiplicados por 1,1.

Los cambios en los coeficientes de amortización aplicados por los contribuyentes, que se puedan originar a raíz de la entrada en vigor de la presente Ley, se contabilizarán como un cambio de estimación contable.

Los contribuyentes que hubieran realizado inversiones hasta la entrada en vigor del Real Decreto-ley 12/2012, de 30 de marzo, a las que haya resultado de aplicación la Disposición adicional undécima del Texto Refundido de la Ley del Impuesto sobre Sociedades, según redacción dada por el Real Decreto-ley 6/2010, de 9 de abril, de medidas para el impulso de la recuperación económica y el empleo, y por el Real Decreto-ley 13/2010, de 3 de diciembre, de actuaciones en el ámbito fiscal, laboral y liberalizadoras para fomentar la inversión y la creación de empleo, y tengan cantidades pendientes de aplicar, correspondientes a la libertad de amortización, podrán aplicar dichas cantidades en las condiciones allí establecidas.

14.4.2. Amortización del inmovilizado intangible

El artículo 12.2 de la LIS establece que, el inmovilizado intangible se amortizará atendiendo a su vida útil. Cuando la misma no pueda estimarse de manera fiable, la amortización será deducible con el límite anual máximo de la veinteava parte de su importe. La amortización del fondo de comercio será deducible con el límite anual máximo de la veinteava parte de su importe.

El artículo 3.3 del Reglamento preceptúa que los elementos patrimoniales del inmovilizado material e inversiones inmobiliarias comenzarán a amortizarse desde el momento en que estén en condiciones de producir ingresos.

Para los periodos impositivos que se inicien a partir del 1 de enero de 2016,se aplicará también la disposición transitoria trigésimo quinta de la LIS.

14.5. Supuestos de amortización libre y acelerada

14.5.1. Supuestos de amortización libre aplicables a todas las empresas

El artículo 12.3 LIS que, no obstante los métodos vistos anteriormente, podrán amortizarse libremente:

a) Los elementos del inmovilizado material, intangible e inversiones inmobiliarias de las sociedades anónimas laborales y de las sociedades limitadas laborales afectos a la realización de sus actividades, adquiridos durante los cinco primeros años a partir de la fecha de su calificación como tales.

b) Los elementos del inmovilizado material e intangible, excluidos los edificios, afectos a las actividades de investigación y desarrollo.

   Los edificios podrán amortizarse de forma lineal durante un periodo de 10 años, en la parte que se hallen afectos a las actividades de investigación y desarrollo.

c) Los gastos de investigación y desarrollo activados como inmovilizado intangible, excluidas las amortizaciones de los elementos que disfruten de libertad de amortización.

d) Los elementos del inmovilizado material o intangible de las entidades que tengan la calificación de explotaciones asociativas prioritarias de acuerdo con lo dispuesto en la Ley 19/1995, de 4 de julio, de modernización de las explotaciones agrarias, adquiridos durante los cinco primeros años a partir de la fecha de su reconocimiento como explotación prioritaria.

e) Los elementos del inmovilizado material nuevos, cuyo valor unitario no exceda de 300 euros, hasta el límite de 25.000 euros referido al periodo impositivo. Si el periodo impositivo tuviera una duración inferior a un año, el límite señalado será el resultado de multiplicar 25.000 euros por la proporción existente entre la duración del periodo impositivo respecto del año.

Las cantidades aplicadas a la libertad de amortización minorarán, a efectos fiscales, el valor de los elementos amortizados.

14.5.2. Supuestos de amortización libre aplicables a las empresas de reducida dimensión

El artículo 102 de la LIS regula la amortización libre en empresas de reducida dimensión estableciendo que, los elementos nuevos del inmovilizado material y de las inversiones inmobiliarias, afectos a actividades económicas, puestos a disposición del contribuyente en el periodo impositivo en el que se cumplan las condiciones para su consideración como empresa de reducida dimensión, podrán ser amortizados libremente siempre que, durante los 24 meses siguientes a la fecha del inicio del periodo impositivo en que los bienes adquiridos entren en funcionamiento, la plantilla media total de la empresa se incremente respecto de la plantilla media de los 12 meses anteriores, y dicho incremento se mantenga durante un periodo adicional de otros 24 meses.

La cuantía de la inversión que podrá beneficiarse del régimen de libertad de amortización será la que resulte de multiplicar la cifra de 120.000 euros por el referido incremento calculado con dos decimales.

Para el cálculo de la plantilla media total de la empresa y de su incremento se tomarán las personas empleadas, en los términos que disponga la legislación laboral, teniendo en cuenta la jornada contratada en relación a la jornada completa.

La libertad de amortización será aplicable desde la entrada en funcionamiento de los elementos que puedan acogerse a ella.

Este régimen también será de aplicación:

⇨ A los elementos encargados en virtud de un contrato de ejecución de obra suscrito en el periodo impositivo, siempre que su puesta a disposición sea dentro de los 12 meses siguientes a su conclusión.

⇨ A los elementos del inmovilizado material y de las inversiones inmobiliarias construidos por la propia empresa.

⇨ A los elementos nuevos del inmovilizado material y de las inversiones inmobiliarias objeto de un contrato de arrendamiento financiero, a condición de que se ejercite la opción de compra.

En el supuesto de que se incumpliese la obligación de incrementar o mantener la plantilla se deberá proceder a ingresar la cuota íntegra que hubiere correspondido a la cantidad deducida en exceso más los intereses de demora correspondientes. El ingreso de la cuota íntegra y de los intereses de demora se realizará conjuntamente con la autoliquidación correspondiente al periodo impositivo en el que se haya incumplido una u otra obligación.

14.6. Amortización de los elementos objeto de operaciones de arrendamiento financiero

14.6.1. Régimen fiscal de los contratos de arrendamiento financiero

Se refiere al tratamiento contable del arrendamiento financiero la norma de registro y valoración 8.ª del PGC. De acuerdo con esta norma, cuando de las condiciones económicas del acuerdo de arrendamiento «se deduzca que se transfieren sustancialmente todos los riesgos y beneficios inherentes a la propiedad del activo objeto del contrato, dicho acuerdo deberá calificarse como arrendamiento financiero» (y no como arrendamiento operativo).

En este caso, en el momento inicial el arrendatario registrará el bien como un **activo** de acuerdo con su naturaleza (bien como inmovilizado material, bien como inmovilizado intangible) y un **pasivo financiero** por el mismo importe. Cada año se computará como gasto la carga financiera (calculada aplicando el método del tipo de interés efectivo), y se aplicarán al activo los criterios de amortización, deterioro y baja que le correspondan según su naturaleza.

En relación con las **microempresas**, debe tenerse en cuenta que el artículo 4.3 del Real Decreto 1515/2007, de 16 de noviembre, por el que se aprueba el Plan General de Contabilidad de Pequeñas y Medianas Empresas y los criterios contables específicos para microempresas, establece que *«Los arrendatarios de los acuerdos de arrendamiento financiero u otros de naturaleza similar que no tengan por objeto terrenos, solares u otros activos no amortizables, contabilizarán las cuotas devengadas en el ejercicio como gasto en la cuenta de pérdidas y ganancias»* y que, en su caso, *«en el momento de ejercer la opción de compra, se registrará el activo por el precio de adquisición de dicha opción».*

El artículo 106 de LIS establece el régimen aplicable a los contratos de arrendamiento financiero en los que el arrendador sea una entidad de crédito o un establecimiento financiero de crédito. En el precepto se establecen los siguientes requisitos para los contratos:

1. Tendrán una duración mínima de 2 años cuando tengan por objeto bienes muebles y de 10 años cuando tengan por objeto bienes inmuebles o establecimientos industriales. No obstante, reglamentariamente, para evitar prácticas abusivas, se podrán establecer otros plazos mínimos de duración en función de las características de los distintos bienes que puedan constituir su objeto.

2. Las cuotas de arrendamiento financiero deberán aparecer expresadas en los respectivos contratos diferenciando la parte que corresponda a la recuperación del coste del bien por la entidad arrendadora, excluido el valor de la opción de compra y la carga financiera exigida por ella, todo ello sin perjuicio de la aplicación del gravamen indirecto que corresponda.

3. El importe anual de la parte de las cuotas de arrendamiento financiero correspondiente a la recuperación del coste del bien deberá permanecer igual o tener carácter creciente a lo largo del periodo contractual.

El **tratamiento fiscal de los citados contratos establece** que:

⇨   Tendrá, en todo caso, la consideración de gasto fiscalmente deducible la carga financiera satisfecha a la entidad arrendadora.

⇨   La misma consideración tendrá la parte de las cuotas de arrendamiento financiero satisfechas correspondiente a la recuperación del coste del bien, salvo en el caso de que el contrato tenga por objeto terrenos, solares y otros activos no amortizables. En el caso de que tal condición concurra solo en una parte del bien objeto de la operación, podrá deducirse únicamente la proporción que corresponda a los elementos susceptibles de amortización, que deberá ser expresada diferenciadamente en el respectivo contrato.

⇨ El importe de la cantidad deducible de acuerdo con lo dispuesto en el párrafo anterior no podrá ser superior al resultado de aplicar al coste del bien el duplo del coeficiente de amortización lineal según tablas de amortización oficialmente aprobadas que corresponda al citado bien. El exceso será deducible en los periodos impositivos sucesivos, respetando igual límite. Para el cálculo del citado límite se tendrá en cuenta el momento de la puesta en condiciones de funcionamiento del bien. Tratándose de empresas de reducida dimensión, se tomará el duplo del coeficiente de amortización lineal según tablas de amortización oficialmente aprobadas multiplicado por 1,5.

 La deducción de las cantidades anteriores no estará condicionada a su imputación contable en la cuenta de pérdidas y ganancias.

En los supuestos de pérdida o inutilización definitiva del bien por causa no imputable al contribuyente y debidamente justificada, no se integrará en la base imponible del arrendatario la diferencia positiva entre la cantidad deducida en concepto de recuperación del coste del bien y su amortización contable.

14.6.2. Régimen fiscal del *lease-back*

El apartado 3 de la norma de registro y valoración 8.ª del PGC se refiere a las **operaciones de *lease-back***.

Se aplica ese apartado «*Cuando por las condiciones económicas de una enajenación, conectada al posterior arrendamiento de los activos enajenados, se desprenda que se trata de un método de financiación*».

 La sociedad X transmite a Z una máquina. Acto seguido, la sociedad Z arrienda la máquina a X a través de un contrato de arrendamiento financiero. De este modo X ha conseguido financiación ajena, que devolverá a través del pago de las cuotas del arrendamiento financiero, y Z cuenta con la garantía que se deriva de su condición de propietario de la máquina arrendada.

En este caso, el arrendatario debe proceder de la siguiente forma, **de acuerdo con el PGC**:

1. No variará la calificación del activo, ni reconocerá beneficios ni pérdidas derivadas de la enajenación.

2. Registrará el importe recibido con abono a una partida que ponga de manifiesto el correspondiente pasivo financiero.

3. La carga financiera total se distribuirá a lo largo del plazo del arrendamiento y se imputará a la cuenta de pérdidas y ganancias del ejercicio en que se devengue, aplicando el método del tipo de interés efectivo. Las cuotas de carácter contingente serán gastos del ejercicio en que se incurra en ellas.

15. Provisiones

15.1. Ideas previas

Tradicionalmente, las "provisiones para riesgos y gastos" (también conocidas como "provisiones de pasivo") era la expresión contable de obligaciones estimadas de la entidad como consecuencia de gastos o pérdidas que, en la fecha de cierre del ejercicio, fueran probables o ciertas, pero indeterminadas en cuanto a su cuantía o en cuanto a la fecha en que se podían originar.

De este modo, procedía dotar esas provisiones en presencia de gastos ciertos pero indeterminados en cuanto a su importe exacto, de gastos probables de cuantía determinada o indeterminada, y de gastos previsibles o indeterminados en cuanto a la fecha en que se producirían.

1. En el vigente PGC, de acuerdo con lo previsto en la norma de registro y valoración 15.ª, toda provisión debe responder a una **obligación actual derivada de un suceso pasado,** cuya cancelación sea probable que origine una salida de recursos y cuyo importe pueda medirse con fiabilidad.

2. De este modo, no procede dotar una provisión, a diferencia de lo que sucedía tradicionalmente, en presencia de riesgos meramente probables. Dicho de otro modo, en el nuevo PGC la indeterminación que lleva a dotar una provisión no se refiere a la existencia de la obligación, sino **al importe de esta o a la fecha en que se cancelará**.

3. Si la **indeterminación afecta a la propia existencia de la obligación, estaremos ante una "contigencia" relacionada con obligaciones** no provisionables que deberá ser objeto de información en la memoria.

4. **La dotación a la provisión constituye un gasto del ejercicio**. Como señala la norma de registro y valoración citada, las provisiones deben valorarse en la fecha de cierre del ejercicio por el *«valor actual de la mejor estimación posible del importe necesario para cancelar o transferir a un tercero la obligación»*.

Establece el artículo 13 LIS que serán deducibles las o de los créditos derivadas de las posibles insolvencias de los deudores, cuando en el momento del devengo del Impuesto concurra alguna de las siguientes circunstancias:

a) Que haya transcurrido el plazo de 6 meses desde el vencimiento de la obligación.

b) Que el deudor esté declarado en situación de concurso.

c) Que el deudor esté procesado por el delito de alzamiento de bienes.

d) Que las obligaciones hayan sido reclamadas judicialmente o sean objeto de un litigio judicial o procedimiento arbitral de cuya solución dependa su cobro.

No serán deducibles las siguientes pérdidas por deterioro de créditos:

1. Las correspondientes a créditos adeudados por entidades de derecho público, excepto que sean objeto de un procedimiento arbitral o judicial que verse sobre su existencia o cuantía.

2. Las correspondientes a créditos adeudados por personas o entidades vinculadas, salvo que estén en situación de concurso y se haya producido la apertura de la fase de liquidación por el juez, en los términos establecidos en la Ley 22/2003, de 9 de julio, Concursal.

3. Las correspondientes a estimaciones globales del riesgo de insolvencias de clientes y deudores.

El art. 13.2 de la LIS establece que **no serán deducibles**:

a) Las pérdidas por deterioro del inmovilizado material, inversiones inmobiliarias e inmovilizado intangible, incluido el fondo de comercio.

b) Las pérdidas por deterioro de los valores representativos de la participación en el capital o en los fondos propios de entidades respecto de la que se den las siguientes circunstancias:

1. En el período impositivo en que se registre el deterioro, no se cumpla el requisito establecido en la letra a) del apartado 1 del artículo 21 de esta Ley.

2. En caso de participación en el capital o en los fondos propios de entidades no residentes en territorio español, en dicho período impositivo se cumpla el requisito establecido en la letra b) del apartado 1 del citado artículo.

c) Las pérdidas por deterioro de los valores representativos de deuda.

Las pérdidas por deterioro son la expresión contable de una reducción del valor de un activo; en cambio, las provisiones responden a la existencia de un pasivo indeterminado en cuanto a su importe o en cuanto a la fecha en que deberá cancelarse.

Debe hacerse hincapié también en la relevancia de la indeterminación que afecta al importe de la obligación o a la fecha en que esta debe cumplirse. De no existir esta indeterminación (esto es, en el caso de que el importe y fecha de cumplimiento de la obligación estén determinados), no procedería dotar una provisión, sino computar el gasto o pérdida correspondiente.

La obligación de satisfacer una indemnización por daños causados a terceros cuya cuantía esté pendiente de ser fijada por los tribunales de justicia deberá contabilizarse como provisión si concurren las circunstancias señaladas. Si, por el contrario, no se discute la cuantía de esa obligación, no procede dotar una provisión, sino contabilizar el importe de la pérdida ya determinado.

El artículo 14 LIS se refiere al tratamiento fiscal de las provisiones.

Con efectos para los periodos impositivos iniciados a partir de 1 de enero de 2024 y que no hayan concluido el 22 de diciembre de 2024, se modifica la disposición transitoria decimosexta de la Ley 27/2014, de 27 de noviembre, del Impuesto sobre Sociedades, por el apartado Siete de la disposición final octava de la Ley 7/2024, incorporando un apartado 3 que establece:

⇨ La reversión de las pérdidas por deterioro de los valores representativos de la participación en el capital o en los fondos propios de entidades que hayan resultado fiscalmente deducibles en la base imponible del Impuesto sobre Sociedades en períodos impositivos iniciados con anterioridad a 1 de enero de 2013, se integrará, como mínimo, por partes iguales en la base imponible correspondiente a cada uno de los tres primeros períodos impositivos que se inicien a partir de 1 de enero de 2024.

⇨ Si se hubiese producido la reversión de un importe superior por aplicación de lo dispuesto en los apartados 1 o 2 de disposición transitoria decimosexta de la Ley 27/2014, el saldo que reste se integrará, como mínimo, por partes iguales entre los restantes períodos impositivos.

⇨ No serán de aplicación los límites establecidos en el apartado 1 de la disposición adicional decimoquinta de la Ley 27/2014 del Impuesto sobre Sociedades, en el importe de la renta correspondiente a la reversión de las pérdidas por deterioro integradas en la base imponible de los referidos períodos impositivos, siempre que las bases imponibles negativas objeto de compensación tuvieran su origen en períodos impositivos iniciados con anterioridad a 1 de enero de 2021.

⇨ En caso de transmisión de los valores representativos de la participación en el capital o en los fondos propios de entidades durante los referidos períodos impositivos, se integrarán en la base imponible del período impositivo en que aquella se produzca las cantidades pendientes de revertir, con el límite de la renta positiva derivada de esa transmisión.

15.2. Gastos relativos a provisiones no deducibles

De acuerdo con el **artículo 14.1 LIS**, no son deducibles los siguientes gastos asociados a provisiones:

a) Los gastos derivados de obligaciones implícitas o tácitas

Señala el PGC que las provisiones *«pueden venir determinadas por una disposición legal, contractual o por una obligación implícita o tácita»* y que, en este último caso, *«su nacimiento se sitúa en la expectativa válida creada por la empresa frente a terceros, de asunción de una obligación por parte de aquella»*.

 Como señala Ignacio PÉREZ ROYO, un ejemplo ilustrativo de este tipo de obligaciones es el compromiso de puntualidad del AVE. El nacimiento de la obligación de devolver el precio del billete cuando el AVE llegue a su destino con un retraso superior a diez minutos no trae causa de una disposición legal o contractual, sino de la expectativa creada por la empresa a través, por ejemplo, de sus campañas de publicidad.

b) Los gastos por provisiones y fondos internos

Los gastos por provisiones y fondos internos para la cobertura de contingencias idénticas o análogas a las que son objeto del Texto Refundido de la Ley de Regulación de los Planes y Fondos de Pensiones, aprobado por el Real Decreto Legislativo 1/2002, de 29 de noviembre.

Estos gastos serán fiscalmente deducibles en el periodo impositivo en que se abonen las prestaciones.

135

No serán deducibles los gastos relativos a retribuciones a largo plazo al personal mediante sistemas de aportación definida o prestación definida. No obstante, serán deducibles las contribuciones de los promotores de planes de pensiones regulados en el Texto Refundido de la Ley de Regulación de los Planes y Fondos de Pensiones, así como las realizadas a planes de previsión social empresarial. Dichas contribuciones se imputarán a cada partícipe o asegurado, en la parte correspondiente, salvo las realizadas a planes de pensiones de manera extraordinaria por aplicación del artículo 5.3.c) del citado Texto Refundido de la Ley de Regulación de los Planes y Fondos de Pensiones.

Asimismo, serán deducibles las contribuciones efectuadas por las empresas promotoras previstas en la Directiva 2003/41/CE del Parlamento Europeo y del Consejo, de 3 de junio de 2003, relativa a las actividades y la supervisión de fondos de pensiones de empleo, siempre que se cumplan los requisitos anteriores, y las contingencias cubiertas sean las previstas en el artículo 8.6 del Texto Refundido de la Ley de Regulación de los Planes y Fondos de Pensiones.

c) Los gastos concernientes a los costes de cumplimiento de contratos que excedan a los beneficios económicos que se esperan recibir de los mismos

De acuerdo con la definición de la cuenta 4994 del PGC, la provisión por contratos onerosos surge «cuando los costes que conlleva el cumplimiento de un contrato exceden a los beneficios económicos que se esperan recibir del mismo» (por ejemplo, por un repentino incremento del coste de las materias primas empleadas para fabricar unos bienes que deberán ser entregados en cumplimiento de contratos ya celebrados).

d) Los gastos derivados de reestructuraciones, excepto si se refieren a obligaciones legales o contractuales y no meramente tácitas

De acuerdo con la definición de la cuenta 146 del PGC, la provisión para reestructuraciones es el «Importe estimado de los costes que surjan directamente de una reestructuración, siempre y cuando se cumplan las dos condiciones siguientes:

• Estén necesariamente impuestos por la reestructuración.

• No estén asociados con las actividades que continúan en la empresa».

A estos efectos, se entiende por reestructuración «un programa de actuación planificado y controlado por la empresa, que produzca un cambio significativo en:

• El alcance de la actividad llevado a cabo por la empresa.

• La manera de llevar la gestión de su actividad».

 La Dirección General de Tributos, en consulta V0225-09 (9/2/2009), aplica esta letra d) del artículo 13.1 del RDLeg 4/2004 (letra c) del actual artículo 14 LIS) para rechazar la deducción fiscal de la dotación contable de una provisión para cubrir el riesgo derivado de la posible indemnización en caso de despido de los trabajadores vinculados con un determinado contrato de servicios a un cliente. Según ese órgano directivo, *«Teniendo en cuenta que en el supuesto concreto planteado, la provisión no responde a una obligación actual, legal o contractual, sino que tiene por finalidad cubrir el posible riesgo derivado de una posible indemnización futura en caso de despido del trabajador, la provisión no será gasto fiscalmente deducible en el periodo impositivo en que se hubiere dotado, puesto que, en el momento en que la consultante pretende llevar a cabo dicha dotación, no existe la obligación cierta de indemnizar a los trabajadores sino una simple expectativa de acuerdo con lo establecido en el citado artículo 13.1 d) del LIS».*

e)   Los gastos relativos al **riesgo de devoluciones de ventas**.

f)   Los gastos de personal que se correspondan con pagos basados en instrumentos de patrimonio utilizados como fórmula de retribución a los empleados y se satisfagan en efectivo.

g)   Los gastos de personal que se correspondan con pagos basados en instrumentos de patrimonio, utilizados como fórmula de retribución a los empleados, y se satisfagan mediante la entrega de los mismos, serán fiscalmente deducibles cuando se produzca esta entrega.

15.3. Gastos correspondientes a actuaciones medioambientales

 De acuerdo con el artículo 14.4 LIS, los gastos correspondientes a actuaciones medioambientales serán deducibles *«cuando se correspondan a un plan formulado por el sujeto pasivo y aceptado por la Administración tributaria».*

El procedimiento relativo a los planes que se formulen está regulado por los artículos 10, 11 y 13 RIS.

Los gastos que, de conformidad con lo previsto en el citado artículo 13.2 LIS, no hubieran resultado fiscalmente deducibles, se integrarán en la base imponible del periodo impositivo en el que se aplique la provisión o se destine el gasto a su finalidad.

15.4. Gastos relativos a provisiones realizadas por entidades aseguradoras, sociedades de garantía recíproca y sociedades de refinanciamiento

Los gastos relativos a las provisiones técnicas realizadas por las entidades aseguradoras, serán deducibles hasta el importe de las cuantías mínimas establecidas por las normas aplicables. Con ese mismo límite, el importe de la dotación en el ejercicio a la reserva de estabilización será deducible en la determinación de la base imponible, aun cuando no se haya integrado en la cuenta de pérdidas y ganancias. Cualquier aplicación de dicha reserva se integrará en la base imponible del período impositivo en el que se produzca.

Las correcciones por deterioro de primas o cuotas pendientes de cobro serán incompatibles, para los mismos saldos, con la dotación para la cobertura de posibles insolvencias de deudores.

El **artículo 14.8 LIS** se refiere a la deducción fiscal de ciertos gastos en que incurren las sociedades de garantía recíproca:

⇨ Serán deducibles los gastos relativos al fondo de provisiones técnicas efectuados por las sociedades de garantía recíproca, con cargo a su cuenta de pérdidas y ganancias, hasta que el mencionado fondo alcance la cuantía mínima obligatoria a que se refiere el artículo 9 de la Ley 1/1994, de 11 de marzo, sobre Régimen Jurídico de las Sociedades de Garantía Recíproca. Las dotaciones que excedan las cuantías obligatorias serán deducibles en un 75%.

⇨ No se integrarán en la base imponible las subvenciones otorgadas por las Administraciones públicas a las sociedades de garantía recíproca ni las rentas que se deriven de dichas subvenciones, siempre que unas y otras se destinen al fondo de provisiones técnicas. Lo previsto en este apartado también se aplicará a las sociedades de reafianzamiento en cuanto a las actividades que de acuerdo con lo previsto en el artículo 11 de la Ley sobre Régimen Jurídico de las Sociedades de Garantía Recíproca, han de integrar necesariamente su objeto social.

15.5. Gastos inherentes a los riesgos derivados de garantías de reparación y revisión

El **artículo 14.9 LIS** establece que:

⇨ Los gastos inherentes a los riesgos derivados de garantías de reparación y revisión, serán deducibles hasta el importe necesario para determinar un saldo de la provisión no superior al resultado de aplicar a las ventas con garantías vivas a la conclusión del periodo impositivo el porcentaje determinado por la proporción en que se hubieran hallado los gastos realizados para hacer frente a las garantías habidas en el periodo impositivo y en los dos anteriores en relación a las ventas con garantías realizadas en dichos periodos impositivos.

⇨ Lo dispuesto en el párrafo anterior también se aplicará a las dotaciones para la cobertura de gastos accesorios por devoluciones de ventas.

⇨ Las entidades de nueva creación también podrán deducir las dotaciones a que hace referencia el párrafo primero, mediante la fijación del porcentaje referido en este respecto de los gastos y ventas realizados en los periodos impositivos que hubieren transcurrido.

15.6. Eliminación de provisiones

Por lo general, el exceso de provisiones se reconoce contablemente como ingreso en la cuenta de pérdidas y ganancias a través de la cuenta 795.

Esto es, la diferencia positiva entre el importe de la provisión existente y el que corresponda al cierre del ejercicio o en el momento de atender la correspondiente obligación.

16. Gastos deducibles

Según el **artículo 14 LIS**, serán **deducibles en el periodo en que se abonen las prestaciones en relación a las provisiones y fondos internos para la cobertura de contingencias idénticas o análogas** a las que son objeto del Texto Refundido de la Ley de Regulación de los Planes y Fondos de Pensiones, aprobado por el Real Decreto Legislativo 1/2002, de 29 de noviembre.

Asimismo, serán deducibles las **contribuciones de los promotores de planes de pensiones** regulados en el Texto Refundido de la Ley de Regulación de los Planes y Fondos de Pensiones, así como las realizadas a planes de previsión social empresarial. Dichas contribuciones se imputarán a cada partícipe o asegurado, en la parte correspondiente, salvo las realizadas a planes de pensiones de manera extraordinaria por aplicación del artículo 5.3.c) del citado Texto Refundido de la Ley de Regulación de los Planes y Fondos de Pensiones.

Serán igualmente deducibles las **contribuciones para la cobertura de contingencias análogas a las de los planes de pensiones**, siempre que se cumplan los siguientes requisitos:

1. Que sean imputadas fiscalmente a las personas a quienes se vinculen las prestaciones.

2. Que se transmita de forma irrevocable el derecho a la percepción de las prestaciones futuras.

3. Que se transmita la titularidad y la gestión de los recursos en que consistan dichas contribuciones.

Además serán deducibles las **contribuciones efectuadas por las empresas promotoras previstas en la Directiva 2003/41/CE del Parlamento Europeo y del Consejo**, de 3 de junio de 2003, relativa a las actividades y la supervisión de fondos de pensiones de empleo, siempre que se cumplan los requisitos anteriores, y las contingencias cubiertas sean las previstas en el artículo 8.6 del Texto Refundido de la Ley de Regulación de los Planes y Fondos de Pensiones.

Los gastos correspondientes a **actuaciones medioambientales** serán deducibles cuando se correspondan a un plan formulado por el contribuyente y aceptado por la Administración tributaria. Reglamentariamente se establecerá el procedimiento para la resolución de los planes que se formulen.

Los **gastos de personal** que se correspondan con pagos basados en instrumentos de patrimonio, utilizados como fórmula de retribución a los empleados, y se satisfagan mediante la entrega de los mismos, serán fiscalmente deducibles cuando se produzca esta entrega.

Los **gastos relativos a las provisiones técnicas** realizadas por las entidades aseguradoras, serán deducibles hasta el importe de las cuantías mínimas establecidas por las normas aplicables. Con ese mismo límite, el importe de la dotación en el ejercicio a la reserva de estabilización será deducible en la determinación de la base imponible, aun cuando no se haya integrado en la cuenta de pérdidas y ganancias. Cualquier aplicación de dicha reserva se integrará en la base imponible del periodo impositivo en el que se produzca.

Las **correcciones por deterioro de primas o cuotas pendientes de cobro** serán incompatibles, para los mismos saldos, con la dotación para la cobertura de posibles insolvencias de deudores.

Serán deducibles los **gastos relativos al fondo de provisiones técnicas efectuados por las sociedades de garantía recíproca**, con cargo a su cuenta de pérdidas y ganancias, hasta que el mencionado fondo alcance la cuantía mínima obligatoria a que se refiere el artículo 9 de la Ley 1/1994, de 11 de marzo, sobre Régimen Jurídico de las Sociedades de Garantía Recíproca. Las dotaciones que excedan las cuantías obligatorias serán deducibles en un 75%.

No se integrarán en la base imponible las subvenciones otorgadas por las Administraciones públicas a las sociedades de garantía recíproca ni las rentas que se deriven de dichas subvenciones, siempre que unas y otras se destinen al fondo de provisiones técnicas. Lo previsto en este apartado también se aplicará a las sociedades de reafianzamiento en cuanto a las actividades que de acuerdo con lo previsto en el artículo 11 de la Ley sobre Régimen Jurídico de las Sociedades de Garantía Recíproca, han de integrar necesariamente su objeto social.

Los **gastos inherentes a los riesgos derivados de garantías de reparación y revisión,** serán deducibles hasta el importe necesario para determinar un saldo de la provisión no superior al resultado de aplicar a las ventas con garantías vivas a la conclusión del periodo impositivo el porcentaje determinado por la proporción en que se hubieran hallado los gastos realizados para hacer frente a las garantías habidas en el periodo impositivo y en los dos anteriores en relación a las ventas con garantías realizadas en dichos periodos impositivos.

Lo dispuesto en el párrafo anterior también se aplicará a las dotaciones para la cobertura de gastos accesorios por devoluciones de ventas.

Las entidades de nueva creación también podrán deducir las dotaciones a que hace referencia el párrafo primero, mediante la fijación del porcentaje referido en este respecto de los gastos y ventas realizados en los periodos impositivos que hubieren transcurrido.

17. Gastos no deducibles

17.1. Introducción

Con carácter general, los gastos solo serán deducibles fiscalmente cuando reúnan las condiciones siguientes:

⇨ **Contabilidad**

Por regla general, solo se admite la deducción fiscal del gasto cuando se haya contabilizado.

De acuerdo con el artículo 11.3 LIS *«No serán fiscalmente deducibles los gastos que no se hayan imputado contablemente en la cuenta de pérdidas y ganancias o en una cuenta de reservas si así lo establece una norma legal o reglamentaria».*

Entre las contadas excepciones que existen a la necesidad de cumplir este requisito cabe destacar los supuestos de libertad de amortización y de amortización acelerada.

⇨ **Correcta imputación temporal**

El artículo 11 LIS regula la imputación temporal de los ingresos y gastos a efectos fiscales, estableciendo una regla general y una serie de reglas especiales.

De acuerdo con el artículo 11.1 LIS se aplica, con carácter general, el principio del devengo para la imputación a efectos fiscales de los ingresos y gastos. De acuerdo con este principio, los ingresos y gastos se imputarán al período impositivo en el que se produzca la corriente real de bienes y servicios que esos ingresos y gastos representan.

No se sigue, por lo tanto, el criterio de caja (que atiende, por el contrario, al momento en que se produce la corriente monetaria o financiera). El artículo 11.1 LIS añade que esto debe ser con independencia de la fecha de su pago o de su cobro, respetando la debida correlación entre unos y otros.

En el sentido anterior el primer párrafo del artículo 11.3 LIS, indica que no serán fiscalmente deducibles los gastos que no se hayan imputado contablemente en la cuenta de pérdidas y ganancias (o en una cuenta de reservas si así lo establece una norma legal o reglamentaria). Esta regla conoce algunas excepciones. Se trata de aquellos casos en que la norma fiscal admite expresamente la eficacia fiscal de un gasto no registrado contablemente. El primer párrafo del artículo 11.3 cita como excepción los casos de libre amortización, pero podrían añadirse otros (como, por ejemplo, los casos de amortización acelerada).

El segundo párrafo del artículo 11.3 LIS se refiere a la trascendencia fiscal de los errores que llevan a contabilizar ingresos y gastos en un período impositivo distinto de aquel en que procede hacerlo por aplicación del criterio que utilice a efectos contables la entidad (criterio del devengo o criterio que excepcionalmente aplique para conseguir la imagen fiel). De ese segundo párrafo del artículo 11.3 LIS se deducen las siguientes reglas.

Los ingresos contabilizados en un período impositivo posterior a aquel en que proceda su imputación temporal y los gastos contabilizados en un período impositivo anterior se imputarán a efectos fiscales al período impositivo que corresponda de acuerdo con lo previsto en los dos primeros apartados del artículo 11 LIS.

En caso de gastos imputados contablemente en un período impositivo posterior a aquel en el que proceda su imputación temporal o de ingresos imputados en un período impositivo anterior, "la imputación temporal de unos y otros se efectuará en el período impositivo en el que se haya realizado la imputación contable, siempre que de ello no se derive una tributación inferior a la que hubiere correspondido por aplicación de las normas de imputación temporal prevista en los apartados anteriores".

Interesa hacer referencia al cambio interpretativo realizado por la Agencia Tributaria respecto el artículo 11 de la LIS, debido a la Sentencia T.S. , de 22 de marzo de 2024, STS nº 518/2024.

De acuerdo con el artículo 11 de la LIS procede deducir un gasto contabilizado de forma incorrecta en un ejercicio posterior al de su devengo, con arreglo a la normativa contable, siempre que la imputación del gasto en el ejercicio posterior no comporte una menor tributación respecto de la que hubiera correspondido por aplicación de la normativa general de imputación temporal pese a que el ejercicio en el que se devengó el referido gasto se encontrase prescrito.

El artículo 11 de la LIS no establece como requisito adicional que el ejercicio en el que debe imputarse el gasto, conforme a la regla general del devengo, no se encuentre prescrito. Dado que el establecimiento, modificación, supresión y prórroga de las deducciones se regularán en todo caso por ley (principio de reserva tributaria, artículo 8.d) LGT) impide adicionar requisitos no previstos en la norma reguladora, en este caso, de la deducción.

Por tanto, cabe la deducción de un gasto imputado contablemente en un período impositivo posterior al de su devengo siempre que de ello no se derive una tributación inferior pese a que el ejercicio en el que se devengó el referido gasto se encontrase prescrito.

⇨ **Justificación**

El artículo 120 LIS obliga a los sujetos pasivos del impuesto a «*llevar su contabilidad de acuerdo con lo previsto en el Código de Comercio o con lo establecido en las normas por las que se rigen*». En términos más generales, las letras d) a f) del artículo 29.2 de la Ley General Tributaria imponen a los obligados tributarios los siguientes deberes:

«*La obligación de llevar y conservar libros de contabilidad y registros, así como los programas, ficheros y archivos informáticos que les sirvan de soporte y los sistemas de codificación utilizados que permitan la interpretación de los datos cuando la obligación se cumpla con utilización de sistemas informáticos. Se deberá facilitar la conversión de dichos datos a formato legible cuando la lectura o interpretación de los mismos no fuera posible por estar encriptados o codificados.*

En todo caso, los obligados tributarios que deban presentar autoliquidaciones o declaraciones por medios telemáticos deberán conservar copia de los programas, ficheros y archivos generados que contengan los datos originarios de los que deriven los estados contables y las autoliquidaciones o declaraciones presentadas.

La obligación de expedir y entregar facturas o documentos sustitutivos y conservar las facturas, documentos y justificantes que tengan relación con sus obligaciones tributarias.

La obligación de aportar a la Administración tributaria libros, registros, documentos o información que el obligado tributario deba conservar en relación con el cumplimiento de las obligaciones tributarias propias o de terceros, así como cualquier dato, informe, antecedente y justificante con trascendencia tributaria, a requerimiento de la Administración o en declaraciones periódicas. Cuando la información exigida se conserve en soporte informático deberá suministrarse en dicho soporte cuando así fuese requerido».

La misma Ley General Tributaria establece en el artículo 106.4 que:

«Los gastos deducibles y las deducciones que se practiquen, cuando estén originados por operaciones realizadas por empresarios o profesionales, deberán justificarse, de forma prioritaria, mediante la factura entregada por el empresario o profesional que haya realizado la correspondiente operación que cumpla los requisitos señalados en la normativa tributaria.

Sin perjuicio de lo anterior, la factura no constituye un medio de prueba privilegiado respecto de la existencia de las operaciones, por lo que una vez que la Administración cuestiona fundadamente su efectividad, corresponde al obligado tributario aportar pruebas sobre la realidad de las operaciones.».

⇨ **Correlación con los ingresos**

Como veremos en breve, con carácter general no son fiscalmente deducibles las liberalidades, dada su falta de vinculación con los ingresos obtenidos.

No se exige, en cambio, que el gasto sea *«necesario para la obtención»* de los ingresos, como sí hacía la Ley 61/1978, de 27 de diciembre, del Impuesto sobre Sociedades. **La condición de la «necesidad» u «obligatoriedad»**, requisitos que a su vez han sido interpretados con extraordinario rigor por la doctrina de ese Tribunal. Pueden verse, en este sentido, dos Sentencias de 11 de marzo de 2010 (RJ 2010\3476 y RJ 2010\3477).

La doctrina administrativa y la jurisprudencia de varios Tribunales Superiores de Justicia y de la Audiencia Nacional han tenido en cuenta a este respecto que la normativa hoy vigente admite la deducción de los gastos que, aun no siendo jurídicamente obligatorios para la entidad, están correlacionados con los ingresos y carecen de la consideración de liberalidad. En atención a esta circunstancia, **se afirma que las retribuciones de los administradores tienen hoy la consideración de gasto fiscalmente deducible cuando los estatutos de la sociedad establezcan el carácter remunerado del cargo**, aunque no se cumpla de forma escrupulosa con todos y cada uno de los requisitos que establece la normativa mercantil. Puede verse en este sentido la Sentencia del Tribunal Superior de Justicia de Madrid 607/2011, de 13 de julio.

En cualquier caso, **no cabe la deducción fiscal de las partidas a que se refiere el artículo 15 LIS**. Como estas partidas constituyen con carácter general gastos contables, se generan de ese modo diferencias permanentes que deberán reflejarse a través de ajustes extracontables positivos. Al análisis de esas partidas dedicamos las líneas que siguen.

17.2. Retribución de fondos propios

De acuerdo con el artículo 15.a) LIS, no serán fiscalmente deducibles los gastos que representen una retribución de los fondos propios.

A los efectos de lo previsto en la LIS, tendrá la consideración de retribución de fondos propios, la correspondiente a los valores representativos del capital o de los fondos propios de entidades, con independencia de su consideración contable.

Asimismo, tendrán la consideración de retribución de fondos propios la correspondiente a los préstamos participativos otorgados por entidades que formen parte del mismo grupo de sociedades según los criterios establecidos en el artículo 42 del Código de Comercio, con independencia de la residencia y de la obligación de formular cuentas anuales consolidadas.

Según la norma de registro y valoración 9.ª del PGC Un instrumento de patrimonio es cualquier negocio jurídico que evidencia, o refleja, una participación residual en los activos de la empresa que los emite una vez deducidos todos sus pasivos.

En el caso de que la empresa realice cualquier tipo de transacción con sus propios instrumentos de patrimonio, el importe de estos instrumentos se registrará en el patrimonio neto, como una variación de los fondos propios, y en ningún caso podrán ser reconocidos como activos financieros de la empresa ni se registrará resultado alguno en la cuenta de pérdidas y ganancias.

Los gastos derivados de estas transacciones, incluidos los gastos de emisión de estos instrumentos, tales como honorarios de letrados, notarios, y registradores; impresión de memorias, boletines y títulos; tributos; publicidad; comisiones y otros gastos de colocación, se registrarán directamente contra el patrimonio neto como menores reservas.

Los gastos derivados de una transacción de patrimonio propio, de la que se haya desistido o se haya abandonado, se reconocerán en la cuenta de pérdidas y ganancias.

145

17.3. Impuesto sobre Sociedades

Como ya hemos visto, en el PGC se contabiliza como gasto el impuesto sobre beneficios (cuenta 630). Según la **letra b) del artículo 15 LIS**, los gastos derivados de la contabilización del IS no tendrán la consideración de gastos fiscalmente deducibles. Procederá, en consecuencia, realizar un ajuste extracontable positivo.

En ocasiones pueden contabilizarse ingresos en relación con el impuesto sobre beneficios.

Por ejemplo, por el crédito impositivo generado en el ejercicio como consecuencia de la existencia de una base imponible negativa a compensar.

 De acuerdo con la citada letra b) del artículo 15 LIS, esos ingresos contables no tendrán la consideración de ingresos a efectos fiscales. En relación con esa partida procederá, en consecuencia, realizar un ajuste extracontable negativo.

17.4. Multas y sanciones penales y administrativas

De acuerdo con la letra c) del artículo 15 LIS las multas o sanciones establecidas por la Administración o los Tribunales de Justicia, que constituyen un gasto a efectos contables, **no son fiscalmente deducibles**.

De otro modo, estas multas se verían reducidas en el porcentaje correspondiente al tipo de gravamen aplicado por la sociedad. Procede, en consecuencia, realizar un **ajuste extracontable positivo** por el importe de esas multas y sanciones.

El precepto citado **solo hace referencia a las multas o sanciones penales y administrativas**. Las cantidades que se deban satisfacer de acuerdo con cláusulas penales pactadas para el caso de incumplimiento o cumplimiento defectuoso de contratos serán fiscalmente deducibles.

17.5. Recargo de apremio y recargo por declaración extemporánea sin requerimiento previo

De acuerdo con el artículo 25 LGT tienen la naturaleza de obligaciones tributarias accesorias las obligaciones de satisfacer el interés de demora, los recargos por declaración extemporánea y los recargos del período ejecutivo, así como aquellas otras que imponga la ley.

⇨ **Los recargos por declaración extemporánea (regulados en el art. 27 LGT).**

El recargo será un porcentaje igual al 1% más otro 1% adicional por cada mes completo de retraso con que se presente la autoliquidación o declaración respecto al término del plazo establecido para la presentación e ingreso.

Dicho recargo se calculará sobre el importe a ingresar resultante de las autoliquidaciones o sobre el importe de la liquidación derivado de las declaraciones extemporáneas y excluirá las sanciones que hubieran podido exigirse y los intereses de demora devengados hasta la presentación de la autoliquidación o declaración.

Si la presentación de la autoliquidación o declaración se efectúa una vez transcurridos 12 meses desde el término del plazo establecido para la presentación, el recargo será del 15% y excluirá las sanciones que hubieran podido exigirse. En estos casos, se exigirán los intereses de demora por el período transcurrido desde el día siguiente al término de los 12 meses posteriores a la finalización del plazo establecido para la presentación hasta el momento en que la autoliquidación o declaración se haya presentado.

En las liquidaciones derivadas de declaraciones presentadas fuera de plazo sin requerimiento previo no se exigirán intereses de demora por el tiempo transcurrido desde la presentación de la declaración hasta la finalización del plazo de pago en período voluntario correspondiente a la liquidación que se practique, sin perjuicio de los recargos e intereses que corresponda exigir por la presentación extemporánea.

No obstante lo anterior, no se exigirán los recargos de este apartado si el obligado tributario regulariza, mediante la presentación de una declaración o autoliquidación correspondiente a otros períodos del mismo concepto impositivo, unos hechos o circunstancias idénticos a los regularizados por la Administración, y concurren las siguientes circunstancias:

a) Que la declaración o autoliquidación se presente en el plazo de seis meses a contar desde el día siguiente a aquel en que la liquidación se notifique o se entienda notificada.

b) Que se produzca el completo reconocimiento y pago de las cantidades resultantes de la declaración o autoliquidación en los términos previstos en el apartado 5 de este artículo.

c) Que no se presente solicitud de rectificación de la declaración o autoliquidación, ni se interponga recurso o reclamación contra la liquidación dictada por la Administración.

d) Que de la regularización efectuada por la Administración no derive la imposición de una sanción.

147

El incumplimiento de cualquiera de estas circunstancias determinará la exigencia del recargo correspondiente sin más requisito que la notificación al interesado.

Lo dispuesto en los párrafos anteriores no impedirá el inicio de un procedimiento de comprobación o investigación en relación con las obligaciones tributarias regularizadas mediante las declaraciones o autoliquidaciones a que los mismos se refieren.

El importe de los recargos a que se refiere este apartado se reducirá en el 25% siempre que se realice el ingreso total del importe de la deuda resultante de la autoliquidación extemporánea o de la liquidación practicada por la Administración derivada de la declaración extemporánea.

⇨ Los recargos del **periodo ejecutivo** (regulados en el art. 28 LGT), **que distingue entre**:

1. Recargo ejecutivo será del 5% y se aplicará cuando se satisfaga la totalidad de la deuda no ingresada en periodo voluntario antes de la notificación de la providencia de apremio.

2. Recargo de apremio reducido será del 10% y se aplicará cuando se satisfaga la totalidad de la deuda no ingresada en periodo voluntario y el propio recargo antes de la finalización del plazo previsto en el apartado 5 del artículo 62 de esta ley para las deudas apremiadas.

3. Recargo de apremio ordinario será del 20% y será aplicable cuando no concurran las circunstancias a las que se refieren los apartados 2 y 3 de este artículo.

Todas estas prestaciones accesorias constituyen gastos contables.

El recargo de apremio ordinario es compatible con los intereses de demora. Cuando resulte exigible el recargo ejecutivo o el recargo de apremio reducido no se exigirán los intereses de demora devengados desde el inicio del período ejecutivo.

 De acuerdo con lo previsto en la letra c) del artículo 15 LIS, los recargos citados no son fiscalmente deducibles.

Adviértase que, de otro modo, el importe de esos recargos se estaría reduciendo en el porcentaje correspondiente al tipo de gravamen aplicado por la sociedad. Procede, en consecuencia, realizar un **ajuste extracontable positivo por el importe de esos recargos**.

En cambio, la LIS nada dice en relación con los **intereses de demora** que deban satisfacerse por razón del retraso en el pago de deudas tributarias. En consecuencia, estos intereses deben considerarse fiscalmente deducibles.

17.6. Pérdidas del juego

De acuerdo con lo establecido en la letra d) del artículo 15 LIS todas aquellas pérdidas que se produzcan como consecuencia de la participación de entidades jurídicas en juegos de azar no tendrán la consideración de gasto fiscalmente deducible, aunque se registren contablemente. Procede en consecuencia practicar un ajuste extracontable positivo en relación con el importe de esas pérdidas.

En cambio, nada dice la norma sobre las ganancias derivadas del juego. Como es natural, esas ganancias constituyen una renta gravable por el IS.

17.7. Donativos y liberalidades: regla general de no deducibilidad

Por regla general, **los donativos y liberalidades no son deducibles,** de acuerdo con el primer párrafo de la letra e) del artículo 15 LIS.

Esta regla general entra en juego incluso cuando la entidad adquirente es una entidad beneficiaria del mecenazgo. En estos casos se aplican los incentivos fiscales al mecenazgo previstos en el capítulo II del título III de la Ley 49/2002, de 23 de diciembre, de régimen fiscal de las entidades sin fines lucrativos y de los incentivos fiscales al mecenazgo.

El segundo párrafo de la citada **letra e) del artículo 15 LIS** aclara que no quedan comprendidos en el primer párrafo y que, por lo tanto, son fiscalmente deducibles las cantidades siguientes:

1. Los gastos por atenciones a clientes o proveedores ni los que con arreglo a los usos y costumbres se efectúen con respecto al personal de la empresa ni los realizados para promocionar, directa o indirectamente, la venta de bienes y prestación de servicios, ni los que se hallen correlacionados con los ingresos.

2. No obstante, los gastos por atenciones a clientes o proveedores serán deducibles con el límite del 1% del importe neto de la cifra de negocios del periodo impositivo.

3. Tampoco se entenderán comprendidos en esta letra e) las retribuciones a los administradores por el desempeño de funciones de alta dirección, u otras funciones derivadas de un contrato de carácter laboral con la entidad.

17.8. Gastos de actuaciones contrarias al ordenamiento jurídico

Según lo dispuesto en el artículo 15 LIS, los gastos de actuaciones contrarias al ordenamiento jurídico no serán deducibles.

17.9. Gastos de servicios derivados de operaciones realizadas con personas o entidades residentes en paraísos fiscales

Los gastos de servicios correspondientes a operaciones realizadas, directa o indirectamente, con personas o entidades residentes en países o territorios calificados como paraísos fiscales, o que se paguen a través de personas o entidades residentes en estos, excepto que el contribuyente pruebe que el gasto devengado responde a una operación o transacción efectivamente realizada.

Las normas sobre transparencia fiscal internacional no se aplicarán en relación con las rentas correspondientes a los gastos calificados como fiscalmente no deducibles.

 No sería deducible el gasto por adquisiciones realizadas a Islas Caimán, salvo que se pruebe la realidad de la operación.

17.10. Gastos financieros por deudas con entidades del grupo

Establece que no tendrán la consideración de gastos deducibles los gastos financieros devengados en el periodo impositivo, derivados de deudas con entidades del grupo según los criterios establecidos en el artículo 42 del Código de Comercio, con independencia de la residencia y de la obligación de formular cuentas anuales consolidadas, destinadas a la adquisición, a otras entidades del grupo, de participaciones en el capital o fondos propios de cualquier tipo de entidades, o a la realización de aportaciones en el capital o fondos propios de otras entidades del grupo, salvo que el contribuyente acredite que existen motivos económicos válidos para la realización de dichas operaciones.

17.11. Limitaciones a la deducción de gastos financieros

Los gastos financieros netos serán deducibles con el límite del 30% del beneficio operativo del ejercicio.

A estos efectos, se entenderá por gastos financieros netos el exceso de gastos financieros respecto de los ingresos derivados de la cesión a terceros de capitales propios devengados en el periodo impositivo, excluidos aquellos gastos a que se refieren las letras g) y h) del artículo 15 y el artículo 15bis de la LIS.

El beneficio operativo se determinará a partir del resultado de explotación de la cuenta de pérdidas y ganancias del ejercicio determinado de acuerdo con el Código de Comercio y demás normativa contable de desarrollo, eliminando la amortización del inmovilizado, la imputación de subvenciones de inmovilizado no financiero y otras, el deterioro y resultado por enajenaciones de inmovilizado, y adicionando los ingresos financieros de participaciones en instrumentos de patrimonio, siempre que se correspondan con dividendos o participaciones en beneficios de entidades en las que, o bien el porcentaje de participación, directo o indirecto, sea al menos el 5%. excepto que dichas participaciones hayan sido adquiridas con deudas cuyos gastos financieros no resulten deducibles por aplicación de la letra h) del apartado 1 del art. 15 LIS.

En todo caso, serán deducibles gastos financieros netos del periodo impositivo por importe de 1 millón de euros.

Los gastos financieros netos que no hayan sido objeto de deducción podrán deducirse en los periodos impositivos siguientes, conjuntamente con los del periodo impositivo correspondiente, y con el límite previsto en el artículo 16 LIS.

En el caso de que los gastos financieros netos del periodo impositivo no alcanzaran el límite establecido en el apartado 1 de este artículo, la diferencia entre el citado límite y los gastos financieros netos del periodo impositivo se adicionará al límite previsto en el apartado 1 de este artículo, respecto de la deducción de gastos financieros netos en los periodos impositivos que concluyan en los 5 años inmediatos y sucesivos, hasta que se deduzca dicha diferencia.

Los gastos financieros netos imputados a los socios de las entidades que tributen con arreglo a lo establecido en el artículo 43 de la LIS se tendrán en cuenta por aquellos a los efectos de la aplicación del límite previsto en este artículo.

Si el periodo impositivo de la entidad tuviera una duración inferior al año, el importe previsto en el párrafo cuarto del apartado 1 de este artículo será el resultado de multiplicar 1 millón de euros por la proporción existente entre la duración del periodo impositivo respecto del año.

A los efectos de lo previsto en el artículo 16 LIS, los gastos financieros derivados de deudas destinadas a la adquisición de participaciones en el capital o fondos propios de cualquier tipo de entidades se deducirán con el límite adicional del 30% del beneficio operativo de la propia entidad que realizó dicha adquisición, sin incluir en dicho beneficio operativo el correspondiente a cualquier entidad que se fusione con aquella en los 4 años posteriores a dicha adquisición, cuando la fusión no aplique el régimen fiscal especial previsto en el Capítulo VII del Título VII de la LIS. Estos gastos financieros se tendrán en cuenta, igualmente, en el límite a que se refiere el apartado 1 del art.16 LIS.

Los gastos financieros no deducibles que resulten de la aplicación de lo dispuesto en este apartado serán deducibles en periodos impositivos siguientes con el límite previsto en este apartado.

El límite previsto en este apartado no resultará de aplicación en el periodo impositivo en que se adquieran las participaciones en el capital o fondos propios de entidades si la adquisición se financia con deuda, como máximo, en un 70% del precio de adquisición. Asimismo, este límite no se aplicará en los periodos impositivos siguientes siempre que el importe de esa deuda se minore, desde el momento de la adquisición, al menos en la parte proporcional que corresponda a cada uno de los 8 años siguientes, hasta que la deuda alcance el 30% del precio de adquisición.

La limitación prevista en este apartado no resultará de aplicación:

1. A las entidades de crédito y aseguradoras.

   A estos efectos, recibirán el tratamiento de las entidades de crédito aquellas entidades cuyos derechos de voto correspondan, directa o indirectamente, íntegramente a aquellas, y cuya única actividad consista en la emisión y colocación en el mercado de instrumentos financieros para reforzar el capital regulatorio y la financiación de tales entidades.

 Se debe tener en cuenta que la Ley 5/2015, de 27 de abril, de fomento de la financiación empresarial deroga la regulación establecida en la Ley 19/1992.

2. En el periodo impositivo en que se produzca la extinción de la entidad, salvo que la misma sea consecuencia de una operación de reestructuración.

17.12.   Limitaciones a la deducción de gastos derivados de la extinción de la relación laboral

El art. 15. i) de la LIS establece que los gastos derivados de la extinción de la relación laboral, común o especial, o de la relación mercantil a que se refiere el artículo 17.2.e) de la Ley 35/2006, de 28 de noviembre, del Impuesto sobre la Renta de las Personas Físicas y de modificación parcial de las leyes de los Impuestos sobre Sociedades, sobre la Renta de no Residentes y sobre el Patrimonio, o de ambas, aun cuando se satisfagan en varios periodos impositivos, que excedan, para cada perceptor, del mayor de los siguientes importes:

⇨   1 millón de euros.

⇨   El importe establecido con carácter obligatorio en el texto refundido del Estatuto de los Trabajadores, en su normativa de desarrollo o, en su caso, en la normativa reguladora de la ejecución de sentencias, sin que pueda considerarse como tal la establecida en virtud de convenio, pacto o contrato. No obstante, en los supuestos de despidos colectivos realizados de conformidad con lo dispuesto en el artículo 51 del Estatuto de los Trabajadores, o producidos por las causas previstas en la letra c) del artículo 52 del citado Estatuto, siempre que, en ambos casos, se deban a causas económicas, técnicas, organizativas, de producción o por fuerza mayor, será el importe establecido con carácter obligatorio en el mencionado Estatuto para el despido improcedente.

A estos efectos, se computarán las cantidades satisfechas por otras entidades que formen parte de un mismo grupo de sociedades en las que concurran las circunstancias previstas en el artículo 42 del Código de Comercio, con independencia de su residencia y de la obligación de formular cuentas anuales consolidadas.

17.13.   Reserva de capitalización

La **reserva de capitalización** consiste en la no tributación de aquella parte del beneficio que se destine a la constitución de una reserva indisponible, sin que se establezca requisito de inversión alguno de esta reserva en algún tipo concreto de activo. Con esta medida se pretende potenciar la capitalización empresarial mediante el incremento del patrimonio neto y, con ello, incentivar el saneamiento de las empresas y su competitividad.

En concreto, los contribuyentes que tributen al tipo de gravamen previsto en los apartados 1 o 6 del artículo 29 de esta ley, tendrán derecho a una reducción en la base imponible del 10% (20 por ciento a partir del 1 de enero del 2025) del importe del incremento de sus fondos propios, siempre que se cumplan los siguientes requisitos:

a) Que el importe del incremento de los fondos propios de la entidad se mantenga durante un plazo de 5 años (3 años a partir del 1 de enero del 2025) desde el cierre del período impositivo al que corresponda esta reducción, salvo por la existencia de pérdidas contables en la entidad.

El plazo anterior de 3 años resultará igualmente de aplicación respecto del incremento de fondos propios y de las reservas de capitalización dotadas cuyo plazo de mantenimiento e indisponibilidad, respectivamente, no hubiera expirado al inicio del primer período impositivo que comience a partir de 1 de enero de 2024.

b) Que se dote una reserva por el importe de la reducción, que deberá figurar en el balance con absoluta separación y título apropiado y será indisponible durante el plazo de 5 años (3 años a partir del 1 de enero del 2025).

Hasta el 31 de diciembre del 2024, el derecho a esta reducción podrá superar el importe del 10% de la base imponible positiva del período impositivo previa a esta reducción, a la integración de las dotaciones por deterioro de los créditos u otros activos derivadas de las posibles insolvencias de determinados deudores y a la compensación de bases imponibles negativas.

Con efectos del 1 de enero del 2025 el contribuyente tendrá derecho a una reducción en la base imponible, en los términos previstos en este apartado, del 23% del importe del incremento de los fondos propios, siempre que la plantilla media total del contribuyente, en el período impositivo, se haya incrementado, respecto de la plantilla media total del período impositivo inmediato anterior en un mínimo de un 2% sin superar un 5%. En el supuesto de que el incremento de la plantilla media total del contribuyente, en el período impositivo, respecto de la plantilla media total del período impositivo inmediato anterior, se encuentre entre un 5 y un 10%. el contribuyente tendrá derecho a una reducción en la base imponible del 26,5 por ciento del importe del incremento de los fondos propios. Cuando el referido incremento resulte superior a un 10%. la reducción a la que tendrá derecho el contribuyente será del 30%.

El referido incremento de plantilla deberá mantenerse durante un plazo de 3 años desde el cierre del período impositivo al que corresponda la reducción.

En ningún caso, el derecho a la reducción prevista en este apartado podrá superar el siguiente importe:

a) El 20% de la base imponible positiva del período impositivo previa a esta reducción, a la integración a que se refiere el apartado 12 del artículo 11 de la LIS y a la compensación de bases imponibles negativas.

b) El 25% de la base imponible positiva del período impositivo previa a esta reducción, a la integración a que se refiere el apartado 12 del artículo 11 de la LIS y a la compensación de bases imponibles negativas, tratándose de contribuyentes cuyo importe neto de la cifra de negocios sea inferior a 1 millón de euros durante los 12 meses anteriores a la fecha en que se inicie el período impositivo al que corresponda esta reducción.

No obstante, en caso de insuficiente base imponible para aplicar la reducción, las cantidades pendientes podrán ser objeto de aplicación en los períodos impositivos que finalicen en los 2 años inmediatos y sucesivos al cierre del período impositivo en que se haya generado el derecho a la reducción, conjuntamente con la reducción que pudiera corresponder, en su caso, por aplicación de lo dispuesto en este artículo en el período impositivo correspondiente, y con el límite previsto en las letras a) y b) anteriores.

17.14. Compensación de bases imponibles negativas

Las bases imponibles negativas que hayan sido objeto de liquidación, o autoliquidación, podrán ser compensadas con las rentas positivas de los períodos impositivos siguientes con el límite del 70% de la base imponible previa a la aplicación de la reserva de capitalización establecida en el artículo 25 de la LIS y a su compensación.

En todo caso, se podrán compensar en el período impositivo bases imponibles negativas hasta el importe de 1 millón de euros.

La limitación a la compensación de bases imponibles negativas no resultará de aplicación en el importe de las rentas correspondientes a quitas o esperas consecuencia de un acuerdo con los acreedores del contribuyente. Las bases imponibles negativas que sean objeto de compensación con dichas rentas no se tendrán en consideración respecto de las bases negativas de hasta el importe de 1 millón de euros a que se refiere el párrafo anterior.

En virtud de lo establecido en la Sentencia del Tribunal Supremo del 30 de noviembre del 2021, los contribuyentes tienen derecho a la compensación de las bases imponibles negativas (BINs) con las rentas positivas de los períodos impositivos siguientes, aun cuando la autoliquidación se presente de manera extemporánea, sin que la decisión de compensarlas o no, constituya una opción tributaria de las reguladas en el artículo 119.3 de la Ley General Tributaria.

Los contribuyentes cuyo importe neto de la cifra de negocios sea al menos de 20 millones de euros durante los 12 meses anteriores a la fecha en que se inicie el período impositivo, aplicarán las siguientes especialidades:

1. Los límites establecidos en el apartado 12 del artículo 11, en el primer párrafo del apartado 1 del artículo 26, en la letra e) del apartado 1 del artículo 62 y en las letras d) y e) del artículo 67 de esta ley, se sustituirán por los siguientes:

   a) El 50%. cuando en los referidos 12 meses el importe neto de la cifra de negocios sea al menos de 20 millones de euros, pero inferior a 60 millones de euros.

b) El 25%. cuando en los referidos 12 meses el importe neto de la cifra de negocios sea al menos de 60 millones de euros.

2. El importe de las deducciones para evitar la doble imposición internacional previstas en los artículos 31, 32 y apartado 10 del artículo 100, así como el de aquellas deducciones para evitar la doble imposición a que se refiere la disposición transitoria vigésima tercera, de esta ley, no podrá exceder conjuntamente del 50% de la cuota íntegra del contribuyente.

17.15. Tipos de gravamen

Después de minorar, cuando proceda, la base imponible previa con las bases imponibles de ejercicios anteriores llegamos a la base liquidable.

A la base liquidable se le ha de aplicar el tipo de gravamen que corresponda según la clase de la entidad. No existe un único tipo de gravamen, sino varios, que vienen regulados en el artículo 29.

El tipo general de gravamen para los contribuyentes de este impuesto será el 25%.

A partir de 2023 y hasta 2024, aquellas entidades cuyo importe neto de la cifra de negocios del período impositivo inmediato anterior sea inferior a 1 millón de euros será el 23%.

Las entidades de nueva creación que realicen actividades económicas tributarán, en el primer período impositivo en que la base imponible resulte positiva y en el siguiente, al tipo del 15%.

Desde el 1 de enero del 2025 las entidades cuyo importe neto de la cifra de negocios del período impositivo inmediato anterior sea inferior a 1 millón de euros que aplicarán los tipos que se indican en la siguiente escala, salvo que de acuerdo con lo previsto en este artículo deban tributar a un tipo diferente del general:

1. Por la parte de base imponible comprendida entre 0 y 50.000 euros, al tipo del 17%.

2. Por la parte de base imponible restante, al tipo del 20%.

Cuando el período impositivo tenga una duración inferior al año, la parte de la base imponible que tributará al tipo del 17% será la resultante de aplicar a 50.000 euros la proporción en la que se hallen el número de días del período impositivo entre 365 días, o la base imponible del período impositivo cuando esta fuera inferior.

No obstante, para los períodos impositivos que se inicien dentro del año 2025, se aplicarán los siguientes tipos:

a) Por la parte de base imponible comprendida entre 0 y 50.000 euros, al tipo del 21%.

b) Por la parte de base imponible restante, al tipo del 22%.

Cuando el período impositivo tenga una duración inferior al año, la parte de la base imponible que tributará al tipo del 21% será la resultante de aplicar a 50.000 euros la proporción en la que se hallen el número de días del período impositivo entre 365 días, o la base imponible del período impositivo cuando esta fuera inferior.

Para los períodos impositivos que se inicien dentro del año 2026 los tipos serán:

a) Por la parte de base imponible comprendida entre 0 y 50.000 euros, al tipo del 19%.

b) Por la parte de base imponible restante, al tipo del 21%.

Cuando el período impositivo tenga una duración inferior al año, la parte de la base imponible que tributará al tipo del 19% será la resultante de aplicar a 50.000 euros la proporción en la que se hallen el número de días del período impositivo entre 365 días, o la base imponible del período impositivo cuando esta fuera inferior

A estos efectos, el importe neto de la cifra de negocios se determinará con arreglo a lo dispuesto en los apartados 2 y 3 del artículo 101 LIS.

No obstante, las entidades que cumplan las previsiones previstas en el artículo 101 LIS tributarán al tipo del 20%. excepto si de acuerdo con lo previsto en el artículo 29 LIS deban tributar a un tipo diferente del general. Para los períodos impositivos que se inicien dentro del año 2025 el porcentaje será del 24 %. Para los períodos impositivos que se inicien dentro del año 2026 el tipo será el 23%. Para el ejercicio 2027 será el 22% y para el 2028 será el 21%.

Finalmente, las entidades de nueva creación que realicen actividades económicas tributarán, en el primer período impositivo en que la base imponible resulte positiva y en el siguiente, al tipo del 15%. excepto si, de acuerdo con lo previsto en el artículo 29 LIS, deban tributar a un tipo inferior.

A estos efectos, no se entenderá iniciada una actividad económica:

a) Cuando la actividad económica hubiera sido realizada con carácter previo por otras personas o entidades vinculadas y transmitida, por cualquier título jurídico, a la entidad de nueva creación.

b) Cuando la actividad económica hubiera sido ejercida, durante el año anterior a la constitución de la entidad, por una persona física que ostente una participación, directa o indirecta, en el capital o en los fondos propios de la entidad de nueva creación superior al 50%.

157

Las sociedades cooperativas fiscalmente protegidas tributarán a los tipos de grava-men resultantes de minorar en tres puntos porcentuales los tipos de gravamen previs-tos en el apartado anterior, siempre que el tipo resultante no supere el 20%. excepto por lo que se refiere a los resultados extracooperativos que tributarán a los tipos previstos en el apartado anterior.

Las cooperativas de crédito y cajas rurales tributarán a los tipos de gravamen previs-tos en el apartado anterior, excepto por lo que se refiere a los resultados extracoopera-tivos, que tributarán al tipo del 30%.

En esta unidad hemos visto:

1. El conocimiento del impuesto sobre sociedades y del IRPF resulta imprescindible para los profesionales del asesora-miento fiscal a empresas o para empleados de departamen-tos de administración, contabilidad o finanzas. Ambos tribu-tos gravan el rendimiento obtenido por las personas físicas y jurídicas en el ejercicio de una actividad económica.

2. Como señala el artículo 1 LIS, el IS *es un tributo de carác-ter directo y naturaleza personal que grava la renta de las sociedades y demás entidades jurídicas de acuerdo con las normas de esta Ley*. Se destacan así dos de las caracterís-ticas del gravamen. Se destacan así dos de las característi-cas del gravamen

   • Se trata de un impuesto directo, en la medida en que grava una manifestación directa de la capacidad económica, como es la obtención de renta.

   • Se trata de un impuesto personal, pues la referencia a una persona determinada (la sociedad o entidad que obtiene la renta) actúa como elemento constitutivo del propio hecho imponible

3. El IS se aplica en todo el territorio español, a diferencia de lo que sucede, por ejemplo, en el caso del IVA (que se aplica únicamente en el territorio peninsular y en las Islas Baleares).

.../...

.../...

4. El Impuesto sobre la Renta de las Personas Físicas es un tributo de carácter personal y directo que grava, según los principios de igualdad, generalidad y progresividad, la renta de las personas físicas de acuerdo con su naturaleza y sus circunstancias personales y familiares.

5. En el IRPF se considerarán rendimientos íntegros de actividades económicas aquellos que, procediendo del trabajo personal y del capital conjuntamente, o de uno solo de estos factores, supongan por parte del contribuyente la ordenación por cuenta propia de medios de producción y de recursos humanos o de uno de ambos, con la finalidad de intervenir en la producción o distribución de bienes o servicios.

UNIDAD DIDÁCTICA 4

El Impuesto sobre el Valor Añadido

Los **objetivos** de esta unidad son:

1. Diferenciar para los sujetos pasivos del IVA los regímenes que les son aplicables.

2. Precisar los plazos y procedimientos de declaración–liquidación del impuesto.

3. Conocer los elementos fundamentales para la cuantificación de la deuda tributaria.

4. Elaborar los documentos de declaración–liquidación del IVA.

Introducción

Esta unidad se centra en el estudio del Impuesto sobre el Valor Añadido (IVA). Se trata de un impuesto que grava el consumo, en general, sin considerar la naturaleza o condición de la persona o entidad que lo realiza.

Aprenderemos a determinar la base imponible, la diferencia entre IVA devengado, IVA soportado e IVA soportado deducible. También aboradaremos la gestión del Impuesto, en especial los documentos de declaración-liquidación del IVA.

 Las referencias a la Comunidad y a la Comunidad Europea deben entenderse realizadas a la Unión Europea.

1. Régimen general

La Ley que establece el tributo es la Ley 37/1992, de 28 de diciembre, del Impuesto sobre el Valor Añadido. Su desarrollo reglamentario se contiene en el Real Decreto 1624/1992, de 29 de diciembre.

Este régimen resulta aplicable cuando no lo sea ninguno de los especiales o cuando se haya renunciado o haya sido excluido del régimen simplificado o del régimen especial de la agricultura, ganadería y pesca.

2. Definición del IVA

2.1. Concepto

El **Impuesto sobre el Valor Añadido** (en adelante IVA) es un impuesto que grava el consumo, en general, sin importarle la naturaleza o condición de la persona o entidad que lo realiza: una sociedad mercantil, un empresario o empresaria individual, una persona jubilada, un niño o una niña, etc., renta obtenida por las sociedades y otras entidades jurídicas.

2.2. Caracteres

Se pueden señalar como caracteres del mismo que es un impuesto:

⇨ **Indirecto**

En la medida en que grava una manifestación indirecta de la capacidad económica, como es el consumo y no la obtención de renta. Jurídicamente, el IVA es un impuesto indirecto porque está previsto legalmente el mecanismo de la repercusión de la carga del impuesto al destinatario de la operación gravado por el mismo.

⇨ **Objetivo**

No tiene en cuenta las particularidades de los sujetos pasivos del mismo.

⇨ **Periódico**

Grava el consumo realizado durante el periodo impositivo de la entidad, que como ya veremos puede ser mensual o trimestral.

⇨ **Proporcional**

Con independencia de que la base imponible sea mayor o menor el tipo de gravamen aplicable no aumenta con el incremento de la base imponible, sino que se aplica la misma alícuota (4%, 10% y 21%, con carácter general) a toda la base imponible, sea cual fuere el importe de esta (a diferencia de lo que sucede por ejemplo en el IRPF que es un impuesto progresivo por el cual a mayor base imponible mayor tipo de gravamen).

⇨ **Instantáneo**

Porque se devenga con cada operación de consumo que se realiza.

⇨ **Neutro y recuperable**

Se trata de un impuesto neutro y recuperable para las empresas, porque sin perjuicio del desarrollo posterior, es conveniente tener delimitadas desde un principio las líneas básicas de funcionamiento del IVA. Para ello, ha de precisarse que el tributo gira alrededor de dos conceptos: **el IVA soportado y el IVA devengado o repercutido**.

La **realización del hecho imponible** del IVA por un sujeto pasivo (por ejemplo, la venta de materias primas por un empresario, la asistencia prestada por un abogado, o el inmueble vendido por un promotor, etc.), conlleva la necesidad de repercutir el impuesto sobre el destinatario de la operación gravada.

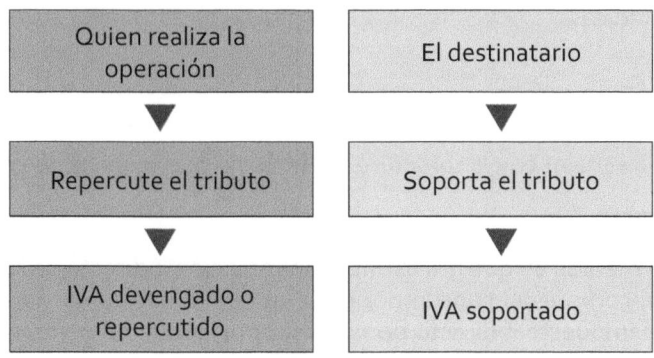

Si el destinatario de la operación es:

- Un **consumidor final**. Soportará el Impuesto sin ninguna otra especialidad.

- Un **empresario o profesional** que realiza operaciones sobre las que repercute el IVA. Entonces:

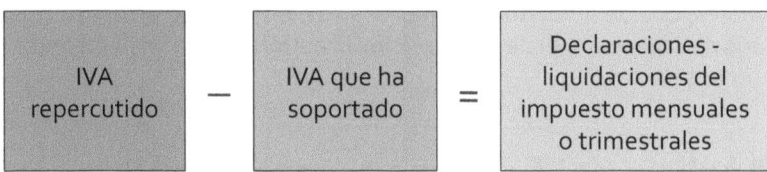

Este impuesto no supone un mayor ingreso ni un mayor gasto para las empresas, ya que si se ha repercutido más IVA del que se ha soportado, el exceso debe **ingresarse en Hacienda**, y si se da el caso contrario de soportar más IVA del que se ha repercutido, ese empresario puede solicitar de Hacienda bien la **compensación**, para periodos posteriores, o bien la **devolución**.

Empresario A vende a empresario B. Importe: 6.000 €. A repercute a B una cuantía de 1.260 € en concepto de IVA (21% de 6.000 €).

IVA repercutido por A: 1.260 €. IVA soportado por B: 1.260 €.

Seguidamente, B vende al empresario C. Importe: 9.000 €. Se tendrá entonces: IVA repercutido por B (21% sobre 9.000): 1.890 €.

IVA repercutido por B: 1.890,00 €

IVA soportado por C: 1.890 €.

El empresario B ingresará en la Hacienda Pública la diferencia de 1.890 - 1.260 €, es decir, el IVA que repercutió menos el que soportó.

⇨ **Comunitario**

Además de existir en España se da también en el resto de países de la Unión Europea, que si bien es cierto que no tienen una regulación exactamente igual a la española sí es muy similar, ya que se trata de un tributo armonizado.

⇨ **Estatal**

Su titularidad corresponde al Estado, sin perjuicio de la cesión de competencias a ciertas comunidades forales y a la UE.

⇨ **Plural**

Además de contener un régimen o regulación general o común (que es aquella en la que se va a centrar el estudio de esta lección) presenta también regulaciones o regímenes especiales, como por ejemplo el simplificado, el del recargo de equivalencia, el de la agricultura, ganadería y pesca, agencias de viajes, oro de inversión, bienes usados, objetos de arte, antigüedades y objetos de colección, el de los servicios prestados por vía electrónica y el del grupo de entidades.

3. Análisis del funcionamiento del IVA

Sin perjuicio del desarrollo posterior, es conveniente tener delimitadas desde un principio las líneas básicas de funcionamiento del IVA. Para ello, ha de precisarse que el tributo gira alrededor de dos conceptos: **el IVA soportado y el IVA devengado o repercutido**.

La realización del hecho imponible del IVA por un sujeto pasivo (por ejemplo, la venta de materias primas por un empresario, la asistencia prestada por un abogado, o el inmueble vendido por un promotor) conlleva la obligación de **repercutir el impuesto sobre el destinatario de la operación gravada**.

Para quien realiza la operación (y por tanto repercute el tributo) existe lo que se ha denominado **IVA devengado** o repercutido, mientras que para el destinatario exista el llamado **IVA soportado**.

 Si este **destinatario es un consumidor final**, soportará el Impuesto sin ninguna otra especialidad. Por el contrario, si es un **empresario o profesional** que realiza operaciones sobre las que él, a su vez, repercute el IVA, entonces podrá deducir o restar del IVA repercutido el IVA que ha soportado. En este caso, se habla de IVA soportado deducible.

4. Ámbito de aplicación

El ámbito de aplicación espacial del IVA se conoce como "Territorio de Aplicación del Impuesto" (en adelante, TAI) y se extiende al territorio peninsular, las Islas Baleares, al mar territorial con el límite de 12 millas náuticas y al espacio aéreo situado encima de esos territorios.

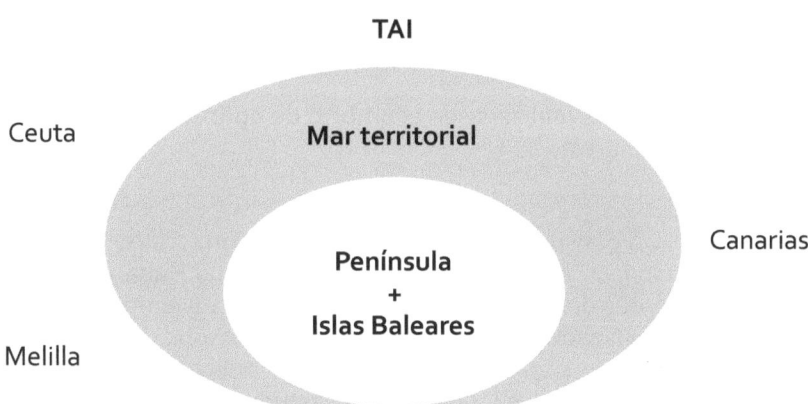

Por lo tanto se pone de manifiesto que quedan fuera del TAI, tanto las Ciudades Autónomas de Ceuta y Melilla como la Comunidad Autónoma de Canarias, que a efectos del IVA no pertenecen ni a España ni a la Unión Europea.

En Ceuta y Melilla el impuesto de referencia aplicable es el IPSI (Impuesto sobre la Producción, los Servicios y la Importación), mientras que en Canarias se aplica el IGIC (Impuesto General Indirecto Canario).

El TAI comprende el territorio peninsular, las Islas Baleares, el mar territorial hasta el límite de 12 millas, y el espacio aéreo situado encima de esos territorios.

5. El hecho imponible

5.1. Introducción

Están sujetas al impuesto las entregas de bienes y prestaciones de servicios realizadas en el ámbito espacial del impuesto por empresarios o profesionales a título oneroso, con carácter habitual u ocasional, en el desarrollo de su actividad empresarial o profesional, incluso si se efectúan en favor de los propios socios, asociados, miembros o partícipes de las entidades que las realicen.

Desagregando los elementos que se han indicado, es necesario por tanto que concurran las siguientes características:

a) La operación debe realizarse en el **ámbito de aplicación del impuesto**: península e Islas Baleares.

Un consultor en marketing digital domiciliado en Galicia, con despacho profesional en A Coruña y en La Habana, factura a sus clientes de uno y otro lugar los servicios de estrategia digital que ha realizado. solo debe repercutir IVA sobre los clientes de su despacho situado en el territorio de aplicación del impuesto, en este caso, sobre los clientes del estudio de A Coruña.

b) La operación se realice **por empresarios o profesionales**.

El particular A vende al particular B su vivienda. La operación no está sujeta al IVA, sino al Impuesto sobre Transmisiones Patrimoniales y Actos Jurídicos Documentados en su modalidad "transmisiones patrimoniales onerosas" (en adelante, ITPO).

El promotor C vende pisos a diferentes compradores, una vez terminada su construcción. En estas operaciones de venta deberán repercutirse los IVA correspondientes, por ser C un empresario o profesional.

Señalar que la LIVA también **considera empresarios**

1. A las **personas o entidades** (por tanto, personas físicas y jurídicas, e incluso entes carentes de personalidad jurídica tales como las comunidades de bienes o las herencias yacentes) que realicen **actividades empresariales o profesionales**.

2. Las **sociedades mercantiles,** salvo prueba en contrario.

Una sociedad anónima o una sociedad limitada ya no son consideradas siempre como sujetos pasivos del IVA, sino solo cuando desarrollen una actividad económica, lo que en principio excluiría a las sociedades de mera tenencia de bienes o ganancias patrimoniales.

3. Quienes realicen una o varias **entregas de bienes o prestaciones de servicios** que supongan la **explotación de un bien corporal o incorporal** con el fin de obtener ingresos continuados en el tiempo. Esta mención hace referencia, principalmente, a los arrendadores de bienes.

El Sr. C, dependiente de unos grandes almacenes, es propietario de una plaza de garaje que decide alquilar. C tiene entonces la consideración de empresario en relación a su actuación como arrendador de una plaza de garaje, y realiza además una actividad sujeta al impuesto (el alquiler de un bien tiene la consideración de prestación de servicios), por lo que debe repercutir el IVA sobre el arrendatario de la plaza de garaje.

4. Quienes efectúen la **urbanización de terrenos o la promoción**, construcción o rehabilitación de edificaciones destinadas a su venta, adjudicación o cesión, incluso aunque sea ocasionalmente, es decir, de forma excepcional y aislada.

El Sr. A, propietario de un terreno que goza de las correspondientes licencias administrativas, ha decidido construir sobre el mismo su futura vivienda, por lo que se ha puesto en contacto con una empresa constructora para el inicio de las obras.

En este supuesto, la promoción de la edificación que realiza el Sr. A no le convierte en empresario o profesional, pues la construcción no está destinada a su venta, ni a su adjudicación o cesión, sino que pretende instalarse en ella para fijar su domicilio familiar. La empresa constructora sí es un empresario que repercutirá sobre el Sr. A el IVA que corresponda en función del precio de la obra a realizar.

Los Sres. A y B son copropietarios de un terreno edificable en una zona de la costa mediterránea. Deciden entonces promover la construcción de un edificio de apartamentos que posteriormente pretenderán vender.

En este caso, A y B sí recibirán un tratamiento de empresarios o profesionales, debiendo repercutir el impuesto posteriormente en las ventas de apartamentos que realicen.

5. Quienes realicen a título ocasional las entregas de medios de transporte nuevos.

6. **A los solos efectos de lo dispuesto en los artículos 69, 70 y 72 de la LIVA** (relativos a las reglas generales y especiales del lugar de realización de las prestaciones de servicios y al lugar de realización de los transportes intracomunitarios de bienes cuyo destinatario no sea un empresario o profesional actuando como tal), **se reputarán empresarios o profesionales actuando como tales respecto de todos los servicios que les sean prestados**:

   ▶ Quienes realicen actividades empresariales o profesionales simultáneamente con otras que no estén sujetas al Impuesto.

 Un constructor que contrata a un empresario para que le suministre los materiales de las obras (operación sujeta) y que contrata a veinte trabajadores por cuenta ajena para que trabajen en sus obras (operación no sujeta).

   ▶ Las personas jurídicas que no actúen como empresarios o profesionales siempre que tengan asignado un número de identificación a efectos del IVA facilitado por la Administración tributaria española.

 Un entidad sin ánimo de lucro por las adquisiciones de bienes y servicios que realiza para llevar a cabo su actividad.

c) La operación puede ser tanto **habitual como ocasional**.

 El abogado A decide cambiar el mobiliario de su despacho. Por tal motivo, lo vende a un familiar que ha decidido abrir un nuevo bufete. El Sr. A no tiene como actividad habitual la venta de mobiliario. Sin embargo, debe repercutir el Impuesto sobre el familiar. Debe recalcarse que, cuando el abogado A adquirió el citado mobiliario, soportó el IVA propio de esa compra, y pudo entonces deducirlo en su declaración por el citado tributo respecto de sus IVA repercutidos. Esto justifica que en este momento, cuando vende el mobiliario, esté también obligado a repercutir el impuesto.

d) La operación debe realizarse en el desarrollo de la **actividad empresarial o profesional**.

Se entienden realizadas en el ámbito de una actividad empresarial o profesional las entregas de bienes y prestaciones de servicios efectuadas por sociedades mercantiles, cuando tengan la consideración de empresario o profesional, así como las transmisiones o cesiones de uso a terceros de la totalidad o parte de cualesquiera de los bienes o derechos que integren el patrimonio empresarial o profesional de los sujetos pasivos, incluso las efectuadas con ocasión del cese en el ejercicio de la actividad.

 La empresaria C, propietaria de un instituto de belleza, es aficionada a la música clásica. Recientemente, ha vendido parte de su colección discográfica. En tal supuesto, dicha operación no es realizada por la Sra. C atendiendo a su actividad empresarial, por lo que no debe repercutirse el IVA, sino el ITPO.

Finalmente indicar que **también constituye hecho imponible** de este impuesto los servicios desarrollados por los **Registradores de la Propiedad** en su condición de liquidadores titulares de una Oficina Liquidadora de Distrito Hipotecario.

El hecho imponible del IVA genéricamente está constituido por los siguientes supuestos:

⇨ Entregas de bienes.

⇨ Operaciones asimiladas a las entregas de bienes.

⇨ Prestaciones de servicios.

⇨ Operaciones asimiladas a las prestaciones de servicios.

A continuación realizaremos un estudio pormenorizado de cada uno de ellos.

 El artículo 4 de la LIVA establece el hecho imponible del impuesto.

5.2. Entregas de bienes

Las **entregas de bienes** se definen, en el artículo 8 LIVA, como la **transmisión del poder de disposición** sobre bienes corporales incluso si se efectúa mediante cesión de títulos representativos de dichos bienes, considerándose incluso como tales el gas, el calor, el frío, la energía eléctrica y demás modalidades de energía.

Debe observarse que, si bien de forma coloquial se asocia el impuesto con las "ventas de bienes", la LIVA utiliza el término de **"entrega"** y lo asocia con la mencionada transmisión del poder de disposición del bien. Con ello se pretende enfatizar el hecho de que el adquirente recibe tal facultad (la de poder disponer libremente del bien) porque pasa a ser el nuevo propietario del objeto transmitido.

Atendiendo a lo indicado, resulta sencillo asociar la mayoría de las entregas de bienes con las tradicionales operaciones de venta. Sin embargo, el concepto es mucho más amplio y, junto a las mencionadas enajenaciones o ventas de objetos, **también se consideran entregas de bienes** las siguientes operaciones (que están, por tanto, sujetas al IVA):

a) **Ejecuciones de obra**

Que tienen por objeto la construcción o rehabilitación de una edificación, cuando el empresario que ejecuta la obra aporta materiales cuyo coste excede del 40% de la base imponible.

El Sr. G contrata con la empresa LLL, S.A. la ejecución de una obra consistente en el levantamiento de una nave que pretende utilizar como almacén. El coste a facturar por LLL, S.A. es el siguiente:

- Por materiales aportados: 180.000 €.

- Por realización de la obra: 180.000 €.

En este supuesto, la ejecución de la obra realizada por LLL, S.A. tiene carácter de entrega de bienes, al exceder el coste de los materiales del 40% de la base imponible, que suma 360.000 €.

b) **Aportaciones no dinerarias**

Efectuadas por los sujetos pasivos de bienes de su patrimonio empresarial o profesional a cualquier tipo de entidades, así como las adjudicaciones que puedan producirse en los casos de liquidación o disolución de aquellas.

El empresario Sr. D ha aportado a una Sociedad Limitada, a la que se ha unido como socio, un inmueble y dos máquinas que, hasta este momento, venía utilizando para su actividad de editor de publicaciones. Son entregas de bienes sujetas al impuesto que el Sr. D debe repercutir a la sociedad.

Una determinada comunidad de propietarios ha terminado la promoción de las edificaciones que se pretendían construir, al haberse finalizado las correspondientes obras. La citada comunidad procede entonces a adjudicar a los distintos comuneros los diferentes inmuebles según las condiciones del contrato de adhesión a la comunidad.

Las adjudicaciones referidas tienen la consideración de entregas de bienes.

c) **Transmisiones de bienes** a consecuencia de una norma o de una resolución jurisdiccional o administrativa, incluida la expropiación forzosa.

Como consecuencia de la práctica de los correspondientes embargos, determinados bienes de la sociedad H S.L. han sido vendidos en subasta judicial.

Se trata de una entrega de bienes sujeta al IVA al ser efectuada por un empresario, aunque dicha venta venga obligada por una subasta judicial de bienes embargados.

El Ayuntamiento de Torremolinos ha procedido a expropiar una nave industrial de la empresa ZQZ, S.A., donde esta tenía situado uno de sus almacenes.

La empresa ZQZ debe repercutir entonces el IVA correspondiente sobre el Ayuntamiento citado, quedando además este obligado a soportar la citada repercusión.

173

d) **Cesiones de bienes en virtud de contrato de venta con pacto de reserva de dominio o condición suspensiva**

Téngase en cuenta que la mera cesión de un bien no conlleva la transmisión de la propiedad del mismo. Es decir, ceder un bien no supone transmitir, propiamente, el poder de disposición sobre él. Habitualmente, el cedente tiene a su favor cláusulas que le reservan el dominio o propiedad del bien hasta que el precio ha sido íntegramente satisfecho por el cesionario, que pasa entonces a ser nuevo propietario del bien.

Sin embargo, estas cesiones en las que aún no existe plena transmisión de la propiedad se consideran por la LIVA entregas de bienes y, por tanto, están sujetas al impuesto y este deberá repercutirse como si se tratase de una simple enajenación o venta de bienes.

> El matrimonio Álvarez ha adquirido en unos grandes almacenes un electrodoméstico, aplazando el pago en seis mensualidades. El bien les será entregado en su casa la semana siguiente a la compra, pero en el contrato se advierte que el vendedor conserva la propiedad del electrodoméstico hasta que se haya satisfecho íntegramente su precio.
>
> En tal caso, no ha existido propiamente una auténtica entrega del bien, sino una cesión que permite al adquirente empezar a utilizar el bien. El IVA se devengará entonces desde el momento de esa cesión, sin que tenga que esperarse al pago de la última mensualidad.

e) **Cesiones de bienes en virtud de contratos de arrendamiento-venta y asimilados**

Se trata nuevamente de cesiones de bienes articuladas como arrendamientos de los mismos en los que se pacta la venta posterior de los citados bienes transcurrido el plazo que las partes determinen. La LIVA califica estas operaciones como entregas de bienes desde el primer momento de la cesión, de forma que la repercusión del impuesto no tenga que esperar a la posterior venta.

Expresamente se indica que se asimilan a las operaciones citadas los arrendamientos con opción de compra, desde el momento en que el arrendatario se compromete a ejercitar dicha opción. En consecuencia, en una operación de leasing o arrendamiento financiero existe una prestación de servicios concretada en el alquiler del bien, y por ello el IVA se va satisfaciendo a medida que se van pagando las cuotas. Cuando el arrendatario ejercita la opción de compra o se compromete a ejercitarla, tiene lugar una entrega de bienes y deberá en ese instante abonarse el IVA que corresponde por las cuotas pendientes a partir de ese momento, pues esta será la base imponible del impuesto para dicha entrega.

El profesional Sr. A, arquitecto, contrata con la empresa arrendataria Móvil, S.A. el arrendamiento con opción de compra de un automóvil. Mensualmente, deberá satisfacer una cuota de 300 €.

La operación indicada no supone una entrega de bienes, sino una prestación de servicios consistentes en el arrendamiento del bien. En cada cuota, el arrendador repercutirá el correspondiente IVA sobre el arquitecto. Cuando se ejercite la opción de compra, o cuando se comprometa su ejercicio, tendrá lugar una entrega de bienes y se exigirá el IVA por el importe de la opción de compra, o, en su caso, por el total de las cuotas pendientes más la opción mencionada en el caso de que, con anterioridad, se haya comprometido el ejercicio de la opción.

f) **Las transmisiones de bienes entre comitente y comisionista que actúa en nombre propio efectuadas en virtud de contratos de comisión de venta o comisión de compra**

Si actuase en nombre ajeno, sería una prestación de servicios

En estos supuestos se puede observar con más nitidez que la catalogación como entrega o prestación no es irrelevante, como anteriormente se señaló. Así, si el comisionista actúa en nombre propio existen entonces dos entregas de bienes:

Si es una comisión de venta	Una primera entrega del comitente al comisionista.
	Una segunda del comisionista al cliente.
Si es una comisión de compra	Una primera entrega del proveedor al comisionista.
	Una segunda del comisionista al comitente.

g) **El suministro de un producto informático normalizado efectuado en cualquier soporte material**

A estos efectos, se considerarán como productos informáticos normalizados aquellos que no precisen de modificación sustancial alguna para ser utilizados por cualquier usuario.

175

El ingeniero C adquiere de la empresa de software AB un programa de diseño gráfico que esta ha empezado a comercializar en España. Se trata de una entrega de bienes.

El mismo ingeniero solicita de la empresa anterior la elaboración de un programa específico para cubrir la informatización de algunos de sus proyectos. En este supuesto se está ante una prestación de servicios.

h) Las transmisiones de valores de sociedades cuya posesión asegure, de hecho o de derecho, la atribución de la propiedad, el uso o disfrute de un inmueble o de una parte del mismo.

El Sr. A adquiere el 100% de las participaciones de la sociedad Inmuebles, S.L. que es propietaria de un piso sito en la calle Velázquez núm. 100 de Madrid En este supuesto se está ante una entrega de bienes.

i) También considera la LIVA entrega de bienes a las ventas a distancia intracomunitarias de bienes que hayan sido expedidos o transportados por el vendedor, directa o indirectamente, o por su cuenta, a partir de un Estado miembro distinto del de llegada de la expedición o del transporte con destino al cliente, cuando se cumplan los requisitos establecidos en el artículo 8.Tres de la LIVA.

j) Ventas a distancia de bienes importados de países o territorios terceros cuando sea de aplicación a estas operaciones lo indicado en el artículo 14 de la LIVA o el destinatario no tenga la condición de empresario o profesional actuando como tal.

k) Entregas de bienes también serán aquellas facilitadas a través de una interfaz digital facilite venta a distancia de bienes importados de países terceros en envíos cuyo valor no exceda de 150 euros o bien, la entrega de bienes en la Comunidad por parte de un empresario no establecido a una persona que no tenga la condición de empresario o profesional actuando como tal. En estos casos se da la particularidad que el titular de la interfaz digital se considerará receptor y emisor por sí mismo de los correspondientes bienes y transportes vinculados a estos.

Las entregas de bienes están reguladas en el artículo 8 LIVA.

5.3. Operaciones asimiladas a las entregas de bienes

En las entregas de bienes donde se produce la **transmisión del poder de disposición** es habitual que exista una contraprestación, es decir, que el adquirente se vea obligado a entregar algo a su vez al transmitente (normalmente, la cantidad de dinero que constituye el precio). Por ello se dice que estas operaciones se realizan **a título oneroso**.

Las operaciones asimiladas a las entregas de bienes **no reúnen estas características** y, sin embargo, la LIVA las asimila a las entregas de bienes, y quedan, por consiguiente, sujetas al impuesto.

Las operaciones asimiladas a las entregas de bienes son las siguientes:

⇨ **Autoconsumo de bienes**

Se trata de las operaciones que a continuación se indican, cuando se realizan sin contraprestación, es decir, gratuitamente:

a) **La transferencia de bienes del patrimonio empresarial o profesional al patrimonio personal o consumo particular del sujeto pasivo.**

Se produce cuando el empresario o profesional aplica bienes que están vinculados o afectados a su actividad (y respecto de los cuales, por tanto, ha podido en su caso deducirse el IVA que soportó cuando los adquirió) a fines particulares ajenos a la citada actividad. En este caso se produce el autoconsumo que grava el impuesto y deberá repercutirse el IVA correspondiente. Puede decirse convencionalmente que el empresario se tiene que repercutir entonces, sobre sí mismo, el tributo.

La Sra. B es propietaria de una cadena de tiendas de ropa deportiva. Cuando ha terminado recientemente una campaña de rebajas, ha decidido llevarse para su uso particular un equipo completo para la práctica de deportes de nieve.

Cuando la Sra. B adquirió, entre todos los bienes que formaban el pedido, el equipo del que ahora se apropia, procedió entonces a deducir el IVA que soportó en su adquisición. Si el equipo hubiera sido vendido a un cliente, se hubiera repercutido sobre este el IVA correspondiente. Si el equipo es destinado por la empresaria a su consumo particular, tiene lugar entonces una autorepercusión derivada del citado autoconsumo.

b) **La transmisión del poder de disposición sobre bienes corporales que integren el patrimonio empresarial o profesional del sujeto pasivo.**

Equivale, en definitiva, a entregar gratuitamente bienes del citado patrimonio. La norma obliga entonces a considerar estas entregas sin contraprestación como auténticas entregas de bienes y las califica de autoconsumo sujeto al impuesto, por lo que este deberá repercutirse.

En el mismo caso anterior, si la Sra. C decide regalar el equipo deportivo a un tercero se produce entonces el correspondiente autoconsumo, y se exigirá el IVA correspondiente a esta entrega.

Nótese que si la entrega se hubiese realizado a un cliente, este habría abonado el precio correspondiente más el IVA que se hubiera exigido. Si se produce una entrega sin contraprestación, el IVA se sigue devengando al quedar sujetas al impuesto este tipo de entregas gratuitas o donaciones.

c) **El cambio de afectación de bienes corporales de un sector a otro diferenciado de su actividad empresarial o profesional.**

Se trata de pasar bienes que se utilizan en una actividad de las que desarrolla el sujeto pasivo a otra distinta, cuando dichas actividades constituyen sectores diferenciados.

Para la existencia de estos autoconsumos, que en la práctica son muy complejos de identificar dada su especialidad, debe tenerse en cuenta que dos actividades diferenciadas son sectores diferenciados cuando se dan los dos siguientes requisitos simultáneamente:

▶ Que las actividades tengan asignados grupos diferentes en la Clasificación Nacional de Actividades Económicas (CNAE). Estos grupos están formados por tres dígitos.

▶ Que los porcentajes de deducción difieran en más de 50 puntos porcentuales entre ambas actividades.

▶ Si existen dos actividades diferentes pero una de ellas es accesoria a la principal, entonces no se entenderá que forman sectores diferenciados. A estos efectos, la LIVA determina que una actividad es accesoria a otra cuando, en el año precedente, su volumen de operaciones no ha excedido del 15% del de la principal y, además, contribuye a su realización.

Adicionalmente a lo anterior, debe señalarse que la normativa del impuesto considera directamente como sectores diferenciados las actividades acogidas a los regímenes especiales simplificado, de la agricultura, ganadería y pesca de las operaciones con oro de inversión o del recargo de equivalencia, así como las operaciones de arrendamiento financiero y de cesión de créditos o préstamos.

El empresario C es titular de dos actividades distintas. Por una parte, es dueño de una flota de tres vehículos-ambulancia donde transporta enfermos. Por otro lado, es propietario de tres pequeños camiones donde realiza transporte de mercancías. Estas actividades presentan clasificaciones diferentes en la CNAE.

La actividad de transporte de enfermos en ambulancia está exenta de IVA, es decir, el empresario no repercute el IVA sobre sus clientes cuando estos contratan sus servicios (situación que no ocurre en el transporte de bienes, donde el IVA se exige plenamente).

Cuando se adquieren bienes destinados a una actividad exenta, el IVA soportado en la compra no es deducible. Así, cuando el Sr. C adquiere un vehículo y lo utiliza como ambulancia, el IVA soportado en la compra no puede deducirse. Sin embargo, si el vehículo lo utilizase para el transporte de mercancías, no existiría ninguna limitación para que pudiese deducir el impuesto soportado en esta actividad. En definitiva, en una actividad puede deducir el 100% del IVA que soporta, mientras que en la otra deducirá un 0% (lo que supone que, entre ambas actividades, el régimen de deducción difiere en más de 50 puntos porcentuales).

En el supuesto de que el Sr. C adquiriera un vehículo inicialmente destinado a transporte de mercancías y posteriormente lo utilizase (hechas las transformaciones pertinentes) en su actividad de ambulancia, se estaría entonces produciendo un autoconsumo por llevar el bien de un sector diferenciado a otro. Es decir, se exigiría el IVA correspondiente que el empresario debería repercutir sobre sí mismo.

El motivo por el que la norma exige el gravamen de estas operaciones se debe a la necesidad de evitar actuaciones del sujeto pasivo orientadas a eludir la correcta aplicación del impuesto. Podría ocurrir que, desde el primer momento, el Sr. C estuviese decidido a utilizar el vehículo como ambulancia, pero decidió adquirirlo como afecto al transporte de mercancías para poder así deducir el IVA soportado en la compra.

d) **Afectación de bienes producidos, construidos, extraídos, transformados, adquiridos o importados en el ejercicio de su actividad, para su utilización como bienes de inversión.**

Como autoconsumos que son, dichas operaciones están sujetas al IVA y este debe repercutirse (si bien, de nuevo, es equivalente a que el empresario realice esta repercusión sobre sí mismo).

No obstante, no existe el citado autoconsumo cuando el sujeto pasivo hubiese podido deducir íntegramente el IVA que habría tenido que soportar si hubiese adquirido a terceros los mismos bienes que ahora utiliza como bienes de inversión. En otro caso, deberá repercutirse el impuesto.

El fabricante de automóviles Delta S.A. ha decidido matricular a su nombre una serie de vehículos fabricados por él mismo, y los ha destinado a algunos de sus empleados, que pueden utilizarlos tanto para necesidades de la empresa como para fines particulares.

En el caso de que los automóviles se matriculen a nombre de la firma, es fácil constatar que los mismos pasan de una situación de existencias a su calificación como bienes de inversión (elementos de transporte). En esto reside el autoconsumo.

Identificada entonces la operación como tal, debe analizarse si el sujeto pasivo habría podido deducir íntegramente el IVA soportado en el caso de que los bienes hubiesen sido adquiridos a un tercero. En este ejemplo esto no ocurriría, pues los automóviles no se afectan exclusivamente a la actividad y, por tanto, no podría deducirse la totalidad del IVA soportado. Por consiguiente, el autoconsumo queda sujeto y se debe repercutir el impuesto sobre la propia empresa.

La empresa Mobeloficina S.A. fabrica muebles de oficina y ha decidido utilizar para sus propios despachos determinados muebles fabricados por ella misma.

Al aplicar a sus propias necesidades los muebles indicados, estos cambian su calificación contable transformándose de existencias en bienes de inversión (mobiliario y enseres).

Comprobada la existencia de autoconsumo, puede también constatarse que si la entidad Mobeloficina S.A. hubiese adquirido a otra firma los bienes en cuestión, habría soportado el IVA correspondiente a la compra y lo hubiese podido deducir en su integridad. Por este motivo, no se aplica a esta operación el concepto de autoconsumo, y no se devenga el impuesto por ningún concepto.

⇨ **Transferencia de bienes**

En último lugar, se asimila igualmente a las entregas de bienes la transferencia de bienes realizada por un empresario para destinarlos a otro Estado miembro de la Unión Europea a fin de afectarlos a las necesidades de su empresa en dicho Estado, en virtud del artículo 9.3 LIVA.

 Las operaciones asimiladas a las entregas de bienes están reguladas en el artículo 9 LIVA.

⇨ **Ventas a distancia**

Se entenderá por acuerdo de ventas intracomunitarias a distancia las entregas de bienes expedidos o transportados por el vendedor, directa o indirectamente, o por su cuenta, a partir de un Estado miembro distinto del de llegada de la expedición o del transporte con destino al cliente, cuando se cumplan las siguientes condiciones:

a) Que los bienes objeto de dichas entregas sean distintos de medios de transporte nuevos o bienes objeto de instalación o montaje.

b) Las ventas intracomunitarias a distancia incluyen, por tanto, entregas de bienes a los siguientes destinatarios:

   1. Particulares o consumidores finales.

   2. Personas jurídicas que no actúen como empresarios o profesionales.

   3. Sujetos pasivos acogidos al régimen especial de la agricultura, ganadería y pesca.

   4. Sujetos pasivos que realicen exclusivamente operaciones que no dan derecho a deducir.

Por lo que se refiere a los bienes, las ventas intracomunitarias a distancia incluyen todo tipo de bienes, excepto:

1. Excluye en todo caso los medios de transporte nuevos y los bienes objeto de instalación o montaje.

2. Se excluyen las ventas acogidas al régimen especial de bienes usados en el Estado miembro en que se inicie el transporte, que tributarán en este Estado miembro de acuerdo con las normas reguladoras de este régimen.

181

Con carácter general, las ventas intracomunitarias a distancia a particulares o consumidores finales tributarán en el Estado miembro en que se encuentre el cliente (particular o consumidor final).

No obstante, cuando se realicen por empresarios establecidos en un único Estado miembro, las ventas a distancia tributarán:

1. En el Estado miembro de destino, si en el año anterior el importe de las ventas intracomunitarias a distancia y de las prestaciones de servicios de telecomunicaciones, televisión, radiodifusión y vía electrónica a consumidores finales establecidos en otros Estados miembros hubiese excedido de 10.000 euros.

2. Si en el año anterior el importe de las ventas intracomunitarias a distancia y de las prestaciones de servicios de telecomunicaciones, televisión, radiodifusión y vía electrónica a consumidores finales establecidos en otros Estados miembros no hubiese excedido de 10.000 euros y NO se ejerció la opción por la tributación en destino, tributarán en origen hasta 10.000 euros y en destino una vez superados.

3. Si en el año anterior el importe de las ventas intracomunitarias a distancia y de las prestaciones de servicios de telecomunicaciones, televisión, radiodifusión y vía electrónica a consumidores finales establecidos en otros Estados miembros no hubiese excedido de 10.000 euros, pero el empresario hubiese ejercido la opción prevista en el artículo 73 de la LIVA, tributarán en destino.

⇨ **Acuerdo de venta de bienes en consigna**

Se entenderá por acuerdo de venta de bienes en consigna el celebrado entre empresarios o profesionales para la venta transfronteriza de mercancías, en cuya virtud un empresario (proveedor) envía bienes desde un Estado miembro a otro, dentro de la Unión Europea, para que queden almacenados en el Estado miembro de destino a disposición de otro empresario o profesional (cliente), que puede adquirirlos en un momento posterior a su llegada, siempre que cumpla los siguientes requisitos:

Que los bienes sean expedidos o transportados a otro Estado miembro, por el vendedor con el fin de que esos bienes sean adquiridos en un momento posterior a su llegada por otro empresario o profesional habilitado por un acuerdo previo entre ambas partes.

a) Que el vendedor no tenga la sede de su actividad económica o un establecimiento permanente en el Estado miembro de llegada de la expedición o transporte.

b) Que el empresario o profesional que va a adquirir los bienes esté identificado a efectos del Impuesto sobre el Valor Añadido en el Estado miembro de llegada de la expedición o transporte, y ese número de identificación fiscal, así como su nombre y apellidos, razón o denominación social completa, sean conocidos por el vendedor en el momento del inicio de la expedición o transporte.

c) Que el vendedor haya incluido el envío de dichos bienes tanto en el libro registro de determinadas operaciones intracomunitarias como en la declaración recapitulativa de operaciones intracomunitarias (modelo 349).

d) Las transferencias de bienes desde el territorio de aplicación del Impuesto con destino a otro estado miembro realizadas en el marco de un acuerdo de venta de bienes en consigna que cumpla los requisitos anteriores, no tendrán la calificación de operación asimilada a una entrega de bienes y por tanto, no estarán sujetas al Impuesto.

En el caso de bienes transferidos desde otro Estado miembro al territorio de aplicación del Impuesto en el marco de un acuerdo de venta de bienes en consigna, cuando, en el plazo de los doce meses siguientes a la llegada de los bienes a dicho territorio en el marco de un acuerdo de venta de bienes en consigna, el empresario o profesional mencionado en la letra c) adquiera el poder de disposición de los bienes, se entenderá que en el territorio de aplicación del Impuesto se realiza.

Esta operativa permite la sustitución del destinatario inicial por otro empresario o profesional, dentro del plazo de los doce meses siguientes a la llegada de los bienes al Estado miembro de destino, siempre que se cumplan las siguientes condiciones:

•   Que el vendedor incluya la sustitución en el libro registro de determinadas operaciones intracomunitarias y en la declaración recapitulativa de operaciones intracomunitarias.

•   Que se cumplan las demás condiciones previstas en el apartado «B) Concepto de acuerdo de venta de bienes en consigna» (en particular, la existencia de un acuerdo de venta de bienes en consigna entre el vendedor y el sustituto).

•   Cuando en el plazo de los doce meses siguientes a la llegada de los bienes al Estado miembro de destino en el marco de un acuerdo de venta de bienes en consigna, el sustituto adquiera el poder de disposición de los bienes, se entenderá que en el territorio de aplicación del Impuesto se realiza una entrega de bienes a la que resultará aplicable la exención prevista en el artículo 25 la LIVA.

5.4. Prestaciones de servicios

Las prestaciones de servicios se definen como **toda operación sujeta al IVA que no tenga la consideración de entrega, adquisición intracomunitaria o importación de bienes.**

Se trata, por tanto, de un concepto general respecto del cual la Ley en su artículo 11, ofrece una lista no exhaustiva de operaciones que tienen la consideración de prestación de servicios:

1. El ejercicio independiente de una profesión, arte u oficio.

2. Los arrendamientos de bienes, industria, negocio, empresa o establecimiento mercantil, con o sin opción de compra. El arrendamiento financiero tiene consideración de prestación de servicios en tanto no se ejercite o, en su caso, no se comprometa el ejercicio de la opción de compra.

3. Las cesiones de uso y disfrute de bienes.

4. Las cesiones y concesiones de derechos de autor, licencias, patentes, marcas y demás derechos de propiedad intelectual o industrial.

La Sra. C, escritora, que cede sus derechos de autora a la Empresa editorial A. La operación está sujeta al impuesto y deberá repercutirse el IVA correspondiente.

5. Las obligaciones de hacer y de no hacer, así como las abstenciones estipuladas en contratos de agencia o venta en exclusiva o derivadas de convenios de distribución de bienes en áreas territoriales delimitadas.

La empresa G recibe una cantidad de la empresa WWW a los efectos de que G se abstenga de comercializar sus servicios turísticos en una zona determinada donde WWW pretende comenzar a desarrollar un nuevo tipo de actividad. Tal operación se tipifica como una prestación de servicios de G en beneficio de WWW y, por tanto, al importe a percibir debe añadirse el IVA que G (que es quien presta el servicio) debe repercutir a WWW.

.../....

...../...

El Sr. Gómez, arrendador de locales de negocio, va a satisfacer a la empresa FF una indemnización con la finalidad de que esta renuncie a sus derechos como arrendataria y abandone el local.

En este supuesto, FF presta un servicio al arrendador que se valora en el importe de la indemnización que este debe pagar.

Por este motivo se produce el devengo del IVA correspondiente, de manera que el Sr. Gómez abonará la indemnización más el IVA correspondiente a la empresa FF.

6. Las ejecuciones de obra cuando no tengan la consideración de entregas de bienes.

7. Los traspasos de locales de negocios.

El profesional Z abona a la empresa YYY S.L. el traspaso que esta solicita para ceder el local donde Z pretende abrir su nueva oficina. A su vez, y según los acuerdos alcanzados, el propietario del local se beneficiará de una parte del traspaso a satisfacer.

En tal supuesto, tanto YYY como el propietario del local prestan un servicio al profesional Z consistente en el traspaso del local de negocio, por lo que tanto uno como otro percibirán una parte de la cuantía total que pagará Z. Este pagará entonces los importes pactados más el IVA correspondiente.

8. Los transportes.

9. Los servicios de hostelería, restaurante o acampamento y las ventas de bebidas o alimentos para su consumo inmediato en el mismo lugar.

10. Las operaciones de seguro, reaseguro y capitalización. Aunque la LIVA las declara expresamente sujetas al impuesto, posteriormente señala que las mismas estarán exentas bajo ciertas condiciones.

11. Las prestaciones de hospitalización. Al igual que en el supuesto anterior, se trata de operaciones sujetas pero exentas bajo ciertas condiciones.

12. Los préstamos y los créditos en dinero, respecto de los cuales puede volver a añadirse los mismos comentarios que en los dos puntos anteriores.

185

13. El derecho a utilizar instalaciones deportivas o recreativas.

14. La explotación de ferias y exposiciones.

15. Las operaciones de mediación, agencia y comisión, cuando el agente o comisionista actúa en nombre ajeno.

16. El suministro de productos informáticos cuando no tenga la condición de entrega de bienes, considerándose accesoria a la prestación de servicios la entrega del correspondiente soporte. En particular, se considerará prestación de servicios el suministro de productos informáticos que hayan sido confeccionados previo encargo de su destinatario conforme a las especificaciones de este, así como aquellos otros que sean objeto de adaptaciones sustanciales necesarias para el uso por su destinatario.

 La empresa XS encarga la realización de un programa de contabilidad específico para la misma.

5.5. Operaciones asimiladas a las prestaciones de servicios

Del mismo modo que ocurría con las entregas de bienes, también con respecto a las prestaciones de servicios se definen una serie de operaciones que se asimilan a ellas y que, por tanto, dan lugar al devengo del Impuesto. La LIVA las califica de **autoconsumos de servicios**.

Son las siguientes operaciones cuando se realizan sin contraprestación, es decir, gratuitamente:

⇨ Transferencias de bienes del patrimonio empresarial o profesional al patrimonio personal del sujeto pasivo, cuando las mismas no sean entregas de bienes (se trata en realidad de una cláusula de cierre para acabar sujetando al IVA abolutamente todas las operaciones de estas características, bien sea por su asimilación a entrega de bienes o por su asimilación a prestación de servicios).

⇨ La aplicación total o parcial al uso particular o, en general, a fines ajenos a la actividad, de los bienes integrantes de patrimonio empresarial o profesional del sujeto pasivo.

El Sr. C, dueño de un establecimiento de hostelería, utiliza gratuitamente algunas habitaciones durante los meses de julio y agosto, alojándose en ellas.

En este supuesto se produce un autoconsumo de servicios (es el propio sujeto pasivo quien recibe el servicio de hostelería que presta) y debe por tanto repercutirse el impuesto. La justificación de la exigencia de un IVA repercutido como consecuencia de estas operaciones se debe a la existencia de unos IVA soportados previamente, cuando el empresario o profesional adquirió los bienes para afectarlos a la actividad. Entonces el empresario procedió a deducir los cuotas soportadas, lo que solo se permite si los bienes en cuestión se afectan a la actividad y no a satisfacer necesidades privadas.

⇨ Las demás prestaciones de servicios efectuadas a título gratuito siempre que se realicen para fines ajenos a los de la actividad empresarial o profesional.

La Sra. L, abogada, tramita gratuitamente la separación matrimonial de un familiar. En este supuesto se produce autoconsumo de servicios y debe repercutirse el IVA.

La LIVA, en su artículo 12, califica las operaciones asimiladas a prestación de servicios y enumera los supuestos que se incluyen.

5.6. Adquisiciones intracomunitarias de bienes

Las adquisiciones intracomunitarias de bienes (en adelante, AIB) efectuadas a título oneroso por empresarios, profesionales y personas jurídicas que no actúen como tales, cuando el transmitente sea un empresario o profesional.

El particular C adquiere en Francia un abrigo. Cuando realice la compra, el vendedor le repercutirá el IVA francés. En esta operación no existe AIB.

El empresario D adquiere en Francia a un empresario de este país, una partida de abrigos por 60.000 € que transporta a España para proceder a su venta en la península. En este caso, el empresario D realiza una AIB sujeta al impuesto. Debe por tanto repercutir IVA, practicando esta repercusión sobre sí mismo. Esto da lugar a que, simultáneamente, nazca una IVA soportado que también podrá deducir. Por ello se producirá una situación tal como la que sigue:

- Valor de la AIB: 60.000 €.
- IVA repercutido: 12.600 €.
- IVA soportado: 12.600 €.

No será el empresario francés quien le repercuta el IVA (siempre y cuando el empresario español le haya comunicado al empresario francés su número de identificación a efectos de realización de operaciones intracomunitarias), de tal forma que el empresario francés le emitirá la factura sin IVA porque las AIBS, como regla general, tributan en destino, es decir en el país de destino de esos bienes, en nuestro caso el TAI español, y conforme a los tipos de IVA vigentes en ese país. Y además simultáneamente ese empresario que ha realizado la AIB debe autorrepercutirse el IVA por dicha operación, de tal forma que no existe una tributación efectiva en la práctica (en nuestro caso 12.600 € de IVA soportado se compensan con 12.600 € de IVA repercutido, pero hay que realizarlo y declararlo así en el modelo 303).

La LIVA entiende que una AIB es:

⇨ La obtención del poder de disposición sobre **bienes muebles corporales expedidos o transportados al territorio de aplicación del impuesto** (es decir, península e Islas Baleares), con destino al adquirente, desde **otro Estado miembro**. Es esencial, por tanto, que haya un efectivo desplazamiento de las mercancías.

⇨ Las adquisiciones intracomunitarias de **medios de transporte nuevos** realizadas por particulares.

Deben darse los requisitos:

1. Debe producirse la obtención del poder de disposición a título oneroso sobre bienes muebles corporales.

2. Los bienes han de ser transportados desde otro Estado miembro al territorio de aplicación del impuesto por el transmitente, el adquirente o un transportista que actúe en nombre y por cuenta de cualquiera de ellos. Si no hubiese transporte desde otro Estado miembro se daría a la operación el tratamiento de entrega interior en el Estado en que se produzca.

3. El transmitente debe ser empresario o profesional.

4. El adquirente debe ser empresario o profesional o persona jurídica que no actúe como tal.

Desde el 2020 se incluyen las adquisiciones en el marco de un acuerdo de ventas de bienes en consigna, según el artículo 9 bis LIVA.

Medios de transporte		
Vehículos terrestres de cilindrada superior a 48 cm cúbicos o potencia superior a 7,2 kW.	Embarcaciones de eslora superior a 7,5 metros, con excepción de aquellas a las que afecte la exención del artículo 22, apartado uno, de la LIVA.	Aeronaves cuyo peso total al despegue exceda de 1.550 kg.

Nuevos			
Entrega antes de los tres meses siguientes a la fecha de su primera puesta en servicio (o seis meses si son vehículos terrestres).	Vehículos terrestres que no han recorrido más de 6.000 km.	Las embarcaciones que no han navegado más de 100 horas.	Las aeronaves que no han volado más de 40 horas.

En estos casos, debe destacarse que al calificarse la adquisición de este tipo de bienes como AIB, incluso cuando el adquirente es un particular, puede concluirse que las adquisiciones de medios de transporte nuevos adquiridos en otro país de la UE tributan siempre en el TAI (o, con más precisión, en la península e Islas Baleares).

5.7. Importaciones de bienes

La LIVA es muy clara en este punto, y establece que estarán sujetas al impuesto las importaciones de bienes, cualquiera que sea el fin a que se destinen y la condición del importador.

Las importaciones se refieren a los siguientes hechos:

⇨ La entrada en el interior del país de un bien procedente de un territorio tercero, entendiendo como tales los países no integrantes de la UE, así como Canarias, Ceuta y Melilla.

Un empresario zamorano adquiere 50.000 kilogramos de pistachos de Marruecos.

⇨ La entrada en el interior del país de bienes que no cumplen las condiciones previstas en los arts. 9 y 10 del Tratado de la CEE (y del actual TCE) o, si se trata de bienes afectados por el Tratado de la CECA, cuando no estén en libre práctica.

Un bien procedente de Holanda sería, en principio, una AIB, pero si se verifica que este bien aún no ha satisfecho todos los impuestos que permiten su consumo en el interior de la UE (como son, por ejemplo, los impuestos especiales o el propio IVA), cuando entre en la península o las Islas Baleares se tratará como una importación y no como una AIB.

Se **asimilan a importaciones**, y se produce por tanto el devengo del tributo, en los siguientes casos:

1. Cuando se incumple el requisito de afectación a la navegación marítima internacional, al salvamento, a la asistencia marítima o a la pesca costera de buques que se habían beneficiado de exenciones con la condición de ser destinados a dichas finalidades.

2. Cuando se incumple el requisito de afectación a la navegación aérea internacional de aeronaves que en su adquisición o importación se habían beneficiado de exenciones por ser destinados a aquella finalidad.

3. Cuando tiene lugar una adquisición de bienes, dentro de la península o Islas Baleares, en el supuesto de que tales bienes se hubieran beneficiado de las

exenciones propias del régimen diplomático o consular, o hubieran sido destinados a organismos internacionales reconocidos por España.

El consulado del país W adquirió un determinado mobiliario para sus oficinas de Madrid y Barcelona. Dicha compra está exenta en aplicación del régimen diplomático y consular, según lo previsto en el impuesto para este tipo de operaciones. No obstante, posteriormente, tales bienes son vendidos al empresario D, que los utilizará en su actividad. En este caso, la venta será una operación asimilada a una importación y, por tanto, se devengará el IVA correspondiente.

4. El cese de las situaciones a que se refiere el artículo 23 (depósito temporal o para incorporarlas en plataformas de perforación) o la ultimación de los regímenes comprendidos en el artículo 24 de LIVA (zona franca, o régimen de depósito aduanero, entre otros), de los bienes cuya entrega o adquisición intracomunitaria para ser colocados en las citadas situaciones o vinculados a dichos regímenes se hubiese beneficiado de la exención del Impuesto en virtud de lo dispuesto en los mencionados artículos y en el artículo 26, apartado uno, o hubiesen sido objeto de entregas o prestaciones de servicios igualmente exentas por dichos artículos.

No obstante, no constituirán operación asimilada a las importaciones estas operaciones que acabamos de referir cuando aquella determine una entrega de bienes a la que resulte aplicable las exenciones establecidas en los artículos 21, 22 o 25 de la LIVA.

La empresaria A vende a la empresa estadounidense C una partida de ropa deportiva, que es entonces introducida en la zona franca del puerto de Bilbao. La entrega de bienes destinados a ser introducidos en una zona o depósito franco está exenta, pues se entiende que la finalidad última de la operación es exportar los bienes. Si por la razón que fuere los bienes saliesen de las citadas áreas sin ser finalmente exportados (por ejemplo, al decidir la empresa americana la comercialización en España), el impuesto (que en el momento de la entrega previa no recayó sobre la operación al existir una exención) se devengará al considerarse la citada salida de la zona franca como una operación asimilada a una importación.

6. Sujeto pasivo

Son sujetos pasivos del IVA:

⇨ **Empresarios o profesionales**

Los empresarios o profesionales que realicen las entregas de bienes o presten los servicios sujetos al impuesto.

La persona responsable de la PYME que vende el bien o el profesional que presta el servicio son los sujetos pasivos del IVA, es decir, quienes deberán proceder a hacer efectivo su ingreso en la Hacienda Pública.

Esto no es incompatible con que el hecho de que el IVA sea soportado por otro empresario o por la persona que lo consuma finalmente.

⇨ **Inversiones del sujeto pasivo**

Las personas propietarias de las pymes y profesionales para quienes se realicen las operaciones gravadas cuando las mismas son efectuadas por personas o entidades **no establecidas en el ámbito de aplicación del impuesto**. En tal caso, nos encontramos ante lo que ya con anterioridad hemos identificado como **"inversiones del sujeto pasivo"** al aparecer como tal la persona destinataria de las operaciones en lugar del agente económico que las realiza.

Un abogado cacereño solicita los servicios de asesoramiento de un abogado danés sobre el IVA intracomunitario, cobrándole por ello 3.000 €.

En este caso el sujeto pasivo es el abogado cacereño que recibe los servicios en el TAI.

No será el empresario danés quien le repercuta el IVA al abogado cacereño, ya que no está establecido en el TAI, de tal forma que el empresario danés le emitirá la factura sin IVA, y simultáneamente ese abogado cacereño debe soportar y autorepercutirse el IVA por dicha operación:

• Base imponible: 3.000 €.

.../...

...∕...

- IVA soportado 21%: 630 €.

- IVA autorepercutido 21%: 630 €.

De tal forma que no existe una tributación efectiva en la práctica (en nuestro caso 630 € de IVA soportado se compensan con 630 € de IVA repercutido, pero hay que realizarlo y declararlo así como veremos más adelante al estudiar el modelo 303).

La inversión del sujeto pasivo se da en los empresarios o profesionales para quienes se realicen las operaciones sujetas al Impuesto en los supuestos que se indican a continuación:

a) Cuando las mismas se efectúen por personas o entidades no establecidas en el territorio de aplicación del Impuesto.

b) Cuando se trate de entregas de oro sin elaborar o de productos semielaborados de oro, de ley igual o superior a 325 milésimas.

c) Cuando se trate de:

Entregas de desechos nuevos de la industria, desperdicios y desechos de fundición, residuos y demás materiales de recuperación constituidos por metales férricos y no férricos, sus aleaciones, escorias, cenizas y residuos de la industria que contengan metales o sus aleaciones.

Las operaciones de selección, corte, fragmentación y prensado que se efectúen sobre los productos citados en el guión anterior.

Entregas de desperdicios o desechos de papel, cartón o vidrio.

Entregas de productos semielaborados resultantes de la transformación, elaboración o fundición de los metales no férricos referidos en el primer guión, con excepción de los compuestos por níquel. En particular, se considerarán productos semielaborados los lingotes, bloques, placas, barras, grano, granalla y alambrón.

d) Cuando se trate de prestaciones de servicios que tengan por objeto derechos de emisión, reducciones certificadas de emisiones y unidades de reducción de emisiones de gases de efecto invernadero.

e) Cuando se trate de las siguientes entregas de bienes inmuebles:

▶ Las entregas efectuadas como consecuencia de un proceso concursal.

193

> ► Las entregas exentas inmobiliarias a que se refieren los apartados 20.º y 22.º del art 20.Uno en las que el sujeto pasivo hubiera renunciado a la exención.

> ► Las entregas efectuadas en ejecución de la garantía constituida sobre los bienes inmuebles, entendiéndose, asimismo, que se ejecuta la garantía cuando se transmite el inmueble a cambio de la extinción total o parcial de la deuda garantizada o de la obligación de extinguir la referida deuda por el adquirente.

f) Cuando se trate de ejecuciones de obra, con o sin aportación de materiales, así como las cesiones de personal para su realización, consecuencia de contratos directamente formalizados entre el promotor y el contratista que tengan por objeto la urbanización de terrenos o la construcción o rehabilitación de edificaciones.

Lo establecido en el párrafo anterior será también de aplicación cuando los destinatarios de las operaciones sean a su vez el contratista principal u otros subcontratistas en las condiciones señaladas.

g) Cuando se trate de entregas de los siguientes productos:

> ► Plata, platino y paladio, en bruto, en polvo o semilabrado. En todo caso ha de tratarse de productos que no estén incluidos en el ámbito de aplicación del régimen especial aplicable a los bienes usados, objetos de arte, antigüedades y objetos de colección.

> ► Teléfonos móviles.

> ► Consolas de videojuegos, ordenadores portátiles y tabletas digitales.

Lo previsto en estos dos últimos guiones solo se aplicará cuando el destinatario sea:

1. Un empresario o profesional revendedor de estos bienes, cualquiera que sea el importe de la entrega.

2. Un empresario o profesional distinto de los referidos en la letra anterior, cuando el importe total de las entregas de dichos bienes efectuadas al mismo, documentadas en la misma factura, exceda de 10.000 euros, excluido el Impuesto sobre el Valor Añadido.

A efectos del cálculo del límite mencionado, se atenderá al importe total de las entregas realizadas cuando, documentadas en más de una factura, resulte acreditado que se trate de una única operación y que se ha producido el desglose artificial de la misma a los únicos efectos de evitar la aplicación de esta norma.

⇨ **Operaciones realizadas por personas jurídicas que no actúan como empresarias**

Las personas jurídicas que no actúan como empresarios o profesionales cuando sean destinatarias de las entregas subsiguientes a las AIB exenta por **operación triangular**, siempre que hayan comunicado al proveedor un NIF-IVA atribuido por la Administración española.

⇨ **Adquisiciones de gas o electricidad por empresarios**

Los empresarios o profesionales, así como las personas jurídicas que no actúen como empresarios o profesionales, que sean **destinatarios de entregas de gas y electricidad** que se entiendan realizadas en el territorio de aplicación del impuesto conforme a lo dispuesto en el apartado siete del artículo 68, siempre que la entrega la efectúe un empresario o profesional no establecido en el citado territorio y le hayan comunicado el número de identificación que a efectos del Impuesto sobre el Valor Añadido tengan asignado por la Administración española.

⇨ **Herencias yacentes, comunidades de bienes**

Las herencias yacentes, comunidades de bienes y demás entidades que, careciendo de personalidad jurídica, constituyan una unidad económica o un patrimonio separado susceptible de imposición, cuando realicen operaciones sujetas al impuesto.

Una comunidad de propietarios posee una serie de locales comerciales que alquila a diferentes empresas para que instalen en ellos sus comercios. La comunidad es sujeto pasivo del IVA y realiza una actividad sujeta al mismo (arrendamiento), por lo que se debe repercutir el tributo sobre los arrendatarios.

⇨ **Quienes realicen AIB**

En el caso de AIB, quienes las realicen.

Un empresario que adquiere cervezas a un proveedor alemán a quien comunica su número de identificación fiscal a efectos del IVA.

195

⇨ **Importadores**

En el caso de **importación** de bienes, los importadores, considerándose como tales los destinatarios de los bienes, los viajeros (respecto de los bienes que conduzcan en el momento de entrar en el territorio), los propietarios de los bienes en los casos no contemplados anteriormente o, finalmente, los adquirentes, propietarios, arrendatarios o fletadores de los bienes en el caso de operaciones asimiladas a importaciones.

1. Un empresario español que adquiere cervezas mexicanas.

2. Un ciudadano turolense que declara en la aduana papiros y objetos adquiridos en Egipto.

3. El mismo ciudadano anterior sobre una estatua de faraones que no ha declarado en la aduana.

4. Una estudiante que compra por correspondencia ropa de los Estados Unidos.

El sujeto pasivo del IVA viene regulado en los artículos 84 a 89 de la LIVA.

7. Devengo del IVA

7.1. Devengo del impuesto por entregas y prestaciones de servicios

Determinar el momento en que se entiende realizado el hecho imponible presenta una especial relevancia en el ámbito del IVA, dado el amplio elenco de operaciones que pueden plantearse en la realidad.

De manera sistemática, de acuerdo con lo que establece la LIVA en sus arts. 75, 76 y 77, puede concretarse lo siguiente:

a) **En las entregas de bienes, el IVA se devenga cuando tenga lugar la puesta a disposición del adquirente.**

1. Con esta expresión, la norma pretende resaltar que se ha producido una transmisión del objeto del transmitente al adquirente, por lo que este puede ya disponer del mismo.

2. Cuando existe otorgamiento de escritura pública, la puesta a disposición se entiende realizada de acuerdo con la fecha de la escritura.

Puede ocurrir, sin embargo, que la entrega se haya realizado con **pacto de reserva de dominio o mediante otras fórmulas como el arrendamiento-venta** o los arrendamientos con cláusula de transferencia de la propiedad vinculante para ambas partes. En tales casos, ciertamente el bien no queda a la plena disposición del adquirente. Por ejemplo, el pacto de reserva de dominio suele conllevar la entrega del bien, pero no de la propiedad del mismo hasta que se haya satisfecho íntegramente el precio, lo que exigirá que transcurra un cierto tiempo. Del mismo modo, si se ha pactado un arrendamiento con posterior venta garantizada del bien, este no está desde un principio a la plena disposición del adquirente, pues por el momento no existe nada más que un arrendamiento y no una enajenación.

Para evitar que mediante operaciones como las expuestas pueda diferirse la tributación del impuesto artificialmente, la LIVA señala expresamente que **en casos como los planteados el devengo se produce en el momento en que el bien se ponga en posesión del adquirente**.

 La cadena de grandes almacenes DOR S.A. ha vendido a plazos determinados bienes, introduciendo en las cláusulas de este tipo de venta la reserva de la propiedad del bien hasta que el cliente haya pagado totalmente el precio. Sin embargo, el IVA se entiende devengado desde que se entregan los bienes, y debe procederse a su repercusión desde el primer momento.

b) **En el caso de prestaciones de servicios, el IVA se devengará cuando se presten, ejecuten o efectúen las operaciones gravadas.**

No obstante, en las prestaciones de servicios en las que el destinatario sea el sujeto pasivo del Impuesto conforme a lo previsto en los números 2º y 3º del apartado Uno del artículo 84 LIVA, que se lleven a cabo de forma continuada durante un plazo superior a un año y que no den lugar a pagos anticipados durante dicho periodo, el devengo del Impuesto se producirá a 31 de diciembre de cada año por la parte proporcional correspondiente al periodo transcurrido desde el inicio de la operación o desde el anterior devengo hasta la citada fecha, en tanto no se ponga fin a dichas prestaciones de servicios.

197

Por excepción de lo dispuesto en los párrafos anteriores, cuando se trate de ejecuci ones de obra con aportación de materiales, en el momento en que los bienes a que se refieran se pongan a disposición del dueño de la obra.

Cuando se trate de ejecuciones de obra, con o sin aportación de materiales, cuyas destinatarias sean las Administraciones públicas, en el momento de su recepción, conforme a lo dispuesto en el artículo 235 del Texto Refundido de la Ley de Contratos del Sector Público.

c) **En la transmisión de bienes entre comitente y comisionista efectuadas en virtud de contratos de comisión de venta, cuando el último actúe en nombre propio, en el momento en que el comisionista efectúe la entrega de los respectivos bienes.**

Cuando se trate de una comisión o encargo de venta, el impuesto se devengará en el momento en que el comisionista efectúe la entrega de los bienes a quien los adquiera.

d) En las transmisiones de bienes entre comisionista y comitente efectuadas en virtud de contratos de comisión de compra, cuando el primero actúe en nombre propio, en el momento en que al comisionista le sean entregados los bienes a que se refieran.

e) En los **supuestos de autoconsumo**, el Impuesto se devenga cuando se realicen las operaciones gravadas.

f) **En los arrendamientos, suministros y, en general, operaciones de tracto sucesivo o continuado**, el IVA se devenga en el momento en que resulte exigible la parte del precio que corresponda a cada percepción.

En el recibo facturado de la luz, el IVA se entiende devengado cuando, de acuerdo con el contrato de suministro, el cliente deba pagar el precio que corresponde a la luz consumida en ese periodo.

g) **En las entregas de bienes destinados a otros estados miembros, distintas de las señaladas en el número anterior.**

El devengo del Impuesto se producirá el día 15 del mes siguiente a aquel en el que se inicie la expedición o el transporte de los bienes con destino al adquirente. No obstante, si con anterioridad a la citada fecha se hubiera expedido factura por dichas operaciones, el devengo del Impuesto tendrá lugar en la fecha de expedición de la misma.

 En las ventas a distancia en consigna, el devengo se producirá al día siguiente de la expiración del plazo de 12 meses establecidos en el artículo 9 bis LIVA.

Especialmente relevante es la existencia de posibles **pagos anticipados**. En el caso de que tenga lugar la existencia de estos últimos, y la operación esté sujeta a gravamen, el Impuesto se devenga en el momento del cobro total o parcial del precio por los importes efectivamente percibidos.

 Si la empresa A ha cerrado un contrato con la empresa B por la que esta le enviará el mes que viene una determinada partida de bienes, las cuantías anticipadas que A pueda haber pagado a B deben incluir el IVA correspondiente.

7.2. Adquisiciones intracomunitarias de bienes o importaciones

Por su parte, la LIVA **añade los criterios de devengo cuando existen adquisiciones intracomunitarias de bienes o importaciones**:

⇨ En el supuesto de las **adquisiciones intracomunitarias**, el IVA se devenga cuando tenga lugar la entrega de los bienes, de acuerdo con los mismos criterios que se han expuesto para las entregas interiores. Cabe destacar que, si en estas operaciones existieran pagos anticipados, no se produce, sin embargo, el devengo del Impuesto por ningún concepto.

⇨ En las importaciones, el IVA se devenga en el mismo momento en que se causen los derechos a la importación, de acuerdo con la legislación aduanera.

8. La base imponible

8.1. Conceptos incluidos en la base imponible

 La base imponible del IVA está constituida por el **importe de la contraprestación** que debe satisfacer el destinatario de las operaciones sujetas al impuesto.

De forma específica, **dentro de la base imponible deben incluirse los siguientes conceptos, según detalla el art. 78 de la LIVA**:

a) **Los gastos de comisiones, transportes, seguros y, en general, cualquier otro crédito o cantidad que deba satisfacerse a quien realice la entrega o preste el servicio, derivado de la prestación principal o de las accesorias a la misma.**

   No se incluyen los intereses por aplazamiento en el pago del precio cuando correspondan a un periodo posterior a la entrega de los bienes o la prestación de los servicios.

 Entre las operaciones exentas del impuesto se encuentran las operaciones financieras de aplazamiento o demora en el pago del precio, motivo por el cual los intereses no deben incorporarse a la base del IVA, aunque si se cobran la Ley exige que su importe se haga constar separadamente en la factura (aunque no se repercuta IVA por ellos).

b) **Las subvenciones que se vinculan directamente al precio de las operaciones sujetas al Impuesto.**

 Se considerarán vinculadas directamente al precio de las operaciones sujetas al Impuesto las subvenciones establecidas en función del número de unidades entregadas o del volumen de los servicios prestados cuando se determinen con anterioridad a la realización de la operación.

No obstante, no se considerarán subvenciones vinculadas al precio ni integran en ningún caso el importe de la contraprestación de la base imponible, aportaciones dinerarias, sea cual sea su denominación, que las Administraciones Públicas realicen para financiar:

1. La gestión de servicios públicos o de fomento de la cultura en los que no exista una distorsión significativa de la competencia, sea cual sea su forma de gestión.

2. Actividades de interés general cuando sus destinatarios no sean identificables y no satisfagan contraprestación alguna.

Una empresa recibe una subvención que le permite vender su producto a 12,02 € la unidad. La cuantía de la subvención es de 1,80 € por unidad. En consecuencia la base imponible será:

Precio del bien + Subvención = 13,82

El IVA deberá repercutirse, necesariamente, sobre la citada base.

c) Los tributos y gravámenes que recaigan sobre las operaciones. Esta mención incluye expresamente los impuestos especiales, con excepción del Impuesto especial sobre determinados medios de transporte.

d) Las percepciones retenidas con arreglo a Derecho por quien estaba obligado a realizar las operaciones. Es decir, quien debía realizar la entrega del bien o la prestación del servicio, cuando se produce una resolución de las citadas operaciones. El supuesto hace referencia al posible acuerdo al que suelen llegar las partes en determinados contratos que permiten al vendedor retener las cuantías que, en su caso, pudiera haber satisfecho el comprador, cuando finalmente la operación no se consuma. En estos supuestos, el vendedor (aunque la operación puede no haber concluido según lo inicialmente pactado) debe repercutir IVA sobre las cantidades que, satisfechas por el comprador, no han de ser devueltas a este y pueden, por tanto, quedar retenidas.

e) El importe de los envases y de los embalajes, incluso los susceptibles de devolución, cargado a los destinatarios de la operación, cualquiera que sea el concepto por el que dicho importe se perciba.

f) Finalmente, también deben computarse, en su caso, las deudas asumidas por el destinatario de las operaciones como contraprestación total o parcial de las mismas.

La empresa CER S.A. debe satisfacer a su proveedor un importe de 24.000 €. Adicionalmente, se hará también cargo de unas deudas que este tiene pendiente con una entidad financiera por importe de 6.000 €.

En tal supuesto, la base imponible sumará un total de 30.000 €.

Asimismo, junto a lo anterior debe tenerse en cuenta que no forman parte de la base imponible:

1. Las cantidades percibidas por razón de indemnizaciones distintas de las indicadas anteriormente, cuando no constituyan contraprestación.

201

2. Los descuentos y bonificaciones cuando se concedan previa o simultáneamente al momento en que la operación se realice.

3. Tampoco debe repercutirse IVA sobre los suplidos, es decir, las cantidades
pagadas en nombre y por cuenta del cliente en virtud de mandato expreso del
mismo.

Finalmente, debe tenerse en cuenta que si no se repercute expresa y separadamente el IVA en la factura o documento equivalente, se entiende que la contraprestación no ha incluido este impuesto. Esta regla solo dejará de aplicarse en los supuestos
en que la repercusión expresa no sea obligatoria (por ejemplo, cuando se pueda expedir un ticket) o en los supuestos de percepciones retenidas con arreglo a derecho en el
caso de resolución de las operaciones.

8.2. Reglas especiales de determinación de la base imponible

Existen determinados supuestos en los que deben **destacarse las siguientes
circunstancias**:

⇨ **La contraprestación no consiste en dinero**

En las operaciones cuya contraprestación no consista en dinero se considerará
como base imponible el importe, expresado en dinero, que se hubiera acordado entre las partes.

No obstante, si la contraprestación consistiera parcialmente en dinero, se
considerará base imponible el resultado de añadir al importe, expresado en
dinero, acordado entre las partes, por la parte no dineraria de la contraprestación, el importe de la parte dineraria de la misma, siempre que dicho resultado
fuere superior al determinado por aplicación de lo dispuesto en los párrafos
anteriores.

⇨ **Es una misma operación se entregan bienes de distinta naturaleza**

Si en una misma operación y por precio único se entregan bienes o se prestan
servicios de distinta naturaleza, incluso en los supuestos de transmisión de la
totalidad o parte de un patrimonio empresarial, (lo cual es trascendente, por
ejemplo, si deben aplicarse tipos impositivos diferentes) la base de cada uno de
ellos se determinará en proporción al valor de mercado de los bienes entregados o servicios prestados.

No será aplicable esta regla cuando los bienes o servicios constituyan el objeto
de prestaciones accesorias de otra principal sujeta al impuesto.

Un empresario de alimentación transmite, por 6.000 €, productos a los que les corresponde un tipo del 10% y otros a los que les corresponde el 4%. El valor de mercado de los primeros es de 3.600 € y el de los segundos de, 3.300.

Base imponible de los primeros: 3.600 / (3.600 + 3.300), multiplicando esta fracción por los 6.000 €, nos da 3.130,43 €.

Base imponible de los segundos: se multiplican los 6.000 € por la fracción correspondiente a 3.300/(3.600 + 3.300), es decir 2.869,57 €.

⇨ **Autoconsumo y transferencia de bienes**

En los supuestos de autoconsumo y de transferencia de bienes a otro Estado como operación asimilada a entrega de bienes, se considerará lo siguiente:

- Si los bienes se entregan en el mismo estado en que han sido adquiridos (es decir, no han experimentado transformación alguna), la base será la misma que se aplicó cuando se adquirieron.

Se adquieren, por 18.000 €, diferentes productos para ser puestos a la venta.

El empresario destina a su consumo particular algunos de los bienes anteriores, cuyo valor fue de 1.500 €. Como es ya sabido, esta operación es un autoconsumo gravado plenamente por el impuesto, y la base imponible serán las 1.500 € de coste de los bienes autoconsumidos.

- Si ha existido algún tipo de transformación, la base será el coste de los bienes o servicios utilizados para obtener los bienes autoconsumidos, incluyendo los gastos de personal efectuados con la misma finalidad.

- Si el valor de los bienes autoconsumidos ha experimentado alguna modificación como consecuencia de su utilización, deterioro, obsolescencia, envilecimiento o revalorización, se toma como base imponible el valor de los bienes en el momento en que tenga lugar el autoconsumo.

⇨ **Autoconsumo de servicios**

En el supuesto de autoconsumo de servicios, la base será el coste de prestación de los servicios, incluyendo la amortización, en su caso, de los bienes cedidos.

⇨ **Existe vinculación entre las partes que intervienen en una operación**

Cuando exista vinculación entre las partes que intervengan en una operación, su base imponible será su valor normal de mercado.

La vinculación podrá probarse por cualquiera de los medios admitidos en derecho.

Se considerará que existe vinculación en los siguientes supuestos:

1. En el caso de que una de las partes intervinientes sea un sujeto pasivo del Impuesto sobre Sociedades o un contribuyente del IRPF o del IRNR.

2. En las operaciones realizadas entre los sujetos pasivos y las personas ligadas a ellos por relaciones de carácter laboral o administrativo.

3. En las operaciones realizadas entre el sujeto pasivo y su cónyuge o sus parientes consanguíneos hasta el tercer grado inclusive.

4. En las operaciones realizadas entre una entidad sin fines lucrativos a las que se refiere el artículo 2 de la Ley 49/2002, de 23 de diciembre, y sus fundadores, asociados, patronos, representantes estatutarios, miembros de los órganos de gobierno, los cónyuges o parientes hasta el tercer grado inclusive de cualquiera de ellos.

5. En las operaciones realizadas entre una entidad que sea empresario o profesional y cualquiera de sus socios, asociados, miembros o partícipes.

⇨ **Transmisión de bienes**

En el supuesto de transmisión de bienes del comitente al comisionista, cuando este actúa en nombre propio, caben dos posibilidades:

•   **Comisión de venta**: la base es la contraprestación convenida por el comisionista, menos la comisión.

•   **Comisión de compra**: la base es la contraprestación convenida por el comisionista, más la comisión.

⇨ **La contraprestación se ha fijado en moneda extranjera**

Si la contraprestación se ha fijado en moneda extranjera, **se aplica el tipo de cambio vendedor fijado por el Banco de España vigente** en el momento del devengo.

8.3. Modificación de la base imponible

De acuerdo con el artículo 80 de la LIVA, **la base imponible puede modificarse**:

⇨ Por **devolución de los envases y los embalajes** que se hayan sido objeto de devolución, y se hayan facturado.

⇨ Por concesión de **descuentos y bonificaciones posteriores a la operación, siempre que sean debidamente justificados**.

⇨ Por el hecho de que la propia operación haya quedado **sin efecto por resolución judicial o administrativa**, o con arreglo al Derecho o a los usos del comercio o, en su caso, se haya alterado el precio.

⇨ Cuando el destinatario de las operaciones (el cliente, en definitiva) **no haya pagado las cuotas que se le hayan repercutido y siempre que con posterioridad al devengo de la operación** se haya dictado auto declaración de concurso.

La modificación, en su caso, no podrá efectuarse después de transcurrido el plazo de dos meses contados a partir del fin del plazo máximo fijado en el número 5.º del apartado 1 del artículo 21 de la Ley 22/2003, de 9 de julio, Concursal.

Solo cuando se acuerde la conclusión del concurso por las causas expresadas en el artículo 176, apartados 1.º, 4.º y 5.º de la Ley Concursal, el acreedor que hubiese modificado la base imponible deberá modificarla nuevamente al alza mediante la emisión, en el plazo que se fije reglamentariamente, de una factura rectificativa en la que se repercuta la cuota procedente.

⇨ Cuando los créditos correspondientes a las cuotas repercutidas sean total o parcialmente incobrables, **considerándose como tales aquellos que reúnan las siguientes características:**

  • **Que haya transcurrido un año desde el devengo sin que se haya realizado el cobro de todo o parte del crédito derivado del mismo**. Cuando se trate de operaciones a plazos o con precio aplazado, deberá haber transcurrido un año desde el vencimiento del plazo o plazos impagados a fin de proceder a la reducción proporcional de la base imponible. Este plazo podrá ser, de seis meses o un año si el volumen de operaciones del titular del crédito en el ejercicio anterior no hubiere excedido de 6.010.121,04 euros.

  • En el caso de operaciones a las que sea de aplicación el régimen especial del criterio de caja esta condición se entenderá cumplida en la fecha de devengo del impuesto que se produzca por aplicación de la fecha límite del 31 de diciembre a que se refiere el artículo 163 terdecies de La LIVA.

- No obstante lo previsto en el párrafo anterior, cuando se trate de operaciones a plazos o con precio aplazado será necesario que haya transcurrido el plazo de seis meses o un año a que se refiere esta regla 1.ª, desde el vencimiento del plazo o plazos correspondientes hasta la fecha de devengo de la operación.

- Que esta circunstancia se anote en los **libros registro**.

- Que **el destinatario de la operación actúe en la condición de empresario o profesional**, o, en otro caso, que la base imponible de aquella, IVA excluido, sea superior a 50 euros.

- **Que se haya reclamado el cobro judicialmente o por medio de requerimiento notarial** o por cualquier otro medio que acredite fehacientemente la reclamación del cobro a aquel, incluso cuando se trate de créditos afianzados por entes públicos. Cuando se trate de operaciones a plazos será suficiente instar el cobro de uno de ellos mediante reclamación judicial o requerimiento notarial o por cualquier otro medio que acredite fehacientemente la reclamación del cobro a aquel, para proceder a la modificación de la base imponible en la proporción que corresponda por el plazo o plazos impagados.

 Cuando se trate de créditos adeudados por entes públicos la reclamación judicial o el requerimiento notarial se sustituirá por una certificación expedida por el órgano competente del ente público deudor con el informe del interventor o tesorero en el que conste el reconocimiento de la obligación y su cuantía.

La modificación debe hacerse en el plazo de seis meses a contar desde la finalización del plazo de 6 meses o un año, y debe comunicarse a la Administración en el plazo de un mes contado desde la fecha de expedición de la factura rectificativa.

 Una vez practicada la reducción de la base imponible, esta no se volverá a modificar al alza aunque el sujeto pasivo obtuviese el cobro total o parcial de la contraprestación, salvo cuando el destinatario no actúe en la condición de empresario o profesional. En este caso, se entenderá que el IVA está incluido en las cantidades percibidas y en la misma proporción que la parte de contraprestación percibida.

No obstante lo dispuesto en el párrafo anterior, **cuando el sujeto pasivo desista de la reclamación judicial al deudor o llegue a un acuerdo de cobro con el mismo con posterioridad al requerimiento notarial efectuado, como consecuencia de este o por cualquier otra causa, deberá modificar nuevamente la base imponible al alza mediante la expedición**, en el plazo de un mes a contar desde el desistimiento o desde el acuerdo de cobro, respectivamente, de una factura rectificativa en la que se repercuta la cuota procedente.

No procederá la modificación de la base imponible en los casos siguientes:

a) Créditos que disfruten de garantía real, en la parte garantizada.

b) Créditos afianzados por entidades de crédito o sociedades de garantía recíproca o cubiertos por un contrato de seguro de crédito o de caución, en la parte afianzada o asegurada.

c) Créditos entre personas o entidades vinculadas.

d) Créditos adeudados o afianzados por Entes públicos.

No se aplicará a la reducción de la base imponible realizada de acuerdo con el apartado cuatro del artículo 80 de LIVA para los créditos que se consideren total o parcialmente incobrables, sin perjuicio de la necesidad de cumplir con el requisito de acreditación documental del impago.

Tampoco procederá la modificación de la base imponible cuando el destinatario de las operaciones no esté establecido en el territorio de aplicación del Impuesto, ni en Canarias, Ceuta o Melilla.

 Se entenderá que en los pagos parciales anteriores a la modificación de la base imponible el IVA estaba incluido en las cantidades percibidas en la misma proporción que la parte de contraprestación satisfecha.

8.4. Determinación de la base imponible en los supuestos de adquisición intracomunitaria de bienes y de importaciones

 La LIVA establece que en el supuesto de AIB la base se determine de acuerdo con los criterios que han sido expuestos para las operaciones interiores.

Por su parte, en el caso de **importaciones** la base imponible será el valor en aduana de los bienes que se importan, adicionando los siguientes conceptos solo en el supuesto de que no estén comprendidos previamente en dicha cuantía:

⇨ Todo tipo de impuestos o exacciones que se devenguen por la importación, con excepción del propio IVA.

⇨ Todos los gastos accesorios tales como transportes, embalaje, comisiones o seguros que se produzcan hasta el primer lugar de destino de los bienes en el interior de la Comunidad Europea (hoy, Unión Europea).

9. El tipo de gravamen

9.1. Introducción

La cuota del impuesto se obtiene de aplicar sobre la base imponible el tipo de gravamen que fija la LIVA.

 Salvo en los casos que se indicarán a continuación, el tipo a aplicar a las operaciones gravadas por el impuesto es el 21%. Si se produjeran modificaciones normativas, la propia LIVA establece que, en todo caso, ha de aplicarse el **tipo vigente en el momento del devengo.**

9.2. Tipo reducido

9.2.1. Operaciones que tributan al tipo reducido

El tipo de gravamen reducido se aplica a las operaciones que se enumeran a continuación. Este tipo reducido será del 10%.

Las operaciones a las que se aplicarán estos tipos son las **entregas interiores, AIB o importaciones de los siguientes bienes**:

⇨ Productos utilizados habitual e idóneamente para la nutrición humana o animal. No se incluyen las bebidas alcohólicas, las bebidas refrescantes, zumos y gaseosas con azúcares o edulcorantes añadidos. Tampoco se tendrán la consideración de alimento el tabaco.

Por Resolución del 24 de febrero de 2025 de la Dirección General de Tributos será de aplicación también el tipo reducido del 4% al pan especial o productos semielaborados referidos al mismo, que hayan sido elaborados con harina exenta de gluten, bien sea de forma natural o porque haya sido objeto de un tratamiento especial, que hasta la fecha venía tributando al 10%.

Para las entregas de aceite de oliva y de semillas, devengadas con anterioridad al 1 de enero de 2023, el tipo aplicable fue el 10%. A partir del 1 de enero de 2023, y hasta el 30 de junio de 2024, las entregas de aceite de oliva y de semillas tributaron al 5%.

A partir del **30 de junio de 2024 la normativa separa el aceite de oliva y el aceite de semillas** es:

- Para el aceite de oliva, entre el 1 de julio de 2024 y el 30 de septiembre de 2024, el tipo fue del 0%. Entre el 1 de octubre y el 31 de diciembre de 2024 el tipo aplicable fue el 2%. Y, desde el 1 de enero de 2025, corresponde el tipo del 4%.

- Para el aceite de semillas, las entregas devengadas entre el 1 de julio de 2024 y el 30 de septiembre de 2024 tributaron al 5%. Para los devengos producidos entre el 1 de octubre y el 31 de diciembre de 2024, el tipo aplicable fue del 7,5%. Una vez vencido el plazo de aplicación del tipo impositivo reducido del 7,5% para el aceite de semillas, el tipo aplicable es, de nuevo, el 10% conforme al artículo 91.Uno.1 LIVA.

- En el caso de las mezclas de aceite de oliva y de semillas, al constituir productos distintos del aceite de oliva y del aceite de semillas, tal y como se definen por el Código Alimentario Español y su normativa de desarrollo, tributan al tipo del 10%, conforme al artículo 91.Uno.1.1.º LIVA.

Tampoco tendrá la consideración de alimento el tabaco.

⇨ Los **animales, vegetales** y los demás productos destinados a la obtención de los productos para la nutrición humana o animal y los animales reproductores de los mismos o los destinados a su engorde antes de su consumo.

⇨ Los bienes que se indican a continuación, cuando puedan ser utilizados para la realización de actividades agrícolas, forestales o ganaderas:

- Semillas.

- Fertilizantes y residuos orgánicos.

- Herbicidas y plaguicidas.

- Correctores y enmiendas.

- Herbicidas, plaguicidas, plásticos y bolsas de papel para cultivos.

⇨ Las **aguas** aptas para la alimentación humana o animal o para el riego, incluso en estado sólido.

⇨ Los medicamentos de uso veterinario. A las sustancias medicinales y principios activos utilizados en su obtención, les será de aplicación el 21%.

Los **equipos médicos, aparatos y demás instrumental**, relacionados en el apartado octavo del anexo de LIVA, que por sus características objetivas, estén diseñados para aliviar o tratar deficiencias, para uso personal y exclusivo de personas que tengan deficiencias físicas, mentales, intelectuales o sensoriales. Se incluyen gafas graduadas, lentillas y productos para su cuidado.

No se incluyen en este apartado otros accesorios, recambios y piezas de repuesto de dichos bienes, a los que les será aplicable el 21%.

Los equipos médicos, aparatos y demás instrumental usado para suplir deficiencias físicas de los animales o con fines de prevención, diagnóstico o tratamiento de enfermedades de los animales, se acogerán al 21%.

También se aplicará el 21% a los cosméticos y productos de higiene personal, excepto las compresas, tampones, protegeslips y preservativos, que pasan a tributar, desde el 2023 y con carácter indefinido, al 4%.

A las mascarillas quirúrgicas y productos sanitarios para diagnóstico in vitro del SARSCOV-2 les será aplicable el 21%.

⇨ Los **edificios** o partes de los mismos aptos para su utilización como viviendas, incluidas las plazas de garaje, con un máximo de dos unidades, y anexos en ellos situados que se transmitan conjuntamente, cuando no es aplicable la exención del IVA como en el caso de las entregas realizadas por el promotor.

⇨ En lo relativo a esta ley no tendrán la consideración de anexos a viviendas los locales de negocio, aunque se transmitan conjuntamente con los edificios o parte de los mismos destinados a viviendas.

Los locales de negocio y las edificaciones destinadas a su demolición tributarán al 21%.

⇨ Las **flores, las plantas vivas** de carácter ornamental, así como las semillas, bulbos, esquejes y otros productos de origen exclusivamente vegetal susceptibles de ser utilizados en su obtención. Tributarán también al 10% aquellas plantas y flores de carácter ornamental entregadas por funerarias y cementerios.

⇨ El resto de entregas de bienes relacionados con su actividad por empresas funerarias tributarán al 21%.

Respecto a las **prestaciones de servicios**, el tipo reducido del 10% se aplica a las siguientes:

1. Los transportes de viajeros y sus equipajes.

2. Los servicios de hostelería, acampamento y balneario, los de restaurantes y, en general, el suministro de comidas y bebidas para consumir en el acto, incluso si se confeccionan previo encargo del destinatario.

   Tributan también al 10% los servicios mixtos de hostelería, espectáculos, discotecas, salas de fiesta, barbacoas u otros análogos.

3. Las efectuadas en favor de titulares de explotaciones agrícolas, forestales o ganaderas, necesarias para el desarrollo de las mismas: plantación, siembra, injertado, abonado, cultivo y recolección; embalaje y acondicionamiento de los productos, incluido su secado, limpieza, descascarado, troceado, ensilado, almacenamiento y desinfección de los productos; cría, guarda y engorde de animales; nivelación, explanación o abancalamiento de tierras de cultivo; asistencia técnica; la eliminación de plantas y animales dañinos y la fumigación de plantaciones y terrenos; drenaje; tala, entresaca, astillado y descortezado de árboles y limpieza de bosques; y servicios veterinarios.

   Se excluyen las cesiones de uso o disfrute y el arrendamiento de bienes, que tributarán al 21%.

   Por el contrario, tributarán también al 10% los servicios de las cooperativas agrarias a sus socios como consecuencia de su actividad cooperativizada y en cumplimiento de su objeto social, incluida la utilización por los socios de la maquinaria en común.

4. Los servicios de limpieza de vías públicas, parques y jardines públicos.

5. Los servicios de recogida, almacenamiento, transporte, valorización o eliminación de residuos, limpieza de alcantarillados públicos y desratización de los mismos y la recogida o tratamiento de las aguas residuales.

6. La entrada a bibliotecas, archivos y centros de documentación y museos, galerías de arte y pinacotecas, teatros, circos, festejos taurinos, conciertos, y a los demás espectáculos culturales en vivo. Por el contrario, tributarán al 21% la entrada a zoológicos, exposiciones, parques de atracciones y atracciones de feria.

7. Las prestaciones de servicios a que se refiere el artículo 20.Uno.8º LIVA cuando no estén exentas de acuerdo con dicho precepto ni les resulte de aplicación el tipo impositivo establecido en el artículo 91.dos.2.3º LIVA.

8. Los espectáculos deportivos de carácter aficionado.

9. Las exposiciones y ferias de carácter comercial.

10. Las ejecuciones de obra de renovación y reparación realizadas en edificios o partes de los mismos destinados a viviendas, cuando se cumplan los siguientes requisitos:

    a) Que el destinatario sea persona física, no actúe como empresario o profesional y utilice la vivienda a que se refieren las obras para su uso particular.

    b) No obstante lo dispuesto en el párrafo anterior, también se comprenderán en este número las citadas ejecuciones de obra cuando su destinatario sea una comunidad de propietarios.

    c) Que la construcción o rehabilitación de la vivienda a que se refieren las obras haya concluido al menos dos años antes del inicio de estas últimas.

    d) Que la persona que realice las obras no aporte materiales para su ejecución o, en el caso de que los aporte, su coste no exceda del 40%.de la base imponible de la operación.

11. Los arrendamientos con opción de compra de edificios o partes de los mismos destinados exclusivamente a viviendas, incluidas las plazas de garaje, con un máximo de dos unidades, y anexos en ellos situados que se arrienden conjuntamente (cuando no es aplicable la exención).

12. La cesión de los derechos de aprovechamiento por turno de edificios, conjuntos inmobiliarios o sectores de ellos arquitectónicamente diferenciados cuando el inmueble tenga, al menos, diez alojamientos, de acuerdo con lo establecido en la normativa reguladora de estos servicios.

13. Los prestados por intérpretes, artistas, directores y técnicos, que sean personas físicas, a productores de cine y organizadores de teatro.

9.2.2. Otras operaciones

También tributan al tipo reducido las operaciones siguientes:

1. **Las ejecuciones de obras, con o sin aportación de materiales** como consecuencia de contratos directamente formalizados entre el promotor y el contratista que tengan por objeto la construcción o rehabilitación de edificaciones o partes de las mismas destinada**s principalmente a viviendas, incluidos los locales, anejos, garajes, instalaciones y servicios complementarios en ellos situados**.

   Se considerarán destinadas principalmente a viviendas, las edificaciones en las que al menos el 50%.de la superficie construida se destine a dicha utilización.

2. Las ventas con instalación de armarios de cocina y de baño y de armarios empotrados para las edificaciones a que se refiere el punto 1º anterior, que sean realizadas como consecuencia de contratos directamente formalizados con el promotor de la construcción o rehabilitación de dichas edificaciones.

3. **Las ejecuciones de obra con o sin aportación de materiales** como consecuencia de contratos directamente formalizados entre las Comunidades de Propietarios de las edificaciones o partes de las mismas y el contratista que tengan por objeto la construcción de garajes complementarios de dichas edificaciones, siempre que dichas ejecuciones de obra se realicen en terrenos o locales que sean elementos comunes de dichas Comunidades y el número de plazas de garaje a adjudicar a cada uno de los propietarios no exceda de dos unidades.

4. **Las importaciones de objetos de arte, antigüedades y objetos de colección.**

    Cualquiera que sea el importador de los mismos, y las entregas de objetos de arte realizadas por las siguientes personas:

    *   Por sus autores o derechohabientes.

    *   Por empresarios o profesionales distintos de los revendedores de objetos de arte cuando tengan derecho a deducir íntegramente el Impuesto soportado por repercusión directa o satisfecho en la adquisición o importación del mismo bien.

5. Las **adquisiciones intracomunitarias** de objetos de arte cuando el proveedor de los mismos sea cualquiera de las personas a que se refiere el punto anterior.

6. El suministro eléctrico, el gas natural y combustibles naturales tributan al %. Sin embargo en 2023 y 2024 este tipo de suministros ha tributado al 5%, al 10% y al 21%.

    Recordamos consultar la tabla resumen emitida por la Agencia Tributaria correspondiente a los tipos impositivos en 2023 y 2024 que encontrarán con el resto de documentación de consulta.

7. No se aplicará el tipo reducido a las entregas de bienes relacionadas con su actividad por empresas funerarias o cementerios, a las que se aplicará el tipo general del 21%, excepto la entrega de flores y coronas.

9.3. Tipo superreducido

A continuación se indican las operaciones gravadas con un tipo del 4%, distinguiendo, como se ha hecho anteriormente, entre entregas de bienes, prestaciones de servicios y otras operaciones singulares gravadas a este porcentaje.

En concreto, **se gravan al tipo superreducido** las siguientes entregas de bienes, así como su importación o AIB:

a) El pan común; harinas panificables; leche natural, certificada, pasterizada, concentrada, desnatada, esterilizada, UHT, evaporada, en polvo y fermentada; los quesos, los huevos, las frutas, verduras, hortalizas, legumbres, tubérculos y cereales, que sean productos naturales según el Código Alimentario; aceites de oliva.

 Por Resolución del 24 de febrero de 2025 de la Dirección General de Tributos será de aplicación también el tipo reducido del 4% al pan especial o productos semielaborados referidos al mismo, que hayan sido elaborados con harina exenta de gluten, bien sea de forma natural o porque haya sido objeto de un tratamiento especial.

Debido a que nos encontramos en período de prescripción es importante tener en cuenta que desde el 01.01.2023 hasta el 30.09.2024 tributaron (excepto el aceite) al 0%. Desde el 01.10.2024 hasta el 31.12.2024 aplica el 2%.

El aceite de oliva tributó desde el 01.01.2023 hasta el 30.06.2024 al 5%. Desde el 01.07.2024 hasta el 30.09.2024 tributó al 0%. Desde el 01.10.2024 hasta el 31.12.2024 al 2%.

b) Los libros, periódicos revistas, incluso cuando tengan la consideración de servicios prestados por vía electrónica, que no contengan única o fundamentalmente publicidad y no consistan íntegra o predominantemente en contenidos de vídeo o música audible, así como los elementos complementarios que se entreguen conjuntamente con aquellos mediante precio único.

Se comprenderán en este número las ejecuciones de obra que tengan como resultado inmediato la obtención de un libro, periódico o revista en pliego o en continuo, de un fotolito de dichos bienes o que consistan en la encuadernación de los mismos.

Se engloban en este concepto los las partituras, mapas y cuadernos de dibujo, excepto los artículos y aparatos electrónicos.

Se consideran **elementos complementarios** las cintas, vídeos, discos u otros soportes que constituyan una unidad funcional con el libro, periódico o revista perfeccionando o complementando su contenido.

No obstante, no se aplica el tipo superreducido, sino el ordinario, a los elementos complementarios que sean discos o cintas con obras musicales con valor de mercado superior al de la publicación, vídeos con películas en los que se dé la misma circunstancia, o productos informáticos que, en el mercado, se comercializan de forma independiente.

Se entenderá que los libros, periódicos y revistas contienen fundamentalmente publicidad cuando más del 90%.de los ingresos que proporcionen a su editor se obtengan por este concepto.

c)   Los medicamentos de uso humano, así como las formas galénicas, fórmulas magistrales y preparados oficiales. Las sustancias medicinales, principios activos y productos intermedios utilizados en su obtención tributarán al 21%.

d)   Los vehículos para personas con movilidad reducida, las sillas de ruedas, los vehículos destinados a ser utilizados como autotaxi o los autoturismos especiales para el transporte de personas con discapacidad.

Para aplicar el tipo del 4% a estos bienes, el adquirente deberá justificar el destino del vehículo.

e)   Las prótesis, órtesis e implantes internos de personas con discapacidad.

f)   Las viviendas calificadas administrativamente como de protección oficial de régimen especial o de promoción pública, cuando la entrega se realiza por el promotor, incluyéndose los garajes (con un máximo de dos plazas) y otros elementos anexos transmitidos conjuntamente.

Las viviendas que sean adquiridas por las entidades que apliquen el régimen especial de entidades dedicadas al arrendamiento de viviendas siempre que a las rentas derivadas de su posterior arrendamiento les sea aplicable la bonificación establecida en el artículo 49.1 de la LIS.

Por otro lado, el **catálogo de servicios** a los que resulta aplicable el tipo del 4% es el siguiente:

1.   Los servicios de reparación de los vehículos para personas con movilidad reducida y de las sillas de ruedas para uso exclusivo de personas con discapacidad. Servicios de adaptación de los autotaxis y autoturismos y de los vehículos a motor, para transportar personas con discapacidad.

2.   Los arrendamientos con opción de compra de edificios o partes de los mismos destinados exclusivamente a viviendas calificadas administrativamente como de **protección oficial de régimen especial o de promoción pública**, incluidas las plazas de garaje, con un máximo de dos unidades, y anexos en ellos situados que se arrienden conjuntamente.

215

3. **Los servicios de teleasistencia, ayuda a domicilio, centro de día y de noche y atención residencial**, siempre que se presten en plazas concertadas en centros o residencias o mediante precios derivados de un concurso administrativo adjudicado a las empresas prestadoras, o como consecuencia de una prestación económica vinculada a tales servicios que cubra más del 10% de su precio, en aplicación de lo dispuesto en la Ley 39/2006, de 14 de diciembre. Este tipo reducido no se aplicará a los servicios que resulten exentos por aplicación del art. 20.Uno. 8º LIVA.

4. Compresas, tampones, protegeslips, preservativos y otros anticonceptivos no medicinales.

10. Regímenes especiales

10.1. Introducción

Los regímenes especiales que contempla el impuesto son los siguientes:

1. Régimen **simplificado**.

2. Régimen especial de la **agricultura, ganadería y pesca**. Este régimen, así como el simplificado, se aplican salvo renuncia expresa del sujeto pasivo.

3. Régimen especial de los **bienes usados, objetos de arte, antigüedades y objetos de colección**. También se aplica salvo renuncia del sujeto pasivo, con la peculiaridad de que dicha renuncia puede efectuarse para cada operación en particular y sin comunicación expresa a la Administración.

4. Régimen especial de las **agencias de viajes**. Tiene la particularidad de ser de aplicación obligatoria.

5. Régimen especial del **recargo de equivalencia**. Al que tampoco se puede renunciar, si se cumplen las condiciones exigidas para su aplicación.

6. Régimen especial de **oro de inversión**. Este régimen se caracteriza por ser de obligatoria aplicación.

7. Régimen especial aplicable a las ventas a distancia y a determinadas entregas interiores de bienes y prestaciones de servicios.

8. Régimen especial del **grupo de entidades**.

9. Régimen especial del **criterio de caja**.

10.2. Régimen especial de la agricultura, ganadería y pesca

10.2.1. Ámbito de aplicación

El régimen especial de la agricultura, ganadería y pesca será de aplicación a los titulares de explotaciones agrícolas, forestales, ganaderas o pesqueras en quienes concurran los requisitos señalados en el Capítulo Primero del Título IX LIVA, salvo que renuncien a él en los términos que reglamentariamente se establezcan.

No se considerarán titulares de explotaciones agrícolas, forestales, ganaderas o pesqueras a efectos de este régimen especial:

⇨ Los propietarios de fincas o explotaciones que las cedan en arrendamiento o en aparcería o que de cualquier otra forma cedan su explotación, así como cuando cedan el aprovechamiento de la resina de los pinos ubicados en sus fincas o explotaciones.

⇨ Los que realicen explotaciones ganaderas en régimen de ganadería integrada.

Quedarán excluidos del régimen especial de la agricultura, ganadería y pesca:

a) Las sociedades mercantiles.

b) Las sociedades cooperativas y las sociedades agrarias de transformación.

c) Los empresarios o profesionales cuyo volumen de operaciones durante el año inmediatamente anterior hubiese excedido del importe que se determine reglamentariamente.

d) Los empresarios o profesionales que renuncien a la aplicación del régimen de estimación objetiva del Impuesto sobre la Renta de las Personas Físicas por cualquiera de sus actividades económicas.

e) Los empresarios o profesionales que renuncien a la aplicación del régimen simplificado.

f) Aquellos empresarios o profesionales cuyas adquisiciones e importaciones de bienes y servicios para el conjunto de sus actividades empresariales o profesionales, excluidas las relativas a elementos del inmovilizado, hayan superado en el año inmediato anterior el importe de 150.000 euros anuales, excluido el Impuesto sobre el Valor Añadido.

 Desde 2016 hasta 2025 (habiéndose prorrogado), la magnitud de 150.000 euros a que se refiere el primer guion del número 2º y el número 3º del apartado dos del artículo 122, y el número 6.º del apartado dos del artículo 124, queda fijada en 250.000 euros, conforme establece la disposición transitoria decimotercera de la LIVA.

Cuando en el año inmediato anterior se hubiese iniciado una actividad, el importe de las citadas adquisiciones e importaciones se elevará al año.

Los empresarios o profesionales que, habiendo quedado excluidos de este régimen especial por haber superado los límites de volumen de operaciones o de adquisiciones o importaciones de bienes o servicios de 250.000 euros, no superen dichos límites en años sucesivos, quedarán sometidos al régimen especial de la agricultura, ganadería y pesca, salvo que renuncien al mismo.

La renuncia al régimen especial de la agricultura, ganadería y pesca tendrá efecto para un periodo mínimo de tres años.

El régimen especial de la agricultura, ganadería y pesca será aplicable a las explotaciones agrícolas, forestales, ganaderas o pesqueras que obtengan directamente productos naturales, vegetales o animales de sus cultivos, explotaciones o capturas para su transmisión a terceros, así como a los servicios accesorios a dichas explotaciones a que se refiere el artículo 127 de la LIVA.

No se considerará que un servicio es accesorio cuando durante el año inmediato anterior el importe del conjunto de los servicios accesorios prestados excediera del 20 por 100 del volumen total de operaciones de las operaciones a las que resulte de aplicación este régimen.

La exclusión del régimen también puede producirse cuando los productos naturales obtenidos se utilizan para cualquiera de los siguientes fines:

1. Transformación, elaboración y manufactura para su posterior transmisión.

    Ejemplo: no se aplicaría el régimen a un agricultor que cultiva melocotones y parte de su producción la vende ya transformada en mermelada.

2. La comercialización de mezclados con otros productos adquiridos a terceros, salvo que estos últimos tengan por objeto la mera conservación.

3. La comercialización continuada en establecimientos fijos situados fuera del lugar donde radica la explotación.

4. La comercialización en establecimientos en los que, además, el sujeto pasivo realice otras actividades empresariales o profesionales distintas de la propia explotación.

 Adicionalmente, se establece que el régimen especial de la agricultura, ganadería y pesca no es aplicable a las explotaciones cinegéticas de carácter deportivo o recreativo, a la pesca marítima o a la ganadería independiente, o la prestación de servicios distintos de los previstos en el artículo 127 de LIVA.

Quedarán excluidos del régimen especial de la agricultura, ganadería y pesca:

a) Aquellos empresarios o profesionales cuyas adquisiciones e importaciones de bienes y servicios para el conjunto de sus actividades empresariales o profesionales, excluidas las relativas a elementos del inmovilizado, hayan superado en el año inmediato anterior el importe de 250.000 euros anuales, excluido el Impuesto sobre el Valor Añadido.

b) Los empresarios o profesionales que, habiendo quedado excluidos de este régimen especial por haber superado los límites de volumen de de 250.000 euros operaciones o de adquisiciones o importaciones de bienes o servicios, no superen dichos límites en años sucesivos, quedarán sometidos al régimen especial de la agricultura, ganadería y pesca, salvo que renuncien al mismo.

Cuando el año inmediato anterior se hubiese iniciado una actividad los importes citados en los párrafos anteriores se elevarán al año.

10.2.2. Obligaciones de los sujetos pasivos acogidos al régimen

Como ocurre en el caso de la mayoría de los regímenes especiales, en el de la agricultura, ganadería y pesca existe una **finalidad de simplificar las obligaciones que incumben a los sujetos pasivos acogidos al mismo**. De esta forma, la LIVA establece que estos contribuyentes no están sometidos a las obligaciones de liquidación, repercusión y pago del impuesto, no afectándoles tampoco las obligaciones de índole contable o registral.

Como única obligación formal deben llevar un Libro Registro en el que anoten las operaciones comprendidas en este régimen especial, y deben conservar copia del recibo acreditativo del pago de la compensación durante 4 años a partir del devengo del impuesto.

En definitiva, no presentan otras declaraciones que las de inicio, modificación o cese de la actividad, y en sus ventas no repercuten el IVA sobre sus clientes, sino que obtienen de los mismos una cuantía adicional que recibe el nombre de **"compensación"**, pues estos sujetos pasivos tampoco pueden deducir las cuotas de IVA que soportan cuando adquieren los bienes y servicios que utilizan en su actividad.

Deben destacarse, no obstante, las dos siguientes **precisiones**:

a) La no repercusión del IVA sobre sus clientes se refiere también **a los casos de entregas de bienes de inversión**. Sin embargo, en el caso de entrega de bienes inmuebles el IVA sí deberá repercutirse. Aunque ha de recordarse que, en el ámbito inmobiliario, existen diferentes exenciones que pueden resultar de aplicación.

Cuando la persona responsable de una ganadería que se dedica a la venta de leche enajena su antigua ordeñadora, no repercutirá el impuesto.

Si transmitiese un inmueble, la operación sí estaría sujeta al IVA y, por tanto, deberá repercutir e ingresar el impuesto, salvo que sea aplicable alguna exención.

b) No tienen cabida dentro del régimen especial operaciones tales como:

1. Importaciones de bienes.

2. Adquisiciones Intracomunitarias de Bienes.

3. Operaciones que dan lugar a inversión del sujeto pasivo.

Por tanto, en caso de que se realicen estas operaciones sí existe obligación de pagar el impuesto y, en su caso, de repercutirlo.

10.2.3. Deducciones y compensaciones

Los sujetos pasivos acogidos al régimen **no pueden deducir las cuotas que soportan en las adquisiciones de los bienes que destinan a su actividad**. En definitiva, su actuación es similar a la de los consumidores finales, al ser incapaces de recuperar los IVA soportados restándolos de los IVA devengados o repercutidos.

No es deducible el IVA que se pueda soportar al adquirir un tractor, semillas, fertilizantes, útiles y herramientas de trabajo, etc.

En este supuesto, para compensar a estos sujetos pasivos del encarecimiento en sus compras, la LIVA establece que tendrán derecho a percibir una cuantía denominada precisamente **"compensación"** cuando realicen las siguientes operaciones:

⇨ **Entregas onerosas** (por ejemplo, ventas) de los productos naturales que han obtenido en sus explotaciones, cuando dichas entregas se realicen a otros empresarios o profesionales. Estos últimos no han de estar acogidos a este mismo régimen especial ni ser de aquellos que realizan exclusivamente operaciones exentas (sin incluir exportadores), pues en tales casos no podrá percibirse de ellos la compensación.

Si la venta se realiza a particulares, no se tendrá derecho a recibir de los mismos la compensación.

⇨ **Entregas intracomunitarias** exentas de los citados productos naturales, cuando se realicen a una persona jurídica que no actúe como empresario o profesional.

⇨ **Prestaciones de servicios accesorios** que están incluidos en el régimen especial, aunque en este caso tampoco se obtendrá compensación alguna si el destinatario de los servicios prestados es otro empresario acogido al régimen especial.

La compensación a tanto alzado será la cantidad resultante de aplicar, al precio de los productos vendidos, el **siguiente porcentaje**:

1. El 12% en las entregas de productos naturales obtenidos en explotaciones agrícolas o forestales y en los servicios accesorios de dichas explotaciones.

2. El 10,5%, en las entregas de productos naturales de explotaciones ganaderas o pesqueras.

Para la determinación de los referidos precios, no se computarán los tributos indirectos que graven las citadas operaciones, ni los gastos accesorios o complementarios a las mismas cargados separadamente al adquirente, tales como comisiones, embalajes, portes, transportes, seguros, financieros u otros.

El porcentaje aplicable en cada operación será el vigente en el momento en que nazca el derecho a percibir la compensación.

La compensación, por su parte, será satisfecha:

⇨ Por el propio adquirente de los bienes o servicios.

⇨ Si se ha producido una exportación o una entrega intracomunitaria será la propia Hacienda Pública la que procederá al abono de la compensación.

Si el ganadero vende una partida de leche a una empresa holandesa por valor de 30.030,61 €, estará realizando una entrega intracomunitaria exenta de IVA. Será entonces la Hacienda española la que le satisfaga la compensación por importe del 10,5% de los 30.030,61 €.

En estas operaciones no existirá propiamente una factura, sino un recibo emitido por el destinatario, por tanto, no por el sujeto pasivo, pero que irá firmado por el empresario acogido al régimen. El importe de la compensación, para quien la ha satisfecho, será tratado como si de una cuota de IVA soportado se tratase por el pagador, pudiendo entonces deducírsela en su declaración-liquidación.

10.3. Régimen especial de los bienes usados, objetos de arte, antigüedades y objetos de colección

10.3.1. Concepto de bien usado, objeto de arte, antigüedades y objetos de colección

La LIVA determina de forma muy exhaustiva los elementos que se corresponden con los bienes indicados. Así se determina que:

⇨ Son bienes usados los **bienes muebles corporales** que, habiendo sido utilizados por un tercero, son susceptibles de nueva utilización. No se incluyen en el concepto los bienes que han sido utilizados o renovados por el propio sujeto pasivo, ni tampoco los materiales de recuperación, envases, embalajes, oro, platino y piedras preciosas.

⇨ Son **objetos de arte**, si se cumplen determinadas condiciones, los cuadros, pinturas, dibujos, grabados, estampas, litografías, esculturas, estatuas, tapicerías, textiles murales, cerámica, esmaltes sobre cobre o fotografías, etc.

⇨ Son **antigüedades** los objetos que tengan más de cien años de antigüedad, y no sean objeto de arte o colección.

⇨ Finalmente, son **objetos de colección** los artículos de filatelia, así como las colecciones y especímenes para colecciones de zoología, botánica, mineralogía o anatomía, o que tengan interés histórico, arqueológico, paleontológico, etnográfico o numismático.

10.3.2. Operaciones a las que se aplica el régimen

Los empresarios revendedores de los bienes indicados aplicarán el **régimen especial a las siguientes entregas de bienes**:

a) **Ventas de bienes usados, cuando hayan sido adquiridos**

    1.   A quien no tenga la condición de empresario o profesional.

    2.   A quienes se lo han entregado sin haberse repercutido el IVA correspondiente por tratarse de una operación exenta, por haberlo utilizado el trans-

mitente en operaciones exentas sin derecho a deducción, o bien porque no pudo deducir las cuotas soportadas cuando adquirió el bien que ahora transmite al empresario revendedor.

3.   A otro revendedor que se lo entregue aplicando este mismo régimen.

4.   Finalmente, como caso singular y de reducida práctica, también puede aplicarse a bienes de inversión transmitidos en una operación intracomunitaria por quien se ha beneficiado del régimen de franquicia en su Estado miembro de origen.

b)   **Ventas de colección**

Se aplican los mismos puntos anteriores, si bien se podrá aplicar el régimen cuando estos bienes hayan sido importados por el propio revendedor. Entregas de objetos de arte adquiridos a empresarios o profesionales en virtud de las operaciones a las que haya sido de aplicación el tipo impositivo reducido establecido en el artículo 91, apartado uno, números 4 y 5, de la LIVA.

No obstante lo dispuesto en el apartado anterior, los sujetos pasivos revendedores podrán aplicar a cualquiera de las operaciones enumeradas en el mismo el régimen general del impuesto, en cuyo caso tendrán derecho a deducir las cuotas del impuesto soportadas o satisfechas en la adquisición o importación de los bienes objeto de reventa, con sujeción a las reglas establecidas en el Título VIII de la Ley.

 **Empresario revendedor** es quien habitualmente ha adquirido los bienes señalados anteriormente para su posterior reventa, así como quien organiza ventas en subasta pública de estos bienes, cuando actúe en nombre propio en virtud de un contrato de comisión de venta.

10.3.3. Cálculo de la base imponible

La base imponible de las entregas de bienes a las que se aplique el régimen especial de los bienes usados, objetos de arte, antigüedades y objetos de colección estará constituida por el margen de beneficio de cada operación aplicado por el sujeto pasivo revendedor, minorado en la cuota del Impuesto sobre el Valor Añadido correspondiente a dicho margen.

A estos efectos, se considerará margen de beneficio la diferencia entre el precio de venta y el precio de compra del bien.

El precio de venta estará constituido por el importe total de la contraprestación de la transmisión, determinada de conformidad con lo establecido en los artículos 78 y 79 de LIVA, más la cuota del IVA que grave la operación.

El precio de compra estará constituido por el importe total de la contraprestación correspondiente a la adquisición del bien transmitido, determinada de acuerdo con lo dispuesto por los artículos 78, 79 y 82 de LIVA, más el importe del IVA que, en su caso, haya gravado la operación.

⇨ **Determinación de la base imponible operación por operación**

Esta opción, a su vez, presenta dos opciones:

a) Aplicar el régimen general del impuesto. En este caso, sin necesidad de ninguna comunicación previa, los sujetos pasivos repercutirán el IVA sobre la totalidad de la contraprestación.

b) Aplicar el régimen especial a sus entregas. La base imponible de las entregas a las que se aplique el régimen especial está constituida por el margen de beneficio de cada operación, minorado en la cuota de IVA correspondiente a dicho margen. En concreto, el margen de beneficio será la diferencia entre:

1. El precio de venta, IVA incluido.

2. El precio de compra, IVA incluido.

⇨ **Determinación de la base imponible por beneficio global**

Los sujetos pasivos revendedores podrán optar por determinar la base imponible mediante el margen de beneficio global, para cada período de liquidación, aplicado por el sujeto pasivo, minorado en la cuota del Impuesto sobre el Valor Añadido correspondiente a dicho margen.

El margen de beneficio global será la diferencia entre el precio de venta y el precio de compra de todas las entregas de bienes efectuadas en cada período de liquidación. Estos precios se determinarán en la forma prevista en el apartado anterior para calcular el margen de beneficio de cada operación sujeta al régimen especial.

 Este segundo método solo puede aplicarse a sellos, efectos, billetes, moneda, discos, cintas y otros soportes sonoros o de imagen, libros, revista y, finalmente, otros bienes autorizados por la Administración tributaria.

La **opción por el método del margen global** la formulará el sujeto pasivo al iniciar la actividad, o en el mes de diciembre anterior al año en que deba surtir efecto y surtirá efecto hasta su renuncia y, como mínimo, hasta la finalización del año natural siguiente a aquél en que comenzó a aplicarse el régimen.

En este método debe destacarse:

1. Si el margen fuese negativo, la base imponible será cero. El margen se añadirá al importe de las compras del siguiente año.

2. El sujeto pasivo debe hacer una regularización de existencias anual calculando la diferencia entre el saldo final y el saldo inicial. Si esta es positiva, se añadirá a las ventas del último periodo. Si es negativa, se añadirá a las compras.

10.3.4. Repercusión del impuesto y deducciones

 En las facturas que se entreguen por la parte revendedora, **no se puede consignar separadamente la cuota de IVA repercutido**, pues se entiende que esta ya se incluye en el precio total de la operación. Los adquirentes no pueden tampoco deducir la cuota soportada.

Respecto del propio empresario revendedor, **no podrá este deducir las cuotas que soporte por la adquisición de los bienes que luego revenderá de acuerdo con el régimen especial**. No obstante, sí es deducible el IVA soportado en las demás adquisiciones de la actividad tales como arrendamiento del local, suministros, teléfono, etc.

10.3.5. Renuncia al régimen

Debe recordarse que este régimen se aplica **salvo renuncia de los sujetos pasivos** pero se singulariza porque tal renuncia puede efectuarse para cada operación en particular y sin comunicación expresa a la Administración.

Como ocurre, por ejemplo, con el simplificado o el de agricultura, ganadería y pesca.

Por este motivo, **el sujeto que ejerza la función de empresario revendedor tiene dos posibilidades**:

1. Si decide optar por el **método del margen global**, entonces determinará por este procedimiento la base imponible de todas sus entregas. En ningún caso podría aplicar el régimen general del impuesto.

225

2. Si opta por **determinar la base operación a operación**, en cada una de ellas podrá aplicar el régimen de cálculo del margen de cada operación, o bien renunciar a él y aplicar el régimen general del impuesto, en cuyo caso en la factura correspondiente especificará el IVA repercutido sobre el importe total de la venta.

10.3.6. Obligaciones formales

Además de las obligaciones registrales comunes, los empresarios sujetos al régimen especial deben llevar **dos libros registro adicionales y específicos**:

⇨ Uno en el que se anotarán de manera individualizada y con la debida separación, cada una de las **adquisiciones, importaciones y entregas** en las que se determina la base imponible calculándose el margen de beneficio **operación a operación**.

⇨ Otro distinto en el que se anotarán las adquisiciones, importaciones y entregas de aquellos periodos de liquidación en los que se ha determinado la base imponible por el **margen de beneficio global**.

10.4. Régimen especial de las agencias de viajes

10.4.1. Aplicación del régimen

Este régimen (de aplicación obligatoria) es aplicable, desde el 2015, a cualquier empresario o profesional que organice viajes (hostelería, transporte y/o accesorios). Específicamente es aplicable a:

⇨ Las operaciones realizadas por agencias de viajes que actúan en nombre propio respecto de los viajeros, es decir, que aparecen ellas mismas como organizadoras y, que utilizan en la realización del viaje bienes o servicios que son adquiridos a otros empresarios o profesionales.

 Los propietarios de las cadenas de hoteles o de empresas de transporte de viajeros.

⇨ En segundo lugar, el régimen especial **también se aplica a las operaciones realizadas por organizadores de circuitos turísticos**, y cualquier empresario o profesional, cuando se dan las circunstancias enunciadas en el apartado anterior.

Este régimen no será de aplicación a las operaciones llevadas a cabo utilizando para la realización del viaje exclusivamente medios de transporte o de hostelería propios.

Tratándose de viajes realizados utilizando en parte medios propios y en parte medios ajenos, el régimen especial solo se aplicará respecto de los servicios prestados mediante medios ajenos.

10.4.2. Repercusión y exención del impuesto

Como ocurría con el régimen de bienes usados, objetos de arte, antigüedades y objetos de colección, tampoco es necesario en el régimen de agencias de viajes consignar separadamente en la factura la cuota de IVA repercutido, entendiéndose **incluido en el precio de la operación**.

Están **exentos del impuesto** los servicios prestados por los empresarios sometidos a este régimen especial cuando las entregas de bienes o prestaciones de servicios, que se han adquirido en beneficio del viajero y que se van a utilizar para efectuar el viaje, se han realizado fuera de la Unión Europea.

En el caso de que las mencionadas entregas de bienes o prestaciones de servicios se realicen solo parcialmente en el territorio de la Comunidad, únicamente gozará de exención la parte de la prestación de servicios de la agencia correspondiente a las efectuadas fuera de dicho territorio.

10.4.3. Lugar de realización del hecho imponible

Las operaciones efectuadas por la agencia respecto de cada viajero, tienen la **consideración de prestación única de servicios**, aunque se le proporcionen ciertamente varias entregas o servicios en el marco del viaje.

La prestación, por su parte, se entiende realizada en el **lugar donde la agencia tenga la sede de su actividad económica** o un establecimiento permanente desde donde realice la operación.

10.4.4. Base imponible

De forma muy similar al régimen especial de bienes usados, objetos de arte, antigüedades y objetos de colección, la base imponible también se obtiene para las operaciones de este régimen **mediante el cálculo del margen bruto**.

A estos efectos, se considerará margen bruto de la agencia la diferencia entre la cantidad total cargada al cliente, excluido el Impuesto sobre el Valor Añadido que grave la operación, y el importe efectivo, impuestos incluidos, de las entregas de bienes o prestaciones de servicios que, efectuadas por otros empresarios o profesionales, sean adquiridos por la agencia para su utilización en la realización del viaje y redunden directamente en beneficio del viajero.

A efectos de lo dispuesto en el párrafo anterior, se considerarán adquiridos por la agencia para su utilización en la realización del viaje, entre otros, los servicios prestados por otras agencias de viajes con dicha finalidad, excepto los servicios de mediación prestados por las agencias minoristas, en nombre y por cuenta de las mayoristas, en la venta de viajes organizados por estas últimas.

Para la determinación del margen bruto de la agencia no se computarán las cantidades o importes correspondientes a las operaciones exentas del Impuesto en virtud de lo dispuesto en el artículo 143 de la LIVA, ni los de los bienes o servicios utilizados para la realización de las mismas.

Tampoco se consideran prestados para la realización del viaje los servicios tales como la compra-venta o cambio de moneda extranjera, ni los gastos de teléfono, télex, correspondencia, u otros análogos.

El Reglamento del IVA establece que la opción por la aplicación del régimen general del impuesto se practicará por cada operación realizada por el sujeto pasivo y deberá ser comunicada por escrito por el sujeto pasivo al destinatario de la operación con carácter previo o simultáneo a la prestación de los servicios integrantes del viaje. No obstante, se presumirá realizada la comunicación cuando en la factura no se incluya la mención anteriormente indicada "régimen especial de las agencias de viajes" (artículo 52 del Reglamento del IVA).

10.4.5. Deducciones

Las agencias de viajes a las que se aplique este régimen especial podrán practicar sus deducciones en los términos establecidos en el Título VIII de la LIVA.

No obstante, no podrán deducir el Impuesto soportado en las adquisiciones de bienes y servicios que, efectuadas para la realización del viaje, redunden directamente en beneficio del viajero.

10.5. Régimen especial de oro de inversión

10.5.1. Concepto de oro de inversión

La Ley del IVA entiende **por oro de inversión** los lingotes o láminas de oro de ley igual o superior a 995 milésimas así como las monedas de oro de ley igual o superior a 900 milésimas que hayan sido acuñadas después de 1800 habiendo sido asimismo moneda de curso legal en su país de origen.

 Tales monedas deben ser comercializadas habitualmente por un precio no superior en un 80% al valor de mercado del oro que contienen.

10.5.2. Aplicación del régimen

En régimen obligatorio, sin perjuicio de la posibilidad de renuncia por parte del sujeto pasivo operación por operación.

 El régimen de oro de inversión pretende dar un **tratamiento particular a aquellas operaciones de compra de oro con la finalidad de invertir en el mismo**, y no con la pretensión de utilizarlo como un material más para fabricar bienes.

Este régimen, de muy breve desarrollo en la normativa del tributo, presenta las **siguientes características**:

a) Están exentas del IVA las entregas, adquisiciones intracomunitarias y las importaciones de oro de inversión.

b) Podrá ser objeto de renuncia por parte del transmitente, en la forma y con los requisitos que reglamentariamente se determinen y siempre que se cumplan las condiciones siguientes:

   1. El transmitente se dedique habitualmente producir oro de inversión (monedas o lingotes, según se ha comentado), o a transformar oro que no sea de inversión en oro de inversión.

   2. El adquirente sea un empresario o profesional que actúe en el ejercicio de sus actividades empresariales o profesionales.

c) Al tratarse de un régimen de exención, las cuotas del IVA soportado por la compras de bienes o servicios utilizados en la realización de entregas de oro de inversión no serán deducibles. Sin embargo, si existirá deducibilidad plena cuando:

   1. Se hubiera renunciado a la exención y, por tanto, se repercuta el Impuesto.

2. Se trate de las entregas realizadas por empresarios o profesionales dedicados a la producción de este tipo de oro, pues estos últimos tienen pleno derecho a deducir las cuotas de IVA soportado en su actividad sin ninguna limitación.

d) El sujeto pasivo en las entregas en las que hubiera operado la renuncia a la exención es el empresario o profesional para quien se efectúe la operación gravada.

Al tratarse de un régimen de exención, las cuotas del IVA soportado por la compra de bienes o servicios utilizados en la realización de entregas de oro de inversión no serán deducibles. Sin embargo, sí existirá deducibilidad plena cuando:

⇨ Las soportadas por la adquisición de ese oro cuando el proveedor del mismo haya efectuado la renuncia a la exención regulada en el artículo 140 ter, apartado uno.

⇨ Las soportadas o satisfechas por la adquisición o importación de ese oro, cuando en el momento de la adquisición o importación no reunía los requisitos para ser considerado como oro de inversión, habiendo sido transformado en oro de inversión por quien efectúa la entrega exenta o por su cuenta.

⇨ Las soportadas por los servicios que consistan en el cambio de forma, de peso o de ley de ese oro.

10.6. Régimen especial del grupo de entidades

Podrán aplicar el régimen especial del grupo de entidades los empresarios o profesionales que formen parte de un grupo de entidades. Se considerará como grupo de entidades el formado por una entidad dominante y sus entidades dependientes, que se hallen firmemente vinculadas entre sí en los órdenes financiero, económico y de organización, en los términos que se desarrollen reglamentariamente, siempre que las sedes de actividad económica o establecimientos permanentes de todas y cada una de ellas radiquen en el territorio de aplicación del Impuesto.

Ningún empresario o profesional podrá formar parte simultáneamente de más de un grupo de entidades.

⇨ **Entidad dominante**

Será aquella que cumpla los requisitos siguientes:

a) Que tenga personalidad jurídica propia. No obstante, los establecimientos permanentes ubicados en el territorio de aplicación del Impuesto podrán tener la condición de entidad dominante respecto de las entidades cuyas participaciones estén afectas a dichos establecimientos, siempre que se cumplan el resto de requisitos establecidos en este apartado.

b) Que tenga el control efectivo sobre las entidades del grupo, a través de una participación, directa o indirecta, de más del 50%. en el capital o en los derechos de voto de las mismas.

c) Que dicha participación se mantenga durante todo el año natural.

d) Que no sea dependiente de ninguna otra entidad establecida en el territorio de aplicación del Impuesto que reúna los requisitos para ser considerada como dominante.

No obstante lo previsto en el apartado uno anterior, las sociedades mercantiles que no actúen como empresarios o profesionales, podrán ser consideradas como entidad dominante, siempre que cumplan los requisitos anteriores.

⇨ **Entidad dependiente**

Será aquella que, constituyendo un empresario o profesional distinto de la entidad dominante, se encuentre establecida en el territorio de aplicación del impuesto y en la que la entidad dominante posea una participación que reúna los requisitos contenidos en las letras b) y c) anteriormente mencionados.

 En ningún caso un establecimiento permanente ubicado en el territorio de aplicación del Impuesto podrá constituir por sí mismo una entidad dependiente.

El régimen especial del grupo de entidades se aplicará cuando así lo acuerden individualmente las entidades que cumplan los requisitos para ser consideradas dominante y dependiente y opten por su aplicación.

La opción tendrá una validez mínima de tres años, siempre que se cumplan los requisitos exigibles para la aplicación del régimen especial, y se entenderá prorrogada, salvo renuncia.

Esta renuncia tendrá una validez mínima de tres años y se efectuará del mismo modo. En todo caso, la aplicación del régimen especial quedará condicionada a su aplicación por parte de la entidad dominante.

Estos acuerdos deberán adoptarse por los Consejos de administración, u órganos que ejerzan una función equivalente, de las entidades respectivas antes del inicio del año natural en que vaya a resultar de aplicación el régimen especial.

10.7. Régimen especial del criterio de caja

10.7.1. Requisitos subjetivos y condiciones para su aplicación

El **régimen especial del criterio de caja** pueden aplicarlo los sujetos pasivos cuyo volumen de operaciones durante el año natural anterior no haya superado los 2.000.000 de euros.

Cuando el sujeto pasivo hubiera iniciado la realización de actividades empresariales o profesionales en el año natural anterior, el **importe del volumen de operaciones** deberá elevarse al año.

Cuando el sujeto pasivo no hubiera iniciado la realización de actividades empresariales o profesionales en el año natural anterior, podrá aplicar este régimen especial en el **año natural en curso**.

La opción por este régimen especial es voluntaria para los contribuyentes. La opción se entenderá prorrogada salvo renuncia que tendrá una validez mínima de 3 años.

Quedarán excluidos del régimen especial del criterio de caja los sujetos pasivos cuyos cobros en efectivo respecto de un mismo destinatario durante el año natural supere la cuantía de 100.000 euros.

10.7.2. Requisitos objetivos de aplicación

El régimen especial del criterio de caja se referirá a todas las operaciones realizadas por el sujeto pasivo, si bien **quedan excluidas del régimen especial del criterio de caja las siguientes operaciones**:

a) Las acogidas a los regímenes especiales simplificado, de la agricultura, ganadería y pesca, del recargo de equivalencia, del oro de inversión, aplicable a los servicios prestados por vía electrónica y del grupo de entidades.

b) Las entregas de bienes exentas a las que se refieren los artículos 21, 22, 23, 24 y 25 de la LIVA.

c) Las adquisiciones intracomunitarias de bienes.

d) Aquellas en las que el sujeto pasivo del Impuesto sea el empresario o profesional para quien se realiza la operación de conformidad con los números 2.º, 3.º y 4.º del apartado uno del artículo 84 de la LIVA.

e) Las importaciones y las operaciones asimiladas a las importaciones.

f) Aquellas a las que se refieren los artículos 9.1.º y 12 de la LIVA.

10.7.3. Contenido del régimen especial del criterio de caja

En las operaciones a las que sea de aplicación este régimen especial, el IVA se devengará en el momento del cobro total o parcial del precio por los importes efectivamente percibidos o si este no se ha producido, el devengo se producirá el 31 de diciembre del año inmediato posterior a aquel en que se haya realizado la operación.

 A estos efectos, deberá acreditarse el momento del cobro, total o parcial, del precio de la operación.

La repercusión del IVA en las operaciones a las que sea de aplicación este régimen especial deberá efectuarse al tiempo de expedir y entregar la factura correspondiente, pero se entenderá producida en el momento del devengo de la operación.

Los sujetos pasivos a los que sea de aplicación este régimen especial, **podrán practicar la deducción del IVA con las siguientes particularidades**:

a) El derecho a la deducción de las cuotas soportadas por los sujetos pasivos acogidos a este régimen especial **nace en el momento del pago total o parcial del precio por los importes efectivamente satisfechos**, o si este no se ha producido, el 31 de diciembre del año inmediato posterior a aquel en que se haya realizado la operación.

A estos efectos, deberá acreditarse el momento del pago, total o parcial, del precio de la operación.

b) El derecho a la deducción **solo podrá ejercitarse en la declaración-liquidación relativa al periodo de liquidación en que haya nacido el derecho a la deducción de las cuotas soportadas** o en las de los sucesivos, siempre que no hubiera transcurrido el plazo de cuatro años, contados a partir del nacimiento del mencionado derecho.

c) El derecho a la deducción de las cuotas soportadas **caduca cuando el titular no lo hubiera ejercitado en el plazo establecido en la letra anterior**.

 El nacimiento del derecho a la deducción de los sujetos pasivos no acogidos al régimen especial del criterio de caja, pero que sean destinatarios de las operaciones incluidas en el mismo, en relación con las cuotas soportadas por esas operaciones, **se producirá en el momento del pago total o parcial del precio de las mismas, por los importes efectivamente satisfechos**, o, si este no se ha producido, el 31 de diciembre del año inmediato posterior a aquel en que se haya realizado la operación.

11. El régimen simplificado

11.1. Características

Para el ejercicio 2024, el régimen especial simplificado se encuentra regulado en la Orden HFP/1359/2023, de 19 de diciembre, por la que se desarrollan para el año 2024 el método de estimación objetiva del Impuesto sobre la Renta de las Personas Físicas y el régimen especial simplificado del Impuesto Sobre el Valor Añadido, mantiene los módulos, así como las instrucciones para su aplicación, aplicables en el régimen especial simplificado en el año inmediato anterior.

El régimen aplicable en 2025 se encuentra regulado en la Orden HAC/1347/2024, de 28 de noviembre.

Para poder tributar mediante este modelo se requiere ser persona física, o entidad en régimen de atribución de rentas (comunidad de bienes, herencia yacente, sociedad civil, etc.) cuando todos los miembros que la integren sean también personas físicas.

Debe destacarse adicionalmente que se trata de un sistema estrechamente vinculado con su homólogo en el IRPF, de manera que, como ya se indicó al estudiar los módulos del Impuesto sobre la Renta, el sujeto pasivo que ha renunciado o ha quedado excluido de estos no podrá tampoco acogerse al régimen simplificado en el ámbito del IVA.

 A su vez, y respecto del propio ámbito del Impuesto sobre el Valor Añadido, el **régimen simplificado solo es compatible con el régimen especial de la agricultura, ganadería y pesca y el del recargo de equivalencia**, es decir, que tampoco podría acogerse a los módulos en el IVA un sujeto pasivo que desarrollase alguna otra actividad respecto de la cual estuviese tributando en régimen ordinario.

Para el **ejercicio 2024** se presentan las siguientes novedades:

1. **Cálculo de la cuota en 2024 (Disposición adicional cuarta. Modificación orden de módulos de 2024)**

   - **Nuevos índices de cuota devengada**

     Desde 1 de enero hasta 30 de junio de 2024, se prorrogó la aplicación del tipo del IVA del 0%.que recae sobre determinados productos básicos de alimentación (entre otros, leche, huevos, quesos, frutas, verduras, hortalizas, legumbres, tubérculos y cereales), así como la aplicación del tipo del 5%.a las entregas de aceites de oliva y de semilla.

Posteriormente se prorrogó la aplicación del tipo del 0%.hasta el 30 de septiembre de 2024 a los productos básicos de alimentación, incluyendo a los aceites de oliva y prorrogando la aplicación del tipo del 5%.a las entregas de aceites de semillas; estableciendo, además, la aplicación del tipo del 2%.desde el 1 de octubre hasta el 31 de diciembre de 2024, para las operaciones relativas a dichos bienes, con excepción de los aceites de semillas a los que sería de aplicación el tipo reducido del 7,5 por ciento durante dicho periodo.

A efectos de tener en cuenta estas circunstancias en el cálculo de la cuota anual devengada del año 2024 en esas actividades, los módulos a efectos del régimen especial simplificado serán los siguientes:

⇨ **Actividad ganadera de explotación intensiva de avicultura de huevos y, ganado ovino, caprino y bovino de leche.**

Índice de cuota devengada por operaciones corrientes: 0,00 (desde 1 de enero de 2024 hasta 30 de septiembre de 2024) y 0,02 (desde 1 de octubre de 2024 hasta 31 de diciembre de 2024).

⇨ **Actividad de aprovechamientos que correspondan al cedente en las actividades agrícolas, desarrolladas en régimen de aparcería, dedicadas a la obtención de productos agrícolas no comprendidas en los apartados siguientes.**

Índice de cuota devengada por operaciones corrientes: 0,00 (desde 1 de enero de 2024 hasta 30 de septiembre de 2024) y 0,02 (desde 1 de octubre de 2024 hasta 31 de diciembre de 2024).

⇨ **Actividad de procesos de transformación, elaboración o manufactura de productos naturales para la obtención de queso.**

Índice de cuota devengada por operaciones corrientes: 0,03102.

⇨ **Actividad de procesos de transformación, elaboración o manufactura de productos naturales para la obtención de aceites de oliva y aceites de semillas.**

Índice de cuota devengada por operaciones corrientes: 0,14104.

Debe destacarse que se ha añadido una nueva actividad, para los aceites de oliva y los aceites de semillas, segregándola de la actividad de procesos de transformación, elaboración o manufactura de productos naturales para la obtención de otros productos distintos a los anteriores, en la que estaba incluida.

- **Cuota anual derivada de 2024**

  Los titulares de las actividades citadas al finalizar el año o al producirse el cese de la actividad, deberán calcular la cuota anual derivada del régimen simplificado, teniendo en cuenta, en su caso, el volumen total de ingresos de 2024, excluidas subvenciones corrientes o de capital, las indemnizaciones, así como el IVA y, en su caso, el recargo de equivalencia que grave la operación, utilizando al efecto los módulos anteriormente indicados.

2. **Incorporación de la reducción por la DANA para 2024 de la cuota devengada por operaciones corrientes**

   En el apartado 2 de la disposición adicional quinta de la Orden se establece que, los sujetos pasivos que desarrollen actividades empresariales o profesionales en los términos municipales afectados por la DANA y estén acogidos al régimen simplificado, podrán reducir en un 25%.el importe de las cuotas devengadas por operaciones corrientes correspondiente a tales actividades en el año 2024.

   Esta reducción se tendrá en cuenta para el cálculo de la cuota anual del régimen especial simplificado correspondiente al año 2024.

Para el **ejercicio 2025** se presentan las siguientes novedades:

1. **Exclusión de la compensación**

   Con efectos desde el 1 de enero de 2025, la compensación del régimen especial de la agricultura, ganadería y pesca, deja de tenerse en cuenta para el cómputo del volumen de ingresos de la actividad, a los efectos de quedar o no excluido del régimen simplificado. Por tanto, teniendo en cuenta que dicho volumen está referido al ejercicio anterior, en el cómputo de los ingresos del año 2024 no se incluye la compensación percibida. (Artículo 3)

2. **Aceite de oliva**

   Desde el 1 de enero de 2025 y con carácter permanente, el aceite de oliva tributa al tipo reducido del 4%. al estar incluido entre los productos de primera necesidad. En consecuencia, se crea una nueva actividad con un índice específico de cuota devengada por operaciones corrientes, que tenga en cuenta la reducción en el tipo.

   Actividad procesos de transformación, elaboración o manufactura de productos naturales para la obtención de aceites de oliva.

   Índice de cuota devengada por operaciones corrientes: 0,16406.

11.2. Aplicación del régimen simplificado

Los empresarios o profesionales acogidos al régimen simplificado determinarán, para cada actividad a que resulte aplicable este régimen especial, el importe de las cuotas devengadas en concepto de Impuesto sobre el Valor Añadido y del recargo de equivalencia, en virtud de los índices, módulos y demás parámetros, así como del procedimiento que establezca el Ministro de Economía y Hacienda.

Al importe resultante de lo dispuesto en la letra anterior se añadirán las cuotas devengadas por las siguientes operaciones:

De forma sintética puede afirmarse que la aplicación del modelo de tributación simplificado en el IVA consiste en calcular, mediante la aplicación de los módulos correspondientes, el importe de las cuotas a satisfacer debiendo añadirse, si las hubiera, **las cuotas devengadas por la realización de las siguientes operaciones**:

1. Adquisiciones intracomunitarias de bienes.

2. Operaciones que han dado lugar a inversión del sujeto pasivo.

3. Entregas de activos fijos materiales e inmateriales.

 **Pueden deducirse** las cuotas soportadas o satisfechas por la adquisición o importación de activos fijos, considerándose como tales los elementos del inmovilizado y, en particular, aquellos de los que se disponga en virtud de contratos de arrendamiento financiero con opción de compra, tanto si dicha opción es vinculante, como si no lo es.

11.3. Actividades a las que resulta de aplicación

En la Orden Ministerial indicada se enumeran las actividades que pueden acogerse al régimen simplificado. **Su número es menor que las que corresponden al régimen de estimación objetiva del IRPF**, dado que el IVA, para los comerciantes minoristas, tiene su propio régimen especial, mientras que el IRPF integra también, dentro de sus módulos, determinados comerciantes al por menor.

Quedarán excluidos del régimen simplificado:

1. Los empresarios o profesionales que realicen otras actividades económicas no comprendidas en el régimen simplificado, salvo que por tales actividades estén acogidos a los regímenes especiales de la agricultura, ganadería y pesca o del recargo de equivalencia. No obstante, no supondrá la exclusión del régimen simplificado la realización por el empresario o profesional de otras actividades que se determinen reglamentariamente.

 Tanto para el IVA como para el IRPF, **la norma fija unas magnitudes referidas al personal empleado o a los vehículos utilizados en la actividad que, en el caso de que se superen, suponen que el sujeto pasivo queda excluido del régimen.**

2. Aquellos empresarios o profesionales en los que concurra cualquiera de las siguientes circunstancias, en los términos que reglamentariamente se establezcan que el volumen de ingresos en el año inmediato anterior, supere cualquiera de los siguientes importes:

    •   Para el conjunto de sus actividades empresariales o profesionales, excepto las agrícolas, forestales y ganaderas, 150.000 euros anuales (transitoriamente desde 2016 y siendo vigente en 2025, este límite es de 250.000 euros).

    •   Para el conjunto de las actividades agrícolas, forestales y ganaderas que se determinen por el Ministro competente en material de Hacienda, 250.000 euros anuales.

    Cuando en el año inmediato anterior se hubiese iniciado una actividad, el volumen de ingresos se elevará al año.

    A efectos de lo previsto en este número, el volumen de ingresos incluirá la totalidad de los obtenidos en el conjunto de las actividades mencionadas, no computándose entre ellos las subvenciones corrientes o de capital ni las indemnizaciones, así como tampoco el Impuesto sobre el Valor Añadido y, en su caso, el recargo de equivalencia que grave la operación.

3. Aquellos empresarios o profesionales cuyas adquisiciones e importaciones de bienes y servicios para el conjunto de sus actividades empresariales o profesionales, excluidas las relativas a elementos del inmovilizado, hayan superado en el año inmediato anterior el importe de 150.000 euros anuales, excluido el Impuesto sobre el Valor Añadido.

    Cuando en el año inmediato anterior se hubiese iniciado una actividad, el importe de las citadas adquisiciones e importaciones se elevará al año.

 Para los ejercicios 2016 y hasta el 2025 (habiéndose prorrogado), la magnitud de 150.000 euros a que se refiere el primer guion del número 2º y el número 3º del apartado dos del artículo 122, y el número 6.º del apartado dos del artículo 124, queda fijada en 250.000 euros, conforme establece la disposición transitoria decimotercera de la LIVA.

11.4. Normas generales de aplicación de los índices y módulos en el IVA

Para cuantificar la cuota que debe ser objeto de ingreso, se sigue el procedimiento siguiente:

a) **Se calcula la llamada "cuota devengada por operaciones corrientes"**

Para ello **se multiplica el número de unidades del módulo que se esté utilizando** (número de plazas, superficie de local, personal empleado, etc.) **por el valor correspondiente**. Los módulos a utilizar son los mismos que los señalados para el IRPF, si bien en el IVA se utiliza el concepto de personal empleado para englobar tanto el personal no asalariado, incluyendo el titular de la actividad, como el asalariado.

Imaginemos la actividad 642.1 Elaboración de productos de charcutería por minoristas de carne. Se tienen los siguientes datos:

- Personal empleado: 3 personas todo el año.
- Superficie del local independiente: 80 metros cuadrados.

La cuota devengada por operaciones corrientes sería:

- 3 x 1.753,76 = 5.261,28 euros.
- 80 x 2,21 = 176,80 euros.

El total sumaría 5.438,08 euros.

b) **De la "cuota devengada por operaciones corrientes" se restan las cuotas soportadas por la adquisición o importación de bienes y servicios**

Pero sin incluir las que puedan haberse satisfecho por la compra de activos fijos, pues estas se restarán más adelante. Adicionalmente, se restará un 1% del importe de la "cuota devengada por operaciones corrientes" en concepto de cuotas soportadas de difícil justificación.

La OM expresamente indica que no **serán deducibles las cuotas soportadas por los servicios de desplazamiento o viajes, hostelería y restauración** para el caso de sujetos pasivos que desarrollen su actividad en un local determinado conforme a las Tarifas del IAE, ni tampoco las cuotas soportadas fuera del ejercicio.

c) La llamada "cuota derivada del régimen simplificado" será la mayor de las dos siguientes:

1. La que resulta de las operaciones indicadas en los párrafos a) y b).

2. La cuota mínima que se fija en la Orden Ministerial y que se calcula al aplicar un porcentaje a la "cuota devengada por operaciones corrientes". Esta singularidad supone que el contribuyente, en todo caso, se encuentra con una cuantía mínima que no se reduce tampoco por la sustracción de cuotas soportadas como las indicadas en el párrafo b).

El empresario anterior realizó, además, adquisiciones de materiales, herramientas y suministros de luz, teléfono y agua, presentando las facturas recibidas un IVA soportado total de 2.020,24 euros.

Adicionalmente, adquirió en el último trimestre una máquina especial por la que soportó una cuota de IVA de 3.980,00 euros.

Cuota devengada por operaciones corrientes: 6.366,28 euros. Vamos a partir de esta cantidad. El enunciado no aporta ningún dato para su determinación.

Cuota soportada (sin incluir la máquina): 2.020,24 euros.

1% de la cuota devengada: 63,66 euros.

Resultado: 4.282,38 euros.

La "cuota derivada del régimen simplificado" será la mayor de:

- Los 4.282,38 euros. obtenidos por la operación anterior.

- El resultado de calcular la cuota mínima, que para la actividad 642,1 resulta ser el 32% de la cuota devengada por operaciones corrientes, es decir, 32% sobre 6.366,28 = 2.037,21 euros.

Luego la "cuota derivada del régimen simplificado" será 4.282,38 euros. No obstante, a esta cifra se le restarán los 3.980 euros. soportados en la adquisición de la maquinaria, resultando finalmente un importe de:

4.282,38 - 3.980 = 302,38 euros.

11.5. Cuotas trimestrales

Todos los cálculos anteriores se realizan al final del ejercicio. A lo largo del mismo, sin embargo, el sujeto pasivo acogido al régimen simplificado, durante los veinte primeros días naturales de los meses de abril, julio y octubre, efectuará el ingreso de una cantidad que resulta de aplicar a la **"cuota devengada por operaciones corrientes"** unos porcentajes que, para cada actividad, se señalan en la Orden Ministerial.

 Para el epígrafe 642.1, el porcentaje que se ofrece es el 10%. Por ello, la cuota trimestral partiendo de una cuota devengada de 5.438,08 euros, será de:

5.438,08 x 10% = 543,81 €.

La particularidad reside en que tal "cuota derivada de operaciones corrientes" se calcula con los datos-base a 1 de enero de cada año. Si un dato-base no puede determinarse el primer día del año, se tomará el del año anterior. Esta misma regla se aplica para las actividades de temporada.

Si se trata de una actividad que se inicia, se toman los datos-base correspondientes al día de comienzo.

A tal efecto, si la actividad se inicia con posterioridad a 1 de enero, o se cesa en la misma antes de 31 de diciembre, por cada trimestre natural completo se ingresa la cuota completa, procediéndose a prorratearla en función del número de días de actividad cuando tal cuota corresponde a un trimestre incompleto.

En el caso de **actividades de temporada** (aquellas cuyo ejercicio no llega a 180 días al año, continuados o alternos), la "cuota devengada diaria" se obtiene de dividir la anual por el número de días de ejercicio de la actividad en el año anterior. En cada trimestre natural se ingresa la cuota devengada diaria multiplicada por el número de días que, durante ese trimestre, se ejerció la actividad, **incrementada por los siguientes índices**:

1. Temporada hasta 60 días: 1,5.

2. Temporada de 61 a 120 días: 1,35.

3. Temporada de 121 a 180 días: 1,25.

En todas las actividades de temporada se debe presentar declaración-liquidación, aunque la cuota a ingresar sea de cero euros.

11.6. Cálculo de la cuota anual

Al finalizar el año (o cesar la actividad o la temporada), se calcula el promedio de los módulos utilizados durante el periodo de ejercicio de la actividad, calculándose entonces la "cuota derivada del régimen simplificado" (anteriormente descrita) detrayéndose las cantidades ingresadas en los tres primeros trimestres. Si el resultado fuese negativo, el sujeto pasivo podrá solicitar la devolución del exceso ingresado u optar por la compensación del saldo a su favor en las siguientes declaraciones-liquidaciones.

Sobre la "cuota derivada del régimen simplificado", no obstante, deben producirse los siguientes ajustes, caso de que se hayan llevado a cabo las siguientes operaciones:

1. Por un lado, debe incrementarse en el importe de las cuotas devengadas por la realización de AIB, de operaciones que dan lugar a inversión del sujeto pasivo o por las entregas de activos fijos materiales o inmateriales.

2. Por otro lado, podrá reducirse en el importe de las cuotas soportadas por la adquisición de activos fijos, considerándose también como adquisición el arrendamiento financiero con opción de compra (lo que equivale a decir que también puede deducirse el IVA soportado en las cuotas de leasing satisfechas).

En el caso de la adquisición de la máquina por parte de un empresario del epígrafe 642,1, se consignaba en la factura un IVA soportado de 4.207,08 €, que podía restarse a la hora de calcular la autoliquidación en su integridad.

Estas cuotas deberán reflejarse en el periodo trimestral en que se hayan devengado; no obstante, a elección del sujeto pasivo, podrán liquidarse en la declaración correspondiente al último periodo del año natural.

Si la actividad se ha visto afectada por incendios, inundaciones, hundimientos o grandes averías que hayan alterado gravemente el desarrollo de la actividad, los sujetos pasivos pueden solicitar la reducción de los índices o módulos en el plazo de treinta días desde que se produjeron tales circunstancias. Tal reducción también puede solicitarse cuando el titular de la actividad se encuentre en situación de incapacidad temporal y no tenga personal empleado.

11.7. Obligaciones formales

Los sujetos pasivos acogidos al régimen simplificado deben llevar el Libro Registro de facturas recibidas y, conservar los justificantes de los índices o módulos aplicados.

Asimismo, deben conservar las facturas recibidas y aquellas que deban emitir.

En todo caso, ha de expedirse factura en el supuesto de transmisión de activos fijos materiales o inmateriales.

12. Recargo de equivalencia

12.1. Requisitos del comerciante minorista

Es comerciante minorista aquel en quien **concurren los siguientes requisitos**:

⇨ **Comercialización de los bienes en el mismo estado en que se adquirieron**

Realiza con habitualidad entregas de bienes muebles o semovientes sin haberlos sometido a ningún proceso de fabricación, elaboración o manufactura, por sí mismo o por medio de terceros. Se realiza por tanto una comercialización de los bienes en el mismo estado en que los adquirieron.

⇨ **Sus ventas tienen como principales destinatarios los consumidores finales**

Que la suma de las contraprestaciones correspondientes a las entregas de dichos bienes a la Seguridad Social, a sus entidades gestoras o colaboradoras o a quienes no tengan la condición de empresarios o profesionales, efectuadas durante el año precedente, hubiese excedido del 80 por 100 del total de las entregas realizadas de los citados bienes.

12.2. Régimen especial del recargo de equivalencia

12.2.1. Cuestiones previas

Se trata de un régimen propio del comercio minorista caracterizado por su **obligatoriedad**, este y el de las agencias de viajes eran los únicos regímenes obligatorios y no renunciables y, porque solo afecta a minoristas personas físicas o entidades en régimen de atribución de rentas cuando todos sus miembros sean también personas físicas.

Este régimen especial **no es aplicable a la venta de determinados bienes tales como**:

⇨ Vehículos.

⇨ Embarcaciones y buques.

⇨ Aviones.

⇨ Accesorios y piezas de recambio de los bienes anteriores.

⇨ Joyas, piedras preciosas, perlas y prendas de piel.

⇨ Objetos de arte, antigüedades y objetos de colección.

⇨ Bienes usados.

⇨ Aparatos de avicultura y apicultura.

⇨ Productos petrolíferos.

⇨ Maquinaria industrial.

⇨ Materiales de construcción de edificaciones.

⇨ Minerales, excepto el carbón.

⇨ Cintas magnetoscópicas grabadas.

⇨ Metales no manufacturados.

La mecánica del régimen es de gran sencillez y consiste en el hecho de que el proveedor del minorista le repercutirá, además de IVA, y de forma independiente, un porcentaje que se denomina **"recargo de equivalencia"**, elevándose a las siguientes cuantías:

⇨ IVA 21%: recargo adicional del 5,2%

⇨ IVA 10%: recargo adicional del 1,4%

⇨ IVA 4%: recargo adicional del 0,5%

⇨ Tabaco: recargo adicional del 1,75%

Será el propio proveedor el que ingrese tanto el IVA repercutido como el recargo de equivalencia que adicionalmente habrá percibido del minorista. El régimen exige, sin embargo, que en caso de realización de AIB, y operaciones que dan lugar a inversión del sujeto pasivo, sea el propio empresario minorista el que autoliquide tanto el IVA como el recargo correspondiente.

Adicionalmente, cabe añadir las siguientes **singularidades**:

1. En caso de inicio de actividad, el empresario o empresaria minorista debe liquidar e ingresar la cantidad resultante de aplicar al valor de adquisición de las existencias, IVA excluido, los tipos del impuesto y del recargo de equivalencia.

2. En caso de cese por pérdida de la condición de minorista, podrá deducir la cuota que resulta de aplicar los tipos y recargos vigentes al valor de adquisición de las existencias, IVA y recargos excluidos.

3. En caso de cese con transmisión no sujeta al IVA del patrimonio empresarial a comerciantes no sometidos a este régimen, podrá el adquirente deducir la cuota que resulta de aplicar los tipos vigentes al valor de mercado de las existencias.

Finalmente, debe señalarse que los minoristas en recargo de equivalencia deben efectivamente **repercutir el IVA correspondiente sobre sus clientes** que, serán particulares en la mayoría de los casos, pero no están obligados a efectuar la liquidación ni el pago del Impuesto en relación con sus operaciones de venta, ni tampoco en los casos de transmisión de los bienes o derechos utilizados en sus actividades.

No obstante, en **el caso de transmisión de un inmueble** habiendo renunciado a la exención, el transmitente minorista sí deberá liquidar e ingresar la cuota devengada por la enajenación del bien.

12.2.2. Obligaciones formales

Los sujetos pasivos sometidos a este régimen especial no estarán obligados a efectuar la liquidación ni el pago del Impuesto a la Hacienda Pública en relación con las operaciones comerciales por ellos efectuadas a las que resulte aplicable este régimen especial, ni por las transmisiones de los bienes o derechos utilizados exclusivamente en dichas actividades, con exclusión de las entregas de bienes inmuebles sujetas y no exentas, por las que el transmitente habrá de repercutir, liquidar e ingresar las cuotas del Impuesto devengadas.

Tampoco podrán deducir las cuotas soportadas por las adquisiciones o importaciones de bienes de cualquier naturaleza o por los servicios que les hayan sido prestados, en la medida en que dichos bienes o servicios se utilicen en la realización de las actividades a las que afecte este régimen especial.

A efectos de la regularización de deducciones por bienes de inversión, la prorrata de deducción aplicable en este sector diferenciado de actividad económica durante el periodo en que el sujeto pasivo esté sometido a este régimen especial será cero. No procederá efectuar la regularización a que se refiere el artículo 110 de esta Ley en los supuestos de transmisión de bienes de inversión utilizados exclusivamente para la realización de actividades sometidas a este régimen especial.

El Sr. Gómez, comerciante minorista en recargo de equivalencia, realiza las siguientes operaciones:

a) Compras por valor de 6.000 €, IVA no incluido.

El importe a satisfacer será de 6.000 más el 21% de IVA, más el 5,2% en concepto de recargo de equivalencia.

b) Ha recibido los servicios de un abogado francés que le ha facturado un total de 4.800 €.

3Se trata de una operación que da lugar a inversión del sujeto pasivo, por lo que el minorista deberá autorrepercutirse el impuesto por importe del 21% de 4.800. Este IVA, autoliquidable por el sujeto pasivo, no será deducible. En este caso, al tratarse de un servicio no tiene lugar la aplicación del recargo de equivalencia.

c) Satisface la factura de la luz: 1.800 € más IVA.

En este caso, dado que se recibe un servicio, no existirá recargo de equivalencia, pues este solo se aplica a las entregas de bienes.

En esta unidad hemos visto:

El Impuesto sobre el Valor Añadido es un tributo de naturaleza indirecta que recae sobre el consumo y grava, en la forma y condiciones previstas en esta Ley, las siguientes operaciones:

1. Las entregas de bienes y prestaciones de servicios efectuadas por empresarios o profesionales.

2. Las adquisiciones intracomunitarias de bienes.

3. Las importaciones de bienes.

Estarán sujetas al impuesto las entregas de bienes y prestaciones de servicios realizadas en el ámbito espacial del impuesto por empresarios o profesionales a título oneroso, con carácter habitual u ocasional, en el desarrollo de su actividad empresarial o profesional, incluso si se efectúan en favor de los propios socios, asociados, miembros o partícipes de las entidades que las realicen.

.../...

.../...

La base imponible del impuesto, con carácter general, estará constituida por el importe total de la contraprestación de las operaciones sujetas al mismo procedente del destinatario o de terceras personas.

Los sujetos pasivos podrán deducir con carácter general de las cuotas del Impuesto sobre el Valor Añadido devengadas por las operaciones gravadas que realicen en el interior del país las que, devengadas en el mismo territorio, hayan soportado por repercusión directa o correspondan a las siguientes operaciones:

1. Las entregas de bienes y prestaciones de servicios efectuadas por otro sujeto pasivo del Impuesto.

2. Las importaciones de bienes.

3. Las adquisiciones intracomunitarias de bienes.

UNIDAD DIDÁCTICA 5

El Impuesto sobre el Patrimonio y sobre Sucesiones y donaciones

Contenido & Objetivos

Los **objetivos** de esta unidad son:

1. Identificar la normativa aplicable a cada tributo.

2. Diferenciar el Impuesto sobre el Patrimonio y el Impuesto sobre Sucesiones y Donaciones.

3. Determinar la base imponible en cada tributo.

4. Conocer el resto de elementos esenciales para la cuantificación de la deuda tributaria.

Introducción

A lo largo de la presente unidad abordaremos la tributación en el Impuesto sobre el Patrimonio y en el Impuesto sobre Sucesiones y Donaciones.

Se analizarán en ambos tributos los conceptos fundamentales: hecho imponible, sujeto pasivo, base imponible, tipos impositivos y cuota tributaria. También se expondrán las principales bonificaciones, reducciones y exenciones contempladas en la normativa reguladora de ambos tributos.

1. El Impuesto sobre el Patrimonio

1.1. Introducción

El Impuesto sobre el Patrimonio es un tributo de carácter directo y naturaleza personal que grava el patrimonio neto de las personas físicas en los términos previstos en la Ley 19/1991.

El Impuesto sobre el Patrimonio se estableció por la Ley 19/1991, de 6 de junio, y fue materialmente exigible hasta 1 de enero de 2008, fecha a partir de la cual la Ley 4/2008, de 23 de diciembre, por la que se suprime el gravamen del Impuesto sobre el Patrimonio.

No obstante, los efectos de la crisis económica hicieron necesario, a través del Real Decreto ley 13/2011, de 16 de septiembre su recuperación con carácter temporal para los años 2011 y 2012. No obstante, se ha ido prorrogando su aplicación desde entonces para los sucesivos ejercicios.

1.2. Hecho imponible y sujeto pasivo

1.2.1. Hecho imponible

Constituirá el hecho imponible del Impuesto la titularidad por el sujeto pasivo en el momento del devengo, del patrimonio neto de las personas físicas.

Se presumirá que forman parte del patrimonio los bienes y derechos que hubieran pertenecido al sujeto pasivo en el momento del anterior devengo, salvo prueba de transmisión o pérdida patrimonial.

1.2.2. Sujeto pasivo

Son sujetos pasivos del Impuesto:

⇨ **Por obligación personal**

Las personas físicas que tengan su residencia habitual en territorio español, exigiéndose el impuesto por la totalidad de su patrimonio neto con independencia del lugar donde se encuentren situados los bienes o puedan ejercitarse los derechos.

Cuando un residente en territorio español pase a tener su residencia en otro país podrá optar por seguir tributando por obligación personal en España. La opción deberá ejercitarla mediante la presentación de la declaración por obligación personal en el primer ejercicio en el que hubiera dejado de ser residente en el territorio español.

⇨ **Por obligación real**

Cualquier otra persona física por los bienes y derechos de que sea titular cuando los mismos estuvieran situados, pudieran ejercitarse o hubieran de cumplirse en territorio español.

En este caso, el Impuesto se exigirá exclusivamente por estos bienes o derechos del sujeto pasivo teniendo en cuenta lo dispuesto en el apartado cuatro del artículo 9.

Para la determinación de la residencia habitual se estará a los criterios establecidos en las normas del Impuesto sobre la Renta de las Personas Físicas.

Los representantes y funcionarios del Estado español en el extranjero y de Organismos, Instituciones o de Estado extranjeros en España, quedarán sujetos a este Impuesto por obligación personal o real, atendiendo a las mismas circunstancias y condiciones que las establecidas para tales sujetos pasivos en las normas del Impuesto sobre la Renta de las Personas Físicas.

1.3. Base Imponible

1.3.1. Base imponible

Constituye la base imponible de este impuesto el valor del patrimonio neto del sujeto pasivo.

El patrimonio neto se determinará por diferencia entre:

⇨ El valor de los bienes y derechos de que sea titular el sujeto pasivo, determinado conforme a las reglas que se establece en el Capítulo IV de la Ley.

⇨ Las cargas y gravámenes de naturaleza real, cuando disminuyan el valor de los respectivos bienes o derechos, y las deudas u obligaciones personales de las que deba responder el sujeto pasivo.

No obstante lo dispuesto en el apartado anterior, no se deducirán para la determinación del patrimonio neto las cargas y gravámenes que correspondan a los bienes exentos.

⇨ En los supuestos de obligación real de contribuir, solo serán deducibles las cargas y gravámenes que afecten a los bienes y derechos que radiquen en territorio español o puedan ejercitarse o hubieran de cumplirse en el mismo, así como las deudas por capitales invertidos en los indicados bienes.

1.3.2. Base liquidable

En el supuesto de obligación personal, la base imponible se reducirá, en concepto de mínimo exento, en el importe que haya sido aprobado por la Comunidad Autónoma.

Si la Comunidad Autónoma no hubiese regulado el mínimo exento referido anteriormente, la base imponible se reducirá en 700.000 euros.

El mínimo exento señalado anteriormente será aplicable en el caso de sujetos pasivos no residentes que tributen por obligación personal de contribuir y a los sujetos pasivos sometidos a obligación real de contribuir.

1.3.3. Devengo del impuesto

El Impuesto se devengará el 31 de diciembre de cada año y afectará al patrimonio del cual sea titular el sujeto pasivo en dicha fecha.

1.3.4. Cuota íntegra

La base liquidable del impuesto será gravada a los tipos de la escala que haya sido aprobada por la Comunidad Autónoma.

Si la Comunidad Autónoma no hubiese aprobado la escala a que se refiere el apartado anterior, la base liquidable del Impuesto será gravada a los tipos de la siguiente escala:

Base liquidable/ Hasta euros	Cuota/ Euros	Resto Base liquidable/ Hasta Euros	Tipo aplicable/ Porcentaje
0,00	0,00	167.129,45	0,2
167.129,45	334,26	167.123,43	0,3
334.252,88	835,63	334.246,87	0,5
668.499,75	2.506,86	668.499,76	0,9

Base liquidable/ Hasta euros	Cuota/ Euros	Resto Base liquidable/ Hasta Euros	Tipo aplicable/ Porcentaje
1.336.999,51	8.523,36	1.336.999,50	1,3
2.673.999,01	25.904,35	2.673.999,02	1,7
5.347.998,03	71.362,33	5.347.998,03	2,1
10.695.996,06	183.670,29	en adelante	3,5

En el caso de obligación real de contribuir, la tarifa aplicable será la establecida en el apartado anterior. La misma tarifa será aplicable en el caso de sujetos pasivos no residentes que tributen por obligación personal de contribuir.

1.4. Exenciones

Estarán exentos de este Impuesto:

1. **Los bienes integrantes del Patrimonio Histórico Español**, inscritos en el Registro General de Bienes de Interés Cultural o en el Inventario General de Bienes Muebles, a que se refiere la Ley 16/1985, de 25 de junio, del Patrimonio Histórico Español, así como los comprendidos en la Disposición Adicional Segunda de dicha Ley, siempre que en este último caso hayan sido calificados como Bienes de Interés Cultural por el Ministerio de Cultura inscritos en el Registro correspondiente.

   No obstante, en el supuesto de Zonas Arqueológicas y Sitios o Conjuntos Históricos, la exención no alcanzará a cualesquiera clase de bienes inmuebles ubicados dentro del perímetro de delimitación, sino, exclusivamente, a los que reúnan las siguientes condiciones:

   - En Zonas Arqueológicas, los incluidos como objeto de especial protección en el instrumento de planeamiento urbanístico a que se refiere el artículo 20 de la Ley 16/1985, de 25 de junio.

   - En Sitios o Conjuntos Históricos los que cuenten con una antigüedad igual o superior a cincuenta años y estén incluidos en el Catálogo previsto en el artículo 86 del Reglamento de Planeamiento Urbanístico como objeto de protección integral en los términos previstos en el artículo 21 de la Ley 16/1985, de 25 de junio.

2. **Los bienes integrantes del Patrimonio Histórico de las Comunidades Autónomas**, que hayan sido calificados e inscritos de acuerdo con lo establecido en sus normas reguladoras.

3. Los objetos de arte y antigüedades cuyo valor sea inferior a las cantidades que se establezcan a efectos de lo previsto en el artículo 26.4 de la Ley 16/1985, de 25 de junio, del Patrimonio Histórico Español.

    Gozarán asimismo de exención entre otros:

    a) Los objetos de arte y antigüedades comprendidos en el artículo 19, cuando hayan sido cedidos por sus propietarios en depósito permanente por un periodo no inferior a tres años a Museos o Instituciones Culturales sin fin de lucro para su exhibición pública, mientras se encuentren depositados.

    b) La obra propia de los artistas mientras permanezca en el patrimonio del autor.

4. **El ajuar doméstico,** entendiéndose por tal los efectos personales y del hogar, utensilios domésticos y demás bienes muebles de uso particular del sujeto pasivo, excepto los bienes a los que se refieren los artículos 18 y 19 de la LIP.

5. **Los derechos de contenido económico en estos instrumentos.**

    a) Los derechos consolidados de los partícipes y los derechos económicos de los beneficiarios en un plan de pensiones.

    b) Los derechos de contenido económico que correspondan a primas satisfechas a los planes de previsión asegurados definidos en el apartado 3 del artículo 51 de la Ley 35/2006, del Impuesto sobre la Renta de las Personas Físicas y de modificación parcial de las Leyes de los Impuestos sobre Sociedades, sobre la Renta de no Residentes y sobre el Patrimonio.

    c) Los derechos de contenido económico que correspondan a aportaciones realizadas por el sujeto pasivo a los planes de previsión social empresarial regulados en el apartado 4 del artículo 51 de la Ley 35/2006, del Impuesto sobre la Renta de las Personas Físicas y de modificación parcial de las Leyes de los Impuestos sobre Sociedades, sobre la Renta de no Residentes y sobre el Patrimonio, incluyendo las contribuciones del tomador.

    d) Los derechos de contenido económico derivados de las primas satisfechas por el sujeto pasivo a los contratos de seguro colectivo, distintos de los planes de previsión social empresarial, que instrumenten los compromisos por pensiones asumidos por las empresas, en los términos previstos en la disposición adicional primera del texto refundido de la Ley de Regulación de los Planes y Fondos de Pensiones, y en su normativa de desarrollo, así como los derivados de las primas satisfechas por los empresarios a los citados contratos de seguro colectivo.

    e) Los derechos de contenido económico que correspondan a primas satisfechas a los seguros privados que cubran la dependencia definidos en el apartado 5 del artículo 51 de la Ley 35/2006, del Impuesto sobre la

Renta de las Personas Físicas y de modificación parcial de las Leyes de los Impuestos sobre Sociedades, sobre la Renta de no Residentes y sobre el Patrimonio.

6. Los derechos derivados de la propiedad intelectual o industrial mientras permanezcan en el patrimonio del autor y en el caso de la propiedad industrial no estén afectos a actividades empresariales.

7. Los valores cuyos rendimientos estén exentos en virtud de lo dispuesto en el artículo 13 de la Ley de Impuesto sobre la Renta de no Residentes y Normas Tributarias.

8. Los bienes y derechos de las personas físicas necesarios para el desarrollo de su actividad empresarial o profesional, siempre que esta se ejerza de forma habitual, personal y directa por el sujeto pasivo y constituya su principal fuente de renta. A efectos del cálculo de la principal fuente de renta, no se computarán ni las remuneraciones de las funciones de dirección que se ejerzan en las entidades a que se refiere el número dos de este apartado, ni cualesquiera otras remuneraciones que traigan su causa de la participación en dichas entidades.

   También estarán exentos los bienes y derechos comunes a ambos miembros del matrimonio, cuando se utilicen en el desarrollo de la actividad empresarial o profesional de cualquiera de los cónyuges, siempre que se cumplan los requisitos del párrafo anterior.

9. La plena propiedad, la nuda propiedad y el derecho de usufructo vitalicio sobre las participaciones en entidades, con o sin cotización en mercados organizados, siempre que concurran **estas condiciones:**

   • Que la entidad, sea o no societaria, no tenga por actividad principal la gestión de un patrimonio mobiliario o inmobiliario. Se entenderá que una entidad gestiona un patrimonio mobiliario o inmobiliario y que, por lo tanto, no realiza una actividad económica cuando concurran, durante más de 90 días del ejercicio social, cualquiera de las condiciones siguientes:

   a) Que más de la mitad de su activo esté constituido por valores.

   b) Que más de la mitad de su activo no esté afecto a actividades económicas.

   A los efectos previstos en este punto:

   Para determinar si existe actividad económica o si un elemento patrimonial se encuentra afecto a ella, se estará a lo dispuesto en el Impuesto sobre la Renta de las Personas Físicas.

Tanto el valor del activo como el de los elementos patrimoniales no afectos a actividades económicas será el que se deduzca de la contabilidad, siempre que esta refleje fielmente la verdadera situación patrimonial de la sociedad.

c) A efectos de determinar la parte del activo que está constituida por valores o elementos patrimoniales no afectos:

1. No se computarán los valores siguientes:

▶ Los poseídos para dar cumplimiento a obligaciones legales y reglamentarias.

▶ Los que incorporen derechos de crédito nacidos de relaciones contractuales establecidas como consecuencia del desarrollo de actividades económicas.

▶ Los poseídos por sociedades de valores como consecuencia del ejercicio de la actividad constitutiva de su objeto.

▶ Los que otorguen, al menos, el cinco por ciento de los derechos de voto y se posean con la finalidad de dirigir y gestionar la participación siempre que, a estos efectos, se disponga de la correspondiente organización de medios materiales y personales, y la entidad participada no esté comprendida en este apartado.

2. No se computarán como valores ni como elementos no afectos a actividades económicas aquellos cuyo precio de adquisición no supere el importe de los beneficios no distribuidos obtenidos por la entidad, siempre que dichos beneficios provengan de la realización de actividades económicas, con el límite del importe de los beneficios obtenidos tanto en el propio año como en los últimos 10 años anteriores. A estos efectos, se asimilan a los beneficios procedentes de actividades económicas los dividendos que procedan de los valores a que se refiere el último inciso del párrafo anterior, cuando los ingresos obtenidos por la entidad participada procedan, al menos en el 90%. de la realización de actividades económicas.

• Que la participación del sujeto pasivo en el capital de la entidad sea al menos del 5 por 100 computado de forma individual, o del 20 por 100 conjuntamente con su cónyuge, ascendientes, descendientes o colaterales de segundo grado, ya tenga su origen el parentesco en la consanguinidad, en la afinidad o en la adopción.

- Que el sujeto pasivo ejerza efectivamente funciones de dirección en la entidad, percibiendo por ello una remuneración que represente más del 50 por 100 de la totalidad de los rendimientos empresariales, profesionales y de trabajo personal.

Cuando la participación en la entidad sea conjunta con alguna o algunas personas a las que se refiere la letra anterior, las funciones de dirección y las remuneraciones derivadas de la misma deberán de cumplirse al menos en una de las personas del grupo de parentesco, sin perjuicio de que todas ellas tengan derecho a la exención.

La exención sólo alcanzará al valor de las participaciones, determinado conforme a las reglas que se establecen en el artículo 16.uno de la LIP, en la parte que corresponda a la proporción existente entre los activos necesarios para el ejercicio de la actividad empresarial o profesional, minorados en el importe de las deudas derivadas de la misma, y el valor del patrimonio neto de la entidad, aplicándose estas mismas reglas en la valoración de las participaciones de entidades participadas para determinar el valor de las de su entidad tenedora.

10. Reglamentariamente se determinarán:

    a) Los requisitos que deban concurrir para que sea aplicable la exención en cuanto a los bienes, derechos y deudas necesarios para el desarrollo de una actividad empresarial o profesional.

    b) Las condiciones que han de reunir las participaciones en entidades.

11. La vivienda habitual del contribuyente, según se define en el artículo 68.1.3.º de la Ley 35/2006, de 28 de noviembre, del Impuesto sobre la Renta de las Personas Físicas y de modificación parcial de las leyes de los Impuestos sobre Sociedades, sobre la Renta de no Residentes y sobre el Patrimonio, estará exenta hasta un importe máximo de 300.000 euros.

2. El Impuesto sobre Sucesiones y Donaciones

2.1. Introducción

Este impuesto de naturaleza directa y subjetiva, grava los incrementos patrimoniales obtenidos a título lucrativo por personas físicas.

Se regula por la Ley 29/1987, de 18 de diciembre, del Impuesto sobre Sucesiones y Donaciones y por el Real Decreto 1629/1991, de 8 de noviembre, por el que se aprueba el Reglamento del Impuesto sobre Sucesiones y Donaciones.

2.2. Hecho imponible

⇨ **Constitución**

Constituye el hecho imponible:

1. La adquisición de bienes y derechos por herencia, legado o cualquier otro título sucesorio.

2. La adquisición de bienes y derechos por donación o cualquier otro negocio jurídico a título gratuito, «intervivos».

3. La percepción de cantidades por los beneficiarios de contratos de seguros sobre la vida, cuando el contratante sea persona distinta del beneficiario, salvo los supuestos expresamente regulados en el artículo 16.2. a), de la Ley del Impuesto sobre la Renta de las Personas Físicas y otras Normas Tributarias.

Los incrementos de patrimonio a que se refiere el número anterior, obtenidos por personas jurídicas, no están sujetos a este impuesto y se someterán al Impuesto sobre Sociedades.

⇨ **Presunciones**

Se presumirá la existencia de una transmisión lucrativa cuando de los registros fiscales o de los datos que obren en la Administración resultare la disminución del patrimonio de una persona y simultáneamente o con posterioridad, pero siempre dentro del plazo de prescripción del artículo 25, el incremento patrimonial correspondiente en el cónyuge, descendientes, herederos o legatarios.

En las adquisiciones a título oneroso realizadas por los ascendientes como representantes de los descendientes menores de edad, se presumirá la existencia de una transmisión lucrativa a favor de estos por el valor de los bienes o derechos transmitidos, a menos que se pruebe la previa existencia de bienes o medios suficientes del menor para realizarla y su aplicación a este fin.

Las presunciones anteriores se pondrán en conocimiento de los interesados para que puedan formular cuantas alegaciones y pruebas estimen convenientes a su derecho, antes de girar las liquidaciones correspondientes.

2.3. Sujeto pasivo

Estarán obligados al pago del Impuesto a título de contribuyentes, cuando sean personas físicas:

⇨ En las adquisiciones «mortis causa», los causahabientes.

⇨   En las donaciones y demás transmisiones lucrativas «inter vivos» equiparables, el donatario o el favorecido por ellas.

⇨   En los seguros sobre la vida, los beneficiarios.

A los contribuyentes que tengan su residencia habitual en España se les exigirá el Impuesto por obligación personal, con independencia de dónde se encuentren situados los bienes o derechos que integren el incremento de patrimonio gravado.

Para la determinación de la residencia habitual se estará a lo establecido en las normas del Impuesto sobre la Renta de las Personas Físicas. Los representantes y funcionarios del Estado español en el extranjero quedarán sujetos a este Impuesto por obligación personal, atendiendo a idénticas circunstancias y condiciones que las establecidas para tales sujetos pasivos en las normas del Impuesto sobre la Renta de las Personas Físicas.

A los contribuyentes no incluidos anteriormente se les exigirá el Impuesto, por obligación real, por la adquisición de bienes y derechos, cualquiera que sea su naturaleza, que estuvieran situados, pudieran ejercitarse o hubieran de cumplirse en territorio español, así como por la percepción de cantidades derivadas de contratos de seguros sobre la vida cuando el contrato haya sido realizado con entidades aseguradoras españolas o se haya celebrado en España con entidades extranjeras que operen en ella.

2.4. Base imponible y base liquidable

2.4.1. Base imponible

Constituye la base imponible del Impuesto:

a)   En las transmisiones «mortis causa», el valor neto de la adquisición individual de cada causahabiente, entendiéndose como tal el valor real de los bienes y derechos minorado por las cargas y deudas que fueren deducibles.

b)   En las donaciones y demás transmisiones lucrativas «inter vivos» equiparables, el valor neto de los bienes y derechos adquiridos, entendiéndose como tal el valor real de los bienes y derechos minorado por las cargas y deudas que fueren deducibles.

c)   En los seguros sobre la vida, las cantidades percibidas por el beneficiario. Las cantidades percibidas por razón de seguros sobre la vida se liquidarán acumulando su importe al del resto de los bienes y derechos que integran la porción hereditaria del beneficiario cuando el causante sea, a su vez, el contratante del seguro individual o el asegurado en el seguro colectivo.

Se considerará valor de los bienes y derechos su valor de mercado. No obstante, si el valor declarado por los interesados es superior al valor de mercado, esa magnitud se tomará como base imponible.

Se entenderá por valor de mercado el precio más probable por el cual podría venderse, entre partes independientes, un bien libre de cargas.

Con carácter general, la base imponible se determinará por la Administración Tributaria en régimen de estimación directa sin más excepciones que las determinadas en esta Ley y en las normas reguladoras del régimen de estimación indirecta de bases imponibles.

2.4.2. Base liquidable y reducciones

En las adquisiciones gravadas por este impuesto, la base liquidable se obtendrá aplicando en la base imponible las reducciones que, conforme a lo previsto en la Ley 21/2001, de 27 de diciembre, por la que se regulan las medidas fiscales y administrativas del nuevo sistema de financiación de las Comunidades Autónomas de régimen común y Ciudades con Estatuto de Autonomía, hayan sido aprobadas por la Comunidad Autónoma.

Estas reducciones se practicarán por el siguiente orden: en primer lugar, las del Estado y, a continuación, las de las Comunidades Autónomas.

El Impuesto sobre el Patrimonio es un tributo de carácter directo y naturaleza personal que grava el patrimonio neto de las personas físicas.

A los efectos de este Impuesto, constituirá el patrimonio neto de la persona física el conjunto de bienes y derechos de contenido económico de que sea titular, con deducción de las cargas y gravámenes que disminuyan su valor, así como de las deudas y obligaciones personales de las que deba responder.

Se presumirá que forman parte del patrimonio los bienes y derechos que hubieran pertenecido al sujeto pasivo en el momento del anterior devengo, salvo prueba de transmisión o pérdida patrimonial.

El Impuesto sobre Sucesiones y Donaciones, de naturaleza directa y subjetiva, grava los incrementos patrimoniales obtenidos a título lucrativo por personas físicas.

.../...

.../...

Constituye el hecho imponible:

1. La adquisición de bienes y derechos por herencia, legado o cualquier otro título sucesorio.

2. La adquisición de bienes y derechos por donación o cualquier otro negocio jurídico a título gratuito, «intervivos».

3. La percepción de cantidades por los beneficiarios de contratos de seguros sobre la vida, cuando el contratante sea persona distinta del beneficiario.

Constituye la base imponible del Impuesto:

1. En las transmisiones «mortis causa», el valor neto de la adquisición individual de cada causahabiente, entendiéndose como tal el valor real de los bienes y derechos minorado por las cargas y deudas que fueren deducibles.

2. En las donaciones y demás transmisiones lucrativas «inter vivos» equiparables, el valor neto de los bienes y derechos adquiridos, entendiéndose como tal el valor real de los bienes y derechos minorado por las cargas y deudas que fueren deducibles.

3. En los seguros sobre la vida, las cantidades percibidas por el beneficiario. Las cantidades percibidas por razón de seguros sobre la vida se liquidarán acumulando su importe al del resto de los bienes y derechos que integran la porción hereditaria del beneficiario cuando el causante sea, a su vez, el contratante del seguro individual o el asegurado en el seguro colectivo.

TEST DE UNIDADES DIDÁCTICAS

ENUNCIADOS

Unidad 1

1. **Señalar la afirmación incorrecta en relación con el artículo 31 de la Constitución:**

   a) Todos contribuirán al sostenimiento de los gastos públicos de acuerdo con su capacidad económica mediante un sistema tributario justo inspirado en los principios de igualdad y progresividad que, en ningún caso, tendrá alcance confiscatorio.

   b) El gasto público realizará una asignación equitativa de los recursos públicos, y su programación y ejecución responderán a los criterios de oportunidad.

   c) Solo podrán establecerse prestaciones personales o patrimoniales de carácter público con arreglo a la ley.

   d) El gasto público realizará una asignación equitativa de los recursos públicos, y su programación y ejecución responderán a los criterios de eficiencia y economía.

2. **Los tributos cuyo hecho imponible consiste en la utilización privativa o el aprovechamiento especial del dominio público son:**

   a) Tasas.

   b) Contribuciones especiales.

   c) Impuestos.

   d) Un tributo no puede tener como hecho imponible la utilización o aprovechamiento del dominio público.

3. **¿Quién tiene potestad originaria para establecer tributos?:**

   a) Las Comunidades Autónomas.

   b) El Estado.

   c) Las entidades locales.

   d) Todas son correctas.

4. **La Ley General Tributaria establece que los tributos se regirán por:**

   a) La Constitución.

   b) Las normas que dicte la Unión Europea.

   c) Los tratados o convenios internacionales que contengan normas de naturaleza tributaria.

   d) Todas son correctas.

5. Las normas tributarias entrarán en vigor:

a) A los quince días naturales de su completa publicación en el boletín oficial que corresponda, si en ellas no se dispone otra cosa.

b) A los veinte días hábiles de su completa publicación en el boletín oficial que corresponda, si en ellas no se dispone otra cosa.

c) A los veinte días naturales de su completa publicación en el boletín oficial que corresponda, si en ellas no se dispone otra cosa.

d) A los quince días hábiles de su completa publicación en el boletín oficial que corresponda, si en ellas no se dispone otra cosa.

6. Cuando no se produce el hecho imponible hablamos:

a) De exención.

b) De exención y no sujeción.

c) De no sujeción.

d) Ninguna es correcta.

7. Señala la afirmación correcta:

a) Son obligados tributarios todas aquellas personas físicas o jurídicas y las entidades a las que la normativa tributaria impone el cumplimiento de obligaciones tributarias.

b) Es sujeto pasivo el obligado tributario que debe cumplir la obligación tributaria principal, así como las obligaciones formales inherentes a la misma, sea como contribuyente o como sustituto del mismo.

c) Es sustituto el sujeto pasivo que está obligado, en lugar del contribuyente, a cumplir la obligación tributaria principal, así como las obligaciones formales inherentes a la misma.

d) Todas son correctas.

8. Si la responsabilidad es subsidiaria:

a) El acto declarativo de responsabilidad puede dictarse y notificarse en cualquier momento del procedimiento de cobro seguido en relación con el deudor principal.

b) El acto declarativo de responsabilidad solo puede dictarse una vez se ha declarado fallido el deudor principal y nunca frente a los responsables solidarios.

c) El acto declarativo de responsabilidad solo puede dictarse una vez se ha declarado fallido el deudor principal y, en caso de existir, los responsables solidarios.

d) Ninguna es correcta.

9. **El domicilio fiscal de una persona jurídica será:**

   a) Su domicilio social.
   b) El lugar en el que esté efectivamente centralizada la gestión administrativa y la dirección de sus negocios.
   c) El lugar donde radique el mayor valor del inmovilizado.
   d) Todas son correctas.

10. **En el método de estimación objetiva:**

    a) La base se determina utilizando fundamentalmente datos reales como son las declaraciones o documentos presentados, los datos consignados en libros y registros comprobados administrativamente y los demás documentos, justificantes y datos que tengan relación con los elementos de la obligación tributaria.
    b) La base se determina mediante la aplicación de magnitudes, índices, módulos o datos previstos en la normativa de cada tributo.
    c) Es el método aplicable con carácter general. Se utiliza en la mayoría de las liquidaciones de impuestos como IRPF, IS; IP, IVA, etc.
    d) La base se determina aplicando los datos reales disponibles y los medios indiciarios previstos en el art. 53.2 LGT.

Unidad 2

1. El Impuesto sobre Actividades Económicas es un tributo:

a) Directo de carácter real.
b) Indirecto de carácter real.
c) Directo de carácter personal.
d) Indirecto de carácter personal.

2. ¿En qué impuesto el hecho imponible está constituido por el ejercicio en territorio nacional de actividades empresariales, profesionales o artísticas?:

a) Impuesto sobre TPAJD, modalidad Transmisiones Patrimoniales Onerosas.
b) Impuesto sobre TPAJD, modalidad Operaciones Societarias.
c) Impuesto sobre TPAJD, modalidad Actos Jurídicos Documentados.
d) Ninguna es correcta.

3. ¿Qué sujeto no está exento en el Impuesto sobre Actividades Económicas?:

a) Una sociedad anónima cuya cifra de negocios sea inferior a 1.000.000 de euros.
b) Una persona física.
c) Una sociedad anónima cuya cifra de negocios sea superior a 1.000.000 de euros.
d) Todos los supuestos están exentos.

4. El Impuesto sobre Transmisiones Patrimoniales y Actos Jurídicos Documentados es (señalar la afirmación correcta):

a) Un tributo de naturaleza directa.
b) Un tributo que grava las transmisiones patrimoniales gratuitas.
c) Un tributo que grava las operaciones societarias.
d) Todas son correctas.

5. El Impuesto sobre Transmisiones Patrimoniales y Actos Jurídicos Documentados se exigirá (señalar la afirmación incorrecta):

a) Por las transmisiones patrimoniales onerosas de bienes que estuvieran situados en territorio español.
b) Por las transmisiones patrimoniales onerosas de bienes de naturaleza inmobiliaria sitos en territorio extranjero cuando el obligado al pago tenga su residencia en España.
c) Por las transmisiones patrimoniales onerosas de derechos que deban ejercitarse en territorio español.
d) Por la compraventa de la vivienda habitual situada en territorio español.

6. **Una donación a favor de una sociedad está sujeta a:**

   a) Impuesto sobre Actividades Económicas.
   b) Impuesto sobre Transmisiones Patrimoniales y Actos Jurídicos Documentados, modalidad Transmisiones Patrimoniales Onerosas.
   c) Impuesto sobre Transmisiones Patrimoniales y Actos Jurídicos Documentados, modalidad Operaciones Societarias.
   d) Ninguna es correcta.

7. **¿Qué sociedades tributan por las operaciones societarias que realicen?:**

   a) Las que tengan en España la sede de dirección efectiva.
   b) Las que tengan su domicilio social en España, aunque su sede de dirección efectiva se encuentre en otro Estado miembro de la Unión Europea.
   c) Las que realicen operaciones de su tráfico en España cuando su sede de dirección efectiva se encuentre en otro Estado miembro de la Unión Europea.
   d) Todas son correctas.

8. **¿Qué operación está sujeta al Impuesto sobre Transmisiones Patrimoniales y Actos Jurídicos Documentados, modalidad Operaciones Societarias?:**

   a) La constitución de una sociedad anónima.
   b) Las aportaciones no dinerarias que realizan los socios que no supongan un aumento del capital social.
   c) El traslado a España de la sede de dirección efectiva.
   d) Todas son correctas.

9. **Se extenderán necesariamente en papel timbrado:**

   a) Los documentos notariales.
   b) Los documentos administrativos.
   c) Los documentos mercantiles.
   d) Ninguna es correcta.

10. **La adquisición onerosa de un inmueble situado en Francia está sujeta a:**

    a) Impuesto sobre Transmisiones Patrimoniales y Actos Jurídicos Documentados, modalidad Operaciones Societarias.
    b) Impuesto sobre Transmisiones Patrimoniales y Actos Jurídicos Documentados, modalidad Transmisiones Patrimoniales Onerosas.
    c) Impuesto sobre Transmisiones Patrimoniales y Actos Jurídicos Documentados, modalidad Actos Jurídicos Documentados.
    d) Ninguna es correcta.

Unidad 3

1. El IRPF es un tributo que tiene carácter:

a) Directo.
b) Indirecto.
c) Mixto.
d) Indirecto y mixto.

2. ¿Qué tipo de rendimiento no tiene la consideración de rendimiento de actividades económicas en el IRPF?:

a) Rendimientos de un abogado que trabaja por cuenta propia.
b) Rendimientos de un médico que trabaja por cuenta ajena.
c) Rendimientos de un ingeniero que trabaja por cuenta propia.
d) Rendimientos de una empresa minera.

3. ¿Cuál es la cantidad máxima que podemos deducirnos en concepto de provisión en estimación directa simplificada?:

a) 1% con el límite de 2.000 euros.
b) 2% con el límite de 2.000 euros.
c) 5% con el límite de 2.000 euros.
d) 10% con el límite de 2.000 euros.

4. ¿Qué obligaciones contables tienen los sujetos que tributan en el régimen de estimación directa modalidad simplificada?:

a) La llevanza de tres Libros-Registro: de ventas e ingresos, de compras y gastos y de bienes de inversión. Los profesionales llevarán además el libro-registro de provisiones de fondos y suplidos.
b) La llevanza de dos Libros-Registro: de ventas e ingresos y de compras y gastos.
c) La llevanza de contabilidad por partida doble.
d) Ninguna es correcta.

5. La ganancia obtenida por un profesional por la venta del inmueble en el que desarrolla su actividad tributa en IRPF como:

a) Rendimiento del trabajo.
b) Rendimiento del capital.
c) Rendimiento de actividades económicas.
d) Ninguna es correcta.

6. **¿Cuándo se devenga el Impuesto sobre Sociedades?:**

   a) En el momento de la realización de cada operación.
   b) Al final de cada trimestre.
   c) Al cierre de la contabilidad.
   d) El último día del periodo impositivo.

7. **El Impuesto sobre Sociedades es:**

   a) Un impuesto directo, personal y subjetivo.
   b) Un impuesto directo, personal y subjetivo, cedido a las Comunidades Autónomas.
   c) Un impuesto indirecto, personal y objetivo.
   d) Ninguna es correcta.

8. **¿De qué plazo dispone una empresa para compensar sus bases imponibles positivas con bases imponibles negativas de ejercicios precedentes?:**

   a) 4 años.
   b) 8 años.
   c) 18 años.
   d) No existe límite temporal.

9. **¿En el método de amortización según tablas los sujetos pasivos deben fijar el mismo importe de amortización durante toda la vida útil del bien?:**

   a) Sí.
   b) No, cada ejercicio puede sin problemas fijar el importe de la amortización, siempre dentro de la banda fijada por las tablas.
   c) No, cada ejercicio puede fijar el importe que quieran sin límite alguno.
   d) No, cada ejercicio puede determinar el importe que su auditor de cuentas determine.

10. **Indica cuál de las siguientes no es una característica del Impuesto sobre Sociedades:**

    a) Progresivo.
    b) Sintético.
    c) Estatal.
    d) Directo.

Unidad 4

1. El IVA es un impuesto indirecto porque:

a) Grava una manifestación indirecta de capacidad económica como es el consumo.
b) Está prevista legalmente la repercusión de la carga impositiva al destinatario.
c) El IVA es un impuesto directo.
d) Son correctas a) y b).

2. ¿En una entrega de bienes realizada en territorio canario resulta exigible el IVA?:

a) Sí.
b) Sí, siempre que se refiera a entregas de bienes realizada por empresarios y profesionales.
c) No.
d) Sí, cuando se refiera a bienes o prestaciones de servicios que superen los 3.000 euros.

3. Un empresario que adquiere en Francia una partida de maquinaria con la intención de venderla en España, desea saber si existe en esta operación una adquisición intracomunitaria de bienes a los efectos de IVA:

a) Sí, aunque no debe de autorrepercutirse ningún importe.
b) Sí, y deberá repercutirse la cuota que corresponda e ingresarla en España.
c) No.
d) Sí, deberá de solicitar la devolución del IVA ingresado en Francia.

4. ¿Un particular puede deducirse las cuotas de IVA soportado en la adquisición de su vivienda?:

a) Sí.
b) No, un particular no puede nunca deducirse las cuotas soportadas.
c) Sí, pero únicamente cuando se trate de su primera vivienda.
d) Sí, pero únicamente cuando se trate de una primera de nueva construcción.

5. ¿Cuál es el tipo impositivo general del IVA?:

a) 4%.
b) 8%.
c) 18%.
d) 21%.

6. **La entrega de dinero a título de contraprestación o pago es una operación:**

   a) No sujeta.
   b) Sujeta, pero exenta.
   c) Sujeta y no exenta.
   d) No sujeta y exenta.

7. **¿El Régimen de Recargo de equivalencia resulta renunciable?:**

   a) Sí, pero únicamente al inicio de la actividad.
   b) No, resulta obligatorio y no renunciable.
   c) Sí, cada año el sujeto pasivo puede elegir.
   d) Sí, en cualquier momento.

8. **¿Un empresario que revista la forma jurídica de Sociedad limitada puede aplicar el Régimen simplificado del IVA?:**

   a) Sí.
   b) No.
   c) Sí, cuando sus actividades se encuentren dentro de las determinadas por la Orden Ministerial que puede acogerse a este régimen.
   d) Sí, cuando su volumen de operaciones del año anterior no supere los 450.000 €.

9. **Señala cuál de las siguientes afirmaciones es correcta en relación con el régimen general de IVA:**

   a) Los sujetos pasivos deben llevar el Libro Registro de facturas emitidas y recibidas.
   b) Los sujetos pasivos deben llevar el Libro Registro de facturas recibidas.
   c) Los sujetos pasivos deben llevar el Libro Registro de facturas emitidas.
   d) Ninguna es correcta.

10. **¿Qué IVA es deducible?:**

    a) El soportado en una adquisición intracomunitaria de bienes.
    b) El soportado en una importación.
    c) Son correctas a) y b).
    d) Ninguna es correcta.

Unidad 5

1. El Impuesto sobre el Patrimonio es un tributo que grava:

a) El patrimonio neto de las personas físicas y jurídicas en los términos previstos en la Ley.

b) El patrimonio neto de las personas físicas en los términos previstos en la Ley.

c) El patrimonio bruto de las personas físicas en los términos previstos en la Ley.

d) El patrimonio bruto de las personas físicas y jurídicas en los términos previstos en la Ley.

2. Constituye el patrimonio neto de la persona física:

a) El conjunto de bienes y derechos de contenido económico de que sea titular, con deducción de las cargas y gravámenes que disminuyan su valor, así como de las deudas y obligaciones personales de las que deba responder.

b) El conjunto de bienes y derechos de contenido económico de que sea titular.

c) El conjunto de bienes y derechos de contenido económico de que sea titular, con deducción de las deudas y obligaciones personales de las que deba responder.

d) Ninguna es correcta.

3. El Impuesto sobre el Patrimonio se exige:

a) Por la totalidad de bienes y derechos que se sitúen o deban ejercitarse en España.

b) Por la totalidad de su patrimonio neto con independencia del lugar donde se encuentren situados los bienes o puedan ejercitarse los derechos.

c) Por la totalidad de su patrimonio neto siempre que se encuentren situados los bienes o puedan ejercitarse los derechos en España.

d) Ninguna es correcta.

4. Para la determinación del patrimonio neto:

a) No se deducirán las cargas y gravámenes que correspondan a los bienes exentos.

b) Se deducirán las cargas y gravámenes que correspondan a los bienes exentos.

c) Se deducirán las cargas que correspondan a los bienes exentos.

d) Se deducirán los gravámenes que correspondan a los bienes exentos.

5. ¿Qué derechos están exentos en el Impuesto sobre el Patrimonio?:

a) Los derechos consolidados de los partícipes y los derechos económicos de los beneficiarios en un plan de pensiones.

b) Los derechos de contenido económico que correspondan a primas satisfechas a los planes de previsión asegurados definidos en el apartado 3 del artículo 51 de la Ley 35/2006, del Impuesto sobre la Renta de las Personas Físicas y de modificación parcial de las Leyes de los Impuestos sobre Sociedades, sobre la Renta de no Residentes y sobre el Patrimonio.

c) Los derechos de contenido económico que correspondan a aportaciones realizadas por el sujeto pasivo a los planes de previsión social empresarial regulados en el apartado 4 del artículo 51 de la Ley 35/2006, del Impuesto sobre la Renta de las Personas Físicas y de modificación parcial de las Leyes de los Impuestos sobre Sociedades, sobre la Renta de no Residentes y sobre el Patrimonio, incluyendo las contribuciones del tomador.

d) Todas son correctas.

6. El Impuesto sobre Sucesiones y Donaciones es un impuesto de naturaleza:

a) Directa y subjetiva.

b) Indirecta y subjetiva.

c) Directa y objetiva.

d) Indirecta y objetiva.

7. Se presumirá la existencia de una transmisión lucrativa:

a) Cuando de los registros fiscales o de los datos que obren en la Administración resultare la disminución del patrimonio de una persona y simultáneamente o con posterioridad, pero siempre dentro del plazo de prescripción del artículo 25, el incremento patrimonial correspondiente en el cónyuge, descendientes, herederos o legatarios.

b) En cualquier caso en que para la Administración resultare la disminución del patrimonio de una persona y simultáneamente o con posterioridad, pero siempre dentro del plazo de prescripción del artículo 25, el incremento patrimonial correspondiente en el cónyuge, descendientes, herederos o legatarios.

c) Cuando de los registros fiscales o de los datos que obren en la Administración resultare la disminución del patrimonio de una persona y simultáneamente o con posterioridad, pero siempre dentro del plazo de prescripción del artículo 25, una disminución patrimonial correspondiente en el cónyuge, descendientes, herederos o legatarios.

d) Ninguna es correcta.

8. **Un alemán hereda un inmueble situado en España de un familiar holandés, dicha adquisición tributará:**

   a) Exclusivamente en Holanda.
   b) Exclusivamente en Alemania.
   c) En España.
   d) Exclusivamente en Holanda y Alemania.

9. **Las cantidades percibidas por el beneficiario de un seguro de vida (señalar la afirmación incorrecta):**

   a) Constituyen hecho imponible del Impuesto sobre Sucesiones y Donaciones.
   b) Las cantidades percibidas por razón de seguros sobre la vida se liquidarán acumulando su importe al del resto de los bienes y derechos que integran la porción hereditaria del beneficiario cuando el causante sea, a su vez, el contratante del seguro individual o el asegurado en el seguro colectivo.
   c) Las cantidades percibidas por razón de seguros sobre la vida no se liquidarán acumulando su importe al del resto de los bienes y derechos que integran la porción hereditaria del beneficiario cuando el causante sea, a su vez, el contratante del seguro individual o el asegurado en el seguro colectivo.
   d) Las cantidades percibidas por razón de seguros sobre la vida se liquidarán acumulando su importe al del resto de los bienes y derechos que integran la porción hereditaria del beneficiario.

10. **Estarán obligados al pago del Impuesto sobre Sucesiones y Donaciones (señalar la afirmación incorrecta):**

    a) En las adquisiciones «mortis causa», los causahabientes.
    b) En las donaciones y demás transmisiones lucrativas «inter vivos» equiparables, el donante.
    c) En los seguros sobre la vida, los beneficiarios.
    d) Todas son correctas.

TEST DE UNIDADES DIDÁCTICAS

SOLUCIONES

Unidad 1

1. **b)** El gasto público realizará una asignación equitativa de los recursos públicos, y su programación y ejecución responderán a los criterios de oportunidad.

2. **a)** Tasas.

3. **b)** El Estado.

4. **d)** Todas son correctas.

5. **c)** A los veinte días naturales de su completa publicación en el boletín oficial que corresponda, si en ellas no se dispone otra cosa.

6. **c)** De no sujeción.

7. **d)** Todas son correctas.

8. **c)** El acto declarativo de responsabilidad solo puede dictarse una vez se ha declarado fallido el deudor principal y, en caso de existir, los responsables solidarios.

9. **d)** Todas son correctas.

10. **b)** La base se determina mediante la aplicación de magnitudes, índices, módulos o datos previstos en la normativa de cada tributo.

Unidad 2

1. **a)** Directo de carácter real.

2. **d)** Ninguna es correcta.

3. **c)** Una sociedad anónima cuya cifra de negocios sea superior a 1.000.000 de euros.

4. **c)** Un tributo que grava las operaciones societarias.

5. **b)** Por las transmisiones patrimoniales onerosas de bienes de naturaleza inmobiliaria sitos en territorio extranjero cuando el obligado al pago tenga su residencia en España.

6. **d)** Ninguna es correcta.

7. **a)** Las que tengan en España la sede de dirección efectiva.

8. **d)** Todas son correctas.

9. **a)** Los documentos notariales.

10. **d)** Ninguna es correcta.

Unidad 3

1. **a)** Directo.

2. **b)** Rendimientos de un médico que trabaja por cuenta ajena.

3. **c)** 5% con el límite de 2.000 euros.

4. **a)** La llevanza de tres Libros-Registro: de ventas e ingresos, de compras y gastos y de bienes de inversión. Los profesionales llevarán además el libro-registro de provisiones de fondos y suplidos.

5. **d)** Ninguna es correcta.

6. **d)** El último día del periodo impositivo.

7. **a)** Un impuesto directo, personal y subjetivo.

8. **d)** No existe límite temporal.

9. **b)** No, cada ejercicio puede sin problemas fijar el importe de la amortización, siempre dentro de la banda fijada por las tablas.

10. **a)** Progresivo.

Unidad 4

1. **d)** Son correctas a) y b).

2. **c)** No.

3. **b)** Sí, y deberá repercutirse la cuota que corresponda e ingresarla en España.

4. **b)** No, un particular no puede nunca deducirse las cuotas soportadas.

5. d) 21%.

6. **a)** No sujeta.

7. **b)** No, resulta obligatorio y no renunciable.

8. **b)** No.

9. **a)** Los sujetos pasivos deben llevar el Libro Registro de facturas emitidas y recibidas.

10. **c)** Son correctas a) y b).

Unidad 5

1. **b)** *El patrimonio neto de las personas físicas en los términos previstos en la Ley.*

2. **a)** *El conjunto de bienes y derechos de contenido económico de que sea titular, con deducción de las cargas y gravámenes que disminuyan su valor, así como de las deudas y obligaciones personales de las que deba responder.*

3. **b)** *Por la totalidad de su patrimonio neto con independencia del lugar donde se encuentren situados los bienes o puedan ejercitarse los derechos.*

4. **a)** *No se deducirán las cargas y gravámenes que correspondan a los bienes exentos.*

5. **d)** *Todas son correctas.*

6. **a)** *Directa y subjetiva.*

7. **a)** *Cuando de los registros fiscales o de los datos que obren en la Administración resultare la disminución del patrimonio de una persona y simultáneamente o con posterioridad, pero siempre dentro del plazo de prescripción del artículo 25, el incremento patrimonial correspondiente en el cónyuge, descendientes, herederos o legatarios.*

8. **c)** *En España.*

9. **c)** *Las cantidades percibidas por razón de seguros sobre la vida no se liquidarán acumulando su importe al del resto de los bienes y derechos que integran la porción hereditaria del beneficiario cuando el causante sea, a su vez, el contratante del seguro individual o el asegurado en el seguro colectivo.*

10. **b)** *En las donaciones y demás transmisiones lucrativas «inter vivos» equiparables, el donante.*

GLOSARIO

Abonar una cuenta

Anotar en el haber de la misma.

Acreedor

Persona física o jurídica titular de un derecho de crédito sobre otra y que tiene derecho a exigir su cumplimiento.

Activo

Conjunto de los bienes y derechos que posee una empresa, susceptibles de ser valorados.

Activo fijo

Bienes y derechos adquiridos por la empresa para hacer posible el funcionamiento de la empresa; como, por ejemplo, un elemento de transporte o una maquinaria.

Amortización

Es la pérdida de valor que sufren los bienes y derechos que componen el activo de una empresa.

Análisis horizontal

Comparación del cambio en una misma partida de un estado económico financiero durante dos o más períodos contables.

Análisis vertical

Comparación de una partida específica de un estado económico financiero con un total que incluye esta partida, como por ejemplo, el porcentaje de las compras sobre las ventas netas de la empresa en un periodo contable determinado.

Apalancamiento

Efecto que produce el endeudamiento sobre el nivel de rentabilidad del capital de la empresa.

Arrendamiento financiero

También denominado leasing es un contrato mediante el cual el arrendatario tiene la facultad de adquirir la propiedad del bien al finalizar el tiempo contractual pactado.

Arrendamiento operativo

Se trata básicamente de un contrato de arrendamiento mediante el cual el arrendatario tiene el uso de una propiedad arrendada y el arrendador asume los riesgos usuales y beneficios de la propiedad. Se contabiliza como un gasto de alquiler para el arrendat

Asiento contable

Es todo registro que se hace en los libros de contabilidad de una transacción que representa un aumento o disminución del activo, del pasivo o del patrimonio.

Asiento de ajuste

Asientos requeridos al final del período contable para actualizar las cuentas antes de preparar los estados financieros.

Asientos de cierre

Asientos de diario que se hacen al final del período con el fin de cerrar las cuentas para permitir el cierre del ejercicio económico y que sirve de base para apertura el siguiente período contable.

Autofinanciación

Es la financiación que genera la propia empresa a través de la generación de beneficios.

Balance

Es el estado económico financiero de la empresa que permite el estudio del patrimonio empresarial.

Balance de comprobación

Es una relación de todas las cuentas del Mayor con sus saldos y que se configura como un cuadro de dos columnas donde aparecen los nombres y los saldos débito y crédito de todas las cuentas del Mayor.

Beneficio

Es el resultado económico positivo que se calcula como diferencia entre los gastos y los ingresos generados en el período económico. A nivel analítico es la diferencia entre el margen bruto y el coste de venta.

Capital

Es la aportación que hacen los propietarios de la empresa a la misma para su creación.

Cargar una cuenta

Es la anotación que se hace en el debe de la misma.

Cash-flow

Mide la capacidad de autofinanciación de una empresa, representada por el conjunto de beneficios netos, deducidos impuestos y amortizaciones.

Compra

Se refiere a la adquisición de bienes y constituyen el objeto social de la misma.

Contabilidad

Es la ciencia que permite el registro de los hechos económico- financieros en los que incurre una empresa mediante la aplicación de técnicas de registro y métodos de valoración uniformes para llegar a calcular tanto el resultado obtenido por la misma como

Cuenta contable

Es el instrumento con el que cuenta la contabilidad para el registro de las operaciones económico-financieras y susceptibles de ser recogidas en la contabilidad para llegar al cálculo del resultado y patrimonio empresarial.

Cuenta de resultados

Es el estado económico que recoge todos los gastos e ingresos en los que ha incurrido la empresa en un período de tiempo determinado y cuyo saldo refleja el resultado económico (beneficio o pérdida) obtenido por la misma.

Debe

En términos contables, es el nombre que se le da al lado izquierdo de una cuenta contable.

Deudor

Persona física o jurídica titular de una obligación de pago con otra persona física o jurídica.

Devengo

Es el momento en el que nace la obligación o derecho que ha de ser registrado contablemente por una empresa independientemente del momento en que se produzca el cobro o el pago.

Empresa

Toda organización conformada por recursos humanos, materiales y financieros ordenados bajo una dirección para el logro de los fines económicos.

Exención

Es un beneficio tributario establecido por ley y que libera del pago de un tributo determinado.

Factura

El documento que detalla los artículos vendidos, así como los precios, el nombre del cliente y los términos de venta.

Gasto

Es toda entrada de bienes o servicios en la empresa y destinados a ser consumidos dentro del ejercicio económico.

Haber

En términos contables, es el nombre que se le da al lado derecho de una cuenta contable.

Impuesto al valor añadido (IVA)

Es un impuesto indirecto que grava las transacciones económicas.

Impuestos

Pagos obligatorios que exige el Estado a los individuos y empresas que no están sujetos a una contraprestación directa, con el fin de financiar los gastos propios de la administración del Estado y la provisión de bienes y servicios de carácter público.

Ley

Es una norma obligatoria de carácter general, aprobada por el Poder Legislativo y sancionadas por el Poder Ejecutivo, quien ordena su promulgación y publicación en el Diario Oficial.

Libro diario

Registro contable en el que se anotan todas las transacciones en forma cronológica. Está compuesto por el debe y el haber, donde se anotan los nombres de las cuentas y sus importes correspondientes.

Libro mayor

Resumen del movimiento de cada una de las cuentas del Libro Diario. Este resumen arroja un saldo deudor o acreedor por cuenta, el cual es trasladado posteriormente al balance.

Normas contables

Conjunto de principios, normas y convenciones establecidas bajo las cuales deben prepararse los estados contables.

Obsolescencia

Disminución de la vida útil de un bien de consumo o de un bien de capital, debido a un cambio económico o al avance tecnológico.

Partida doble

Es la teoría contable en la que se fundamenta la técnica de registro contable que consiste en que a todo cargo contable le corresponde un abono y viceversa.

Pasivo

Es el conjunto de obligaciones y deudas de la empresa en un período determinado de tiempo susceptible de ser valorados.

Patrimonio

Es el conjunto de todas las deudas y obligaciones que tiene la empresa en un momento determinado.

Persona jurídica

Es un ente ficticio pero con capacidad de asumir derechos y obligaciones propias.

Proceso de producción

Proceso físico donde se transforman o modifican los insumos productivos primarios para obtener un producto nuevo.

Representante

Persona física que actúa por cuenta de otra persona física o jurídica.

Saldo de una cuenta

Es la diferencia entre su debe y su haber.

Valor neto

Se refiere al valor de una partida económica minorada con otro valor con el objetivo de obtener un resultado homogéneo con su concepto a nivel analítico.

Venta

Es toda salida de bienes que constituyen el objeto social de la empresa.

Vida útil

Es el período de tiempo estimado de duración y uso para calcular la utilidad de un activo fijo.

Volumen de producción

Es el número total de unidades producidas en un determinado período.

WEBGRAFÍA

Webgrafía

Páginas web de consulta:

- **www.agenciatributaria.es**

- **www.noticiasjuridicas.com**

- **www.boe.es**

- **http://www.minhap.gob.es**

- **http://www.icac.meh.es**